抗日战争时期中国人口伤亡和财产损失调研丛书

主　编　李忠杰

副主编　李　蓉　姚金果

　　　　霍海丹　蒋建农

抗日战争时期
八路军人员伤亡和财产损失
档案选编

2

中央党史研究室第一研究部　编
中国人民解放军档案馆

中共党史出版社

25. 八路军第120师各次战斗中中毒人员统计报告表（1939年）

抗战二周年中毒统计

120 师卫生部　　1939 年

中毒报告统计表

战斗日期及地点？	1939 年 6 月 22 日在山西灵丘大作村、黄台寺、六合地、龙王庙、作辛村等战斗			
毒气种类	喷嚏性毒弹			
敌施放毒的武器？	山炮弹			
敌施放毒当时之风向？	当时风微细小速度甚缓			
当时施放用何种救护及治疗？	除佩带防毒口罩外并用人工散风法			
我军中毒数目多少？	职别	干部	战士	合计
	数目	4 名	17 名	21 名
已恢复的	职别	干部	战士	合计
	数目	4 名	17 名	21 名
死亡的	职别	干部	战士	合计
	数目	名	名	名
未恢复的	职别	干部	战士	合计
	数目	名	名	名
备考				

年　　　月　　　日　　　于　　　填

战斗中毒报告表

战斗日期及地点	独一支队 39 年 2 月 8 日于献县参军镇
毒气种类	
施放毒气的武器	炮射瓦斯弹
施放毒时当时之风向	因风太大
中毒数目	干部　　名　战士　　名
使用何种救护治疗	故未中毒
已恢复的	干部　　名　战士　　名
未恢复的	干部　　名　战士　　名
死亡数目	干部　　名　战士　　名
附记	

120 师独立一支队

1939 年　　月　　日　　于　　填

战斗中毒报告表

战斗日期及地点	七一六团及一支队一部 39 年 2 月 4 日于冀河间大曹村
毒气种类	中毒性催泪性喷嚏性三种
施放毒气的武器	瓦斯筒炮射
施放毒时当时之风向	系东和风
中毒数目	干部 84 名 战士 132 名
使用何种救护治疗	以手巾包雪或用水湿手巾掩口鼻部
已恢复的	干部 84 名　战士 132 名
未恢复的	干部　　名　战士　　名
死亡数目	干部　　名　战士　　名
附记	中毒后流泪喷嚏喉痒咳嗽头昏眼花症

120D　师直　旅　七一六 团卫生队

1939 年　　月　　日　　于　　填

战斗中毒报告表

战斗日期及地点	独一支队 39 年 4 月 4 日于冀献县大郭庄
毒气种类	
施放毒气的武器	瓦斯筒数十
施放毒时当时之风向	因强风我未中毒，敌拉车骡马中毒死数匹
中毒数目	干部　　名　战士　　名
使用何种救护治疗	
已恢复的	干部　　名战士　　名
未恢复的	干部　　名战士　　名
死亡数目	干部　　名战士　　名
附记	

120D　独立　一支队　卫生队

1939 年　　月　　日　　于　　填

战斗中毒报告表

战斗日期及地点	李支队 39 年 4 月 10 日于绥远帐坊塔
毒气种类	催泪性
施放毒气的武器	瓦斯炮弹
施放毒时当时之风向	
中毒数目	干部　1　名　战士　5　名
使用何种救护治疗	因没有注意防毒
已恢复的	干部　1　名战士　5　名
未恢复的	干部　　名战士　　名
死亡数目	干部　　名战士　　名
附记	中毒后头晕眼花呕心流泪症

120D　李支队　　卫生队

1939 年　　月　　日　　于　　填

战斗中毒报告表

战斗日期及地点	师直及七一六团 39 年 4 月 23 日于冀河间齐会小店大朱村
毒气种类	催泪性喷嚏性烟幕弹三种
施放毒气的武器	瓦斯筒及炮射两种
施放毒时当时之风向	
中毒数目	干部 150 名 战士 400 名
使用何种救护治疗	有防毒口罩及面具的即戴上，无的用水湿手巾掩于口鼻部及食大蒜，重者一二日愈，轻者仍能继续战斗
已恢复的	干部 150 名战士 400 名
未恢复的	干部 名战士 名
死亡数目	干部 名战士 名
附记	中毒后头晕眼花呕流泪喷嚏重者鼻孔流血心内疼痛及呼吸困难等症

120D 师直及 七一六 团卫生队

1939 年 月 日 于 填

战斗中毒报告表

战斗日期及地点	独一旅五团二团全部 39 年 5 月 13 日于冀河间找子营南留路孙庄刘庄
毒气种类	中毒性喷嚏性
施放毒气的武器	瓦斯筒炮射
施放毒时当时之风向	
中毒数目	干部 500 名 战士 1546 名
使用何种救护治疗	除防毒工具外其余用水湿手巾掩于鼻部
已恢复的	干部 500 名战士 1546 名
未恢复的	干部 名战士 名
死亡数目	干部 名战士 名
附记	中毒后喉痒头晕眼花呕心内疼痛呼吸困难鼻孔流血因中毒重失知觉，而阵亡数十名

120D 师第一旅 七一五 团卫生队

1939 年 月 日 于 填

战斗中毒报告表

战斗日期及地点	师直及二旅及七一六团39年5月17日于冀博野宋家庄刘村何家庄宋村四处
毒气种类	催泪性喷嚏性瓦斯炮弹
施放毒气的武器	瓦斯筒炮射
施放毒时当时之风向	
中毒数目	干部 180 名 战士 320 名
使用何种救护治疗	有防毒工具者戴上，无用水湿手巾掩于口鼻部及食大蒜，重者二三天愈，轻者仍能继续战斗
已恢复的	干部 180 名战士 320 名
未恢复的	干部 名战士 名
死亡数目	干部 名战士 名
附记	中毒后头晕眼花憋呕流泪喷嚏心内不安，重者鼻孔流血，但中毒未注意隐蔽身体，被敌伤亡数名。

120D 师359 旅 七一六 团卫生队

1939年 月 日 于 填

战斗中毒报告表

战斗日期及地点	独二支队39年6月12日于冀大城王纪庄
毒气种类	催泪性喷嚏性二种
施放毒气的武器	瓦斯筒炮射二种
施放毒时当时之风向	系微南风我中轻毒
中毒数目	干部 6 名 战士 19 名
使用何种救护治疗	事前无防毒准备，当时与抵抗部队因受敌火力阻碍不能下来，故未防毒。村中部队退出未中毒。
已恢复的	干部 6 名战士 19 名
未恢复的	干部 名战士 名
死亡数目	干部 名战士 名
附记	中毒后头晕呕心流泪喷嚏等症

120D 独立二支队 卫生队

1939年 月 日 于 填

战斗中毒报告表

战斗日期及地点	独三支队 39 年 6 月 28 日于冀肃宁连子口
毒气种类	催泪性喷嚏性二种
施放毒气的武器	炮射
施放毒时当时之风向	系东南风
中毒数目	干部 180 名 战士 420 名
使用何种救护治疗	师部一通讯员中毒，用水或尿湿手巾掩于口鼻部及食大蒜
已恢复的	干部 180 名战士 420 名
未恢复的	干部 名战士 名
死亡数目	干部 名战士 名
附记	中毒后喷嚏流泪身体发软重者鼻孔流血

120D 独立三支队 卫生队

1939 年 月 日 于 填

战斗中毒报告表

战斗日期及地点	独三支队 39 年 6 月 28 日于冀肃宁连子口
毒气种类	催泪性喷嚏性二种
施放毒气的武器	炮射
施放毒时当时之风向	系东南风
中毒数目	干部 180 名 战士 420 名
使用何种救护治疗	师部一通讯员受毒用水或尿湿手巾掩于口鼻部及食大蒜
已恢复的	干部 180 名战士 420 名
未恢复的	干部 名战士 名
死亡数目	干部 名战士 名
附记	中毒后喷嚏流泪身体发软重者鼻孔流血

120D 独立三支队 卫生队

1939 年 月 日 于 填

战斗中毒报告表

战斗日期及地点	三五九旅及七一七团38年11月29日于晋广灵乐陶王村埋伏
毒气种类	催泪性喷嚏性二种
施放毒气的武器	炮及掷弹筒射击
施放毒时当时之风向	
中毒数目	干部 120 名 战士 230 名
使用何种救护治疗	用防毒工具外其余用水湿手巾掩于口鼻
已恢复的	干部 120 名战士 230 名
未恢复的	干部 名战士 名
死亡数目	干部 名战士 名
附记	中毒后头晕喉痒眼花呕心呼吸困难等症

120D 359 旅 七一七 团卫生队

1939年 月 日 于 填

中毒报告统计表

<table>
<tr><td>战斗日期及地点？</td><td colspan="4">1938年7月28在山西省大同县小石庄战斗</td></tr>
<tr><td>毒气种类</td><td colspan="4">催泪性瓦毒气弹</td></tr>
<tr><td>敌施放毒的武器？</td><td colspan="4">山炮弹</td></tr>
<tr><td>敌施放毒当时之风向？</td><td colspan="4">风微细小速度甚缓</td></tr>
<tr><td>当时施放用何种救护及治疗？</td><td colspan="4">用简单口罩浸入尿带于鼻间</td></tr>
<tr><td rowspan="2">我方中毒数目多少？</td><td>职别</td><td>干部</td><td>战士</td><td>合计</td></tr>
<tr><td>数目</td><td>1名</td><td>8名</td><td>9名</td></tr>
<tr><td rowspan="2">已恢复的</td><td>职别</td><td>干部</td><td>战士</td><td>合计</td></tr>
<tr><td>数目</td><td>1名</td><td>8名</td><td>9名</td></tr>
<tr><td rowspan="2">死亡的</td><td>职别</td><td>干部</td><td>战士</td><td>合计</td></tr>
<tr><td>数目</td><td>名</td><td>名</td><td>名</td></tr>
<tr><td rowspan="2">未恢复的</td><td>职别</td><td>干部</td><td>战士</td><td>合计</td></tr>
<tr><td>数目</td><td>名</td><td>名</td><td>名</td></tr>
<tr><td>备考</td><td colspan="4"></td></tr>
</table>

年　　月　　日　　于　　填

三五九旅中毒报告统计表

<table>
<tr><td>战斗日期及地点?</td><td colspan="4">38、39年11月、7月、8月、6月灵丘看家楼、大同小石庄、阜平、大作村等战斗</td></tr>
<tr><td>毒气种类</td><td colspan="4">催泪性瓦毒气弹</td></tr>
<tr><td>敌施放毒的武器?</td><td colspan="4">山炮弹</td></tr>
<tr><td>敌施放毒当时之风向?</td><td colspan="4">风细缓</td></tr>
<tr><td>当时使用何种救护及治疗?</td><td colspan="4">简单口罩浸及人工散毒法</td></tr>
<tr><td rowspan="2">我方中毒数目多少?</td><td>职别</td><td>干部</td><td>战士</td><td>合计</td></tr>
<tr><td>数目</td><td>16名</td><td>36名</td><td>52名</td></tr>
<tr><td rowspan="2">已恢复的</td><td>职别</td><td>干部</td><td>战士</td><td>合计</td></tr>
<tr><td>数目</td><td>15名</td><td>36名</td><td>51名</td></tr>
<tr><td rowspan="2">死亡的</td><td>职别</td><td>干部</td><td>战士</td><td>合计</td></tr>
<tr><td>数目</td><td>名</td><td>名</td><td>名</td></tr>
<tr><td rowspan="2">未恢复的</td><td>职别</td><td>干部</td><td>战士</td><td>合计</td></tr>
<tr><td>数目</td><td>1名</td><td>名</td><td>1名</td></tr>
<tr><td>备考</td><td colspan="4"></td></tr>
</table>

年　　　　月　　　　日　　　　于　　　　填

中毒报告统计表

战斗日期及地点?	1938年11月10在山西省灵丘县看家楼战斗			
毒气种类	催泪性瓦毒气弹			
敌施放毒的武器?	山炮弹			
敌施放毒当时之风向?	风细小很缓			
当时施放用何种救护及治疗?	简单口罩及人工散风法			
我方中毒数目多少?	职别	干部	战士	合计
	数目	8名	8名	16名
已恢复的	职别	干部	战士	合计
	数目	7名	8名	15名
死亡的	职别	干部	战士	合计
	数目	名	名	名
未恢复的	职别	干部	战士	合计
	数目	1名	名	1名
备考				

年　　　月　　　日　　　于　　　填

中毒报告统计表

<table>
<tr><td>战斗日期及地点?</td><td colspan="4">1938 年 8 月 5 在河北阜平现城战斗</td></tr>
<tr><td>毒气种类</td><td colspan="4">催泪性瓦毒气弹</td></tr>
<tr><td>敌施放毒的武器?</td><td colspan="4">山炮弹</td></tr>
<tr><td>敌施放毒当时之风向?</td><td colspan="4">当时风微细小不甚速飘摆不定忽高忽低</td></tr>
<tr><td>当时施放用何种救护及治疗?</td><td colspan="4">当时除令速带口罩外并用注风的方向即登高地用人工散风法</td></tr>
<tr><td rowspan="2">我方中毒数目多少?</td><td>职别</td><td>干部</td><td>战士</td><td>合计</td></tr>
<tr><td>数目</td><td>3 名</td><td>3 名</td><td>6 名</td></tr>
<tr><td rowspan="2">已恢复的</td><td>职别</td><td>干部</td><td>战士</td><td>合计</td></tr>
<tr><td>数目</td><td>3 名</td><td>3 名</td><td>6 名</td></tr>
<tr><td rowspan="2">死亡的</td><td>职别</td><td>干部</td><td>战士</td><td>合计</td></tr>
<tr><td>数目</td><td>名</td><td>名</td><td>名</td></tr>
<tr><td rowspan="2">未恢复的</td><td>职别</td><td>干部</td><td>战士</td><td>合计</td></tr>
<tr><td>数目</td><td>名</td><td>名</td><td>名</td></tr>
<tr><td>备考</td><td colspan="4"></td></tr>
</table>

年　　　　月　　　　日　　　　于　　　　填

26. 八路军第129师第386旅战斗损失统计表
（1939年）

区别	数目\部别	第一团	第二团	第三团					总计	附记
被我毁坏的	飞机									
	火车	2								
	坦克车									
	汽车	13	3	21						
	大车									
	铁路	21	6公里							
	公路	190		58						
	大石桥	2	2							
	小石桥	2		4						
	大木桥									
	小木桥	1	2	8						
	电杆	399		790						
	电线	820	2650	7020						
	夹板	280	200	760						
	道钉	108		1160						
	枕木	510								
	铁桥	1	6	1						
	电台		2							
	其他									

区别	数目 \ 部别	第一团	第二团	第三团	旅直				总计	附记
我负伤	旅级干部									
	团级干部									
	营级干部			1						
	连级干部	7	2	9						
	排级干部	15	14	8						
	班级干部	17	23	25						
	战士	22	115	66	4					
	政治工作人员	1	2	2						
	供给工作人员									
	卫生工作人员			1						
	事务人员									
	其他									
我阵亡	旅级干部									
	团级干部	1								
	营级干部									
	连级干部		2	1	1					
	排级干部		6							
	班级干部	10	13	1	1					
	战士	21	32	2	2					
	政治工作人员		2							
	供给工作人员	1								
	卫生工作人员									
	事务人员									
	其他									

区别	数目＼部别	第一团	第二团	第三团	旅直				总计	附记
我损坏武器	步枪			12						
	马枪									
	短枪									
	轻机枪									
	重机枪									
	自动步枪									
	手机枪									
	花机枪									
	掷弹枪									
	迫击炮									
	钢炮									
	平射炮									
我损失武器	步枪	17	14	16	3					
	马枪	2								
	短枪	2			1					
	轻机枪			1						
	重机枪									
	自动步枪身		1							
	花机枪									
	手机枪	1	2							
	掷弹枪									
	迫击炮									
	钢炮									
	平射炮									

区别 \ 数目 \ 部别		第一团	第二团	第三团					总计	附记
我消耗药弹	步马枪弹	7267	21689	8223						
	短枪弹	283	112							
	轻机枪弹	4180	13244	1959						
	重机枪弹		901							
	自动枪弹		391	1150						
	花机枪弹			120						
	掷弹枪弹			240						
	山炮弹									
	野炮弹									
	钢炮弹									
	迫炮弹		80							
	平炮弹									损失弹药有过路掉的和打仗失的
我损失弹药	步马枪弹		1962	133						
	短枪弹									
	轻机枪弹			20						
	重机枪弹		56							
	自动枪弹									
	手榴弹	138	96							
	掷弹枪弹		18							
	山炮弹									
	信号弹		5							
	钢炮弹									
	迫炮弹	32								
	手机弹	41	45							

区别	部别 数目	第一团	第二团	第三团	旅直				总计	附记
我损坏其他的军用品	盒子弹			22						
	手机弹			125						
我损失	刺刀	30	1	29						
	大刀	9	9		12					
	机枪夹子		3							
	表尺			1						
	枪托			4						
	洋锹	6								
	洋锅	7								
	战马	3			13					
	毯子	82		3	13					
	皮包	2								
	军服	72								
	挂包	11		3						

区别 \ 数目 \ 部别		第一团							总计	附记
其他的军用品	裹腿	23								损失军用品该团在榆社陕口被敌袭击遗失的
	马鞍	3								
	磁碗	23								
	水壶	2								
	铁锅	1								
	机枪衣	1								
	盆子	10								

27. 晋察冀军区路西各军分区抗战以来干部伤亡情况报告
(1940年1月17日)

发总部延安

晋察冀军区路西各分区自抗战以来至去年（1939）十二月底止战斗统计报告如下：

A. 自军区成立来至武汉失守 甲、我军干部伤亡：（一）负伤团级贰、营级拾陆、连级伍拾叁、排级壹佰叁拾名，合计贰佰零壹人；（二）阵亡团级捌、营级拾、连级肆拾玖、排级玖拾捌，合计壹佰陆拾伍名。以上共伤亡叁陆陆名。乙、伤亡班以下肆壹柒叁名。丙、敌伤亡壹零壹壹捌名。另毙敌清水联队长壹名。丁、缴获步枪贰捌贰捌支、短枪壹零叁支、轻机枪肆拾贰挺、重机枪捌挺、冲锋枪壹支、讯号枪肆支、掷弹筒叁支、迫击炮陆门、山炮一门、步机枪弹壹玖零柒壹肆发、手榴弹叁佰发、掷筒弹柒拾发、炮弹贰捌零发、瓦斯弹贰发、马贰柒捌匹、大车贰佰壹拾辆、电台拾架、电话机拾柒架、战刀陆把、刺刀叁佰把、电线贰万陆仟斤、照相机贰架、望远镜叁个、大衣拾件、防毒面具贰拾件、刚盔肆拾个、日旗捌面、工作器具捌拾把、票洋叁仟元、打字机及造枪机各壹架。戊、俘虏日军拾玖人、伪军肆拾捌人、翻译官壹名。巳、破坏铁道贰佰里、铁桥伍座、汽车路伍拾贰里、电线贰佰肆拾肆里，砍电杆贰佰陆拾根，炸汽车叁拾玖辆，焚毁四辆，焚毁坦克壹辆，炸铁甲车壹列车头，出轨伍辆，火车拾壹列，烧车站拾陆处。庚、共作战叁肆贰次。叁肆贰次内分截击柒拾捌次，袭击壹佰壹拾肆次，被袭陆次，伏击陆拾次，扰敌拾玖次，急袭贰拾捌次，反袭壹次，破坏叁拾陆次。

B. 自武汉失守至去年12月底 甲、我军伤亡：（一）负伤团级伍、营级叁拾叁、连级壹佰柒拾玖、排级贰佰伍拾陆人，合计肆佰柒拾叁人。（二）阵亡团级壹、营级拾肆、连级陆拾捌、排级壹零柒，合计壹佰玖拾人。共伤亡排以上干部陆陆叁人。（三）伤亡班以下肆陆零肆名。乙、敌伤亡壹柒陆叁陆名。另、毙敌常岗及水原旅团长各一人、阿部中将一人、大佐贰名（田中过村）。丙、缴获步马枪壹伍玖零枝，短枪捌拾陆枝，轻机枪捌拾挺，重机枪贰拾挺，掷弹筒拾柒枝，迫击炮拾叁门，山炮肆门，钢炮肆门，野炮贰门，平射炮壹门，步机弹贰零零玖柒壹发，手榴弹肆伍叁个，掷筒弹贰零肆发，炮弹陆叁贰发，瓦斯弹拾陆发，烟幕弹拾肆发，马壹肆贰匹，自行车拾陆辆，大车肆拾捌辆，电台玖架，电话机壹架，战刀贰拾把，刺刀壹佰捌拾陆把，电线贰壹玖叁陆柒斤，收音机一架，照相机伍架，望远镜拾伍个，大衣贰玖伍件，气压表一个，防毒面具陆拾玖个，钢盔壹壹叁个，日旗拾叁面，工作器具壹玖伍个。丁、俘虏日军肆拾贰，伪军壹零贰，宣传官壹，翻译官肆。戊、破坏铁道捌拾贰里，铁桥拾伍座，汽车路壹佰伍拾里；炸坏铁甲车壹列，车头肆辆，车皮拾贰辆，出轨火车叁列，破坏电线贰零柒里，砍电杆壹伍肆根，炸汽车捌拾陆辆，焚毁汽车伍辆。巳、共作战陆捌壹次，内分截击贰玖叁次，袭击壹贰伍次，被袭贰拾肆次，伏击玖拾陆次，被伏击叁次，扰敌陆拾肆次，急袭贰拾捌次，我反袭拾伍次，敌反袭贰次，被急袭壹次，破坏叁拾次，合计作战陆捌壹次。聂聂唐报朱彭左毛王滕筱日午

28. 冀南军区战斗损失统计表（1940 年 1 月）

区别＼数目＼部别		纵直	一团	二团	三团				总计	附记
我负伤	旅级干部									
	团级干部									
	营级干部									
	连级干部		2						2	
	排级干部		4						4	
	班级干部		3						3	
	战士		14						14	
	政治工作人员									
	供给工作人员									
	卫生工作人员									
	事务人员									
	合计		23						23	一团生死不明的班级 2 战士 7 共 9 名
我阵亡	旅级干部									
	团级干部									
	营级干部		1						1	
	连级干部									
	排级干部		2						2	
	班级干部		5						5	
	战士		10						10	
	政治工作人员									
	供给工作人员									
	卫生工作人员									
	事务人员									
	合计		18						18	

区别 \ 数目 \ 部别		纵直	一团	二团	三团				总计	附记
我损失武器	步枪		13						13	
	合计		13						13	
我损失弹药										
	步马弹		300						300	
	手榴弹		6		4				10	
	合计		306		4				310	

区别 \ 数目 \ 部别		纵直	一团	二团	三团			总计	附记
我消耗	步马弹		4547		245			4792	
	驳壳弹		35		4			39	
	轻机弹		1180					1180	
	手榴弹		107					107	
	合计		5869		249			6118	
我损失军用品									
	军衣		27					27	
	米袋		27					27	
	枪背袋		17					17	
	战斗旗		3					3	
	合计		74					74	

29. 冀南军区战斗损失统计表（1940 年 2 月）

区别	数目＼部别	纵直	一团	二团	三团				总计	附记
我负伤	旅级干部									一团失连络排级 5 班级 7 战士 26 其他人员 6 共 44 名 三团生死不明排级 1 其他 3 共 4 名
	团级干部									
	营级干部									
	连级干部			1					1	
	排级干部		2						2	
	班级干部			7					7	
	战士		2	12					14	
	政治工作人员									
	供给工作人员									
	卫生工作人员									
	事务人员									
	合计		4	20					24	
我阵亡	旅级干部									
	团级干部									
	营级干部									
	连级干部									
	排级干部									
	班级干部									
	战士			1	1				2	
	政治工作人员									
	供给工作人员									
	卫生工作人员									
	事务人员									
	合计			1	1				2	

区别	数目 \ 部别	纵直	一团	二团	三团				总计	附记
我损失武器	马枪	1							1	
	步枪		80	51	4				135	
	合计	1	80	51	4				136	
我损失弹药	步马弹	58	1037	60					1155	
	手榴弹	1	80						81	
	轻机弹		150						150	二团损失步枪两支
	合计	59	1267	60					1386	

区别	数目 部别	纵直	一团	二团	三团				总计	附记
我消耗	步马弹		2217	2687	670				5574	
	轻机弹		40	215					255	
	驳壳弹		8						8	
	手榴弹			14	37				51	
	合计		2265	2916	707				5888	
损失用品										
	大刀	4	5		13				22	
	战马	12	2						14	
	马鞍	5							5	
	单衣	7	81		9				97	
	被子	4	101		7				112	
	米袋		74		9				83	

30. 八路军第120师抗战以来营以上军政干部伤亡名单
（1940年4月）

抗战来负伤营以上军事干部名单

部别	职别	姓名
独立六支队	支队长	常德善
独立一支队	支队长	杨家瑞
三五八旅七一五团	团长	王尚荣
独立二旅第四团	团长	王庭文
三五九旅七一七团	副团长	陈外欧
三五九旅七一八团	副团长	陈冬尧
三五九旅七一八团	副团长	徐国贤
三五八旅七一六团	参谋长	刘子云
三五九旅七一七团	参谋长	陈嵩狱
三五九旅七一七团	参谋长	左齐
师司令部二科	侦察股长	马哲武
三五九旅教导队	队长	阎德海
三五八旅七一五团	一参谋	崔光海
三五八旅七一六团	一参谋	胡超林
三五九旅司令部	参谋	陈连显
三五九旅七一七团	一参谋	张战英
三五九旅七一八团	一参谋	叶清显
三五九旅七一八团	参谋	胡美南
独立第一旅第二团	一参谋	陈积山
三五九旅七一七团	卫生队长	李军清
三五九旅七一八团	供给主任	黄道充

部别	职别	姓名
三五九旅七一八团	独立支队长	刘成英
三五九旅七一八团游击队	大队长	王子旺
三五九旅七一九团游击大队	大队长	毛德国
三五八旅七一五团	一营长	傅传作
	二营长	唐金龙
三五八旅七一六团	一营长	张荣
	一营长	彭家诗
	二营长	张文秀
	二营长	朱声大
	二营长	张邦兴
	三营长	王洋法
三五八旅独立一团	一营长	董贵芳
三五九旅七一七团	一营长	夏外生
	二营长	李寿康
	三营长	苏鳌
	三营长	周奎
	二营长	冯光生
三五九旅七一八团	一营长	刘克明
	二营长	贺琳
	三营长	刘三元
三五九旅七一九团	三营长	常修内
津南支队	三营长	刘云峰

部别	职别	姓名
独立一旅第二团	二营长	杨德松
独立一旅第三团	一营长	马冀长
独立一支队	一营长	徐远银
独立二支队	三营长	林其云
独立三支队	三营长	杨虎臣
三五八旅七一五团	一营副	王万金
三五八旅七一六团	二营副	黄子德
	三营副	杨述校
三五九旅七一七团	一营副	胡广
	二营副	何福生
三五九旅七一九团	一营副	郭文宪
独立一旅独立二团	二营副	蒋玉和
独立一旅第三团	一营副	周凯龙
三五九旅七一七团	二营长	贺盛桂

抗战来负伤营以上政治干部名单

部别	职别	姓名
独立第一旅	副政治委员	幸世修
独立一旅第一团	政治委员	王宝珊
雁北六支队	政治委员	陈云开
独立六支队	政治主任	熊仕钧
三五九旅七一七团	政治主任	罗保连
	副政治主任	廖明
三五九旅七一九团	政治主任	张云善
独立第二旅第四团	副政治主任	蔡光炎
三五九旅教导队	政治委员	萧头生
三五九旅政治部	锄奸科长	罗章
三五八旅七一五团	组织股长	白全林
三五八旅七一六团	组织股长	何皇初
三五九旅七一八团	组织股长	王先臣
大青山支队	组织股长	曾锦云
三五九旅七一七团	教育股长	何宣太
三五九旅七一九团	教育股长	习炳林

续表

部别	职别	姓名
三五九旅七一七团	特派员	张友照
三五九旅七一八团	特派员	汤光贤
三五九旅七一九团	特派员	贺头元
三五八旅七一六团二营	特派员	张文卿
三五八旅七一六团	特派员	王贤武
独立一旅第二团	特派员	喻清扬
三五八旅七一五团一营	教导员	刘家华

部别	职别	姓名
三五八旅七一五团一营	教导员	陈云汉
二营	教导员	董新山
三五八旅七一六团一营	教导员	李光照
二营	教导员	黄新义
	教导员	谢江廷
	教导员	陈贻训
三营	教导员	邹声宏
三五八旅独立一团一营	教导员	李春源
三五八旅独立二团三营	教导员	李钦仁
三五九旅七一七团一营	教导员	金钟藩
	教导员	何家产
	教导员	刘海
三营	教导员	贺振新
三五九旅七一八团一营	教导员	黄树德
二营	教导员	温德
三营	教导员	胡政
三五九旅七一九团一营	教导员	彭清云
独立一旅第二团三营	教导员	汪瑞先
独立一旅第三团一营	教导员	唐开先
独立三支队第七团三营	教导员	刘德彬
独立三支队第七团三营	教导员	黄湘
独立第一旅第二团一营	副教导员	姚海龙
独立第一旅第二团三营	分总支书记	邢庚年

抗战以来阵亡营以上军事干部登记

部别	职别	姓名
独立第二旅	旅长	魏大光
独立第一旅	参谋长	郭征
独立一旅第二团	参谋长	张荣
师司令部一科	教育股长	王维哉
三五八旅七一五团	一参谋	樊汉清
三五八旅七一五团	一参谋	崔光海
独立一支队	一参谋	杨培普
大青山支队	参谋	黄政
三五九旅七一九团	卫生队长	吕莜侯
雁北六支队	卫生队长	廖标发
三五八旅七一六团	副官主任	余文举
独立二支队二大队	大队长	刘森
三五八旅七一五团	一营长	刘光汉
	一营长	曾庆云
	二营副	潘有毕
三五八旅七一六团	二营副	黄子德
	二营副	陈永香
三五九旅七一七团	一营长	贺云生
	二营副	何福生
三五九旅七一八团	二营长	刘源远
三五九旅教导营	副营长	周三秀
警备六团	一营长	贺伟
	二营长	白兴元
	一营副	白发斌
	二营副	白庆义
三五八旅独立一团	一营副	张光云
三五八旅七一四团	独立营副	郑复光
独立一旅第一团	一营副	李成寿
	二营副	张自雄
独立第二旅第四团	二营长	张仁成
雁北六支队	二营长	容胜其
独立一支队	一营长	吴书纲
独立三支队第八团	一营长	陈景山

抗战以来阵亡营以上政治干部名单

部别	职别	姓名
三五九旅七一七团	政治委员	刘礼年
津南支队	政治委员	陈文彬
三五八旅独立一团	政治委员	赖香宏
独立一旅第三团	政治委员	朱吉坤
三五九旅七一七团	政治主任	刘理明
大青山支队	政治主任	彭德泰
三五八旅教导队	政治委员	郭有松
师政治部锄奸部	二科长	高尚风
三五八旅七一五团	组织股长	胡道全
	组织股长	曾衍芳
津南支队	组织科长	陈友元
独立三支队	锄奸科长	何定普
	民运科长	赵发玉
三五八旅七一五团	总支书记	李德康
	特派员	罗会悦
警备六团	特派员	王金相
	敌军股长	贺立兴
三五八旅七一五团	一营教导员	刘德新
一营	教导员	刘造煊
二营	教导员	陈振才
三五八旅七一六团	二营教导员	李半香
三五八旅七一四团	一营教导员	秦辉
三五八旅独立一团	一营教导员	刘斌
三五九旅七一九团	二营教导员	王继朝
独立二旅第四团	一营教导员	詹前进
独立二旅第五团	一营教导员	李西林
特务团	一营分总支书记	郭邦质
三五九旅七一七团	三营分总支书记	张清
三五九旅七一八团	二营分总支书记	薛国维
独立一旅一团一营	分总支书记	王朗齐

说明：

①此数目是从一九三七年九月至一九四〇年三月底的统计缺肖挺进军在外。

②负伤数中有些同志负过几次也只写一个名字。

31. 八路军第120师独立第1旅旅直2团阵亡表（1940年4月）

1937年10月至1940年4月旅直二团阵亡表

一二〇师独1旅卫生处填选

陆军一二零师独立第一旅第　团				
队别	第五路第三支队	同	同	同
职别	战斗员	同	同	同
阶级				
姓名	高启荣	王家琪	张桂芳	王绍儒
年龄	21	25	24	42
籍贯	河北雄县下村	河北雄县娘娘宫	河北雄县大郭庄	河北雄县下村
家庭经济状况	人四口房六间地三十亩	人二十口房十五间地二百亩	人六口房五间地十亩	人十口房五间地二十亩
何时何地入伍	1937年10月在娘娘宫入伍	1937年10月在娘娘宫入伍	同	1937年10月下村入伍
永久通信处	雄县下村交本人家属	雄县娘娘宫交本家人	雄县大郭庄交本人家	雄县下村交本家属
何时何地阵亡	1937年10月20日在娘娘宫	同	同	同
负伤部位	头部中弹	腿部中弹	胸部中弹	同
葬埋地点	下村	娘娘宫	大郭庄	下村
是否党员				
备考				

陆军一二零师独立第一旅第　团				
队别	同	同	五路十三支队二大队三分队	五路一旅三团二营
职别	同	同	小队长	战士
阶级				
姓名	李玉珍	王二保	李万常	张金榜
年龄	36	50	24	25
籍贯	河北雄县下村	同	河北文安苏桥	河北天津小张庄
家庭经济状况	人十二口房五间地十二亩	人五口房地无	人四口房一间地无	人三口房地无
何时何地入伍	1937年1月在下村入伍	同	1937年1月2日在苏桥入伍	1938年1月在苏桥入伍
永久通信处	雄县下村交本家人	同	苏桥交本人家	天津小张庄交本人家
何时何地阵亡	1937年10月20日在娘娘宫	同	1938年2月2日在善来营	同
负伤部位	胸部中弹	胸部中弹	头部中弹	头部中弹
葬埋地点	下村	下村	下村	
是否党员				
备考				

陆军一二零师独立第一旅第　团				
队别	五路一旅三团二营	五路三团二营	同	同
职别	战士	战士	同	同
阶级				
姓名	杨士英	李城维	黄大力	刘玉珍
年龄	28	25	28	30
籍贯	河北大城台头	同	同	河北霸县关王营
家庭经济状况	人五口房地无	人五口房二间地二亩	人三口房地无	人七口房三间地无
何时何地入伍	1938年1月在苏桥入伍	同	同	同
永久通信处	台头交本人家	本村	同	本村
何时何地阵亡	1938年2月7日在善来营	同	同	同
负伤部位	头部中弹	头部中弹	腿部中弹	胸部中弹
葬埋地点	善来营	本村	黄庄子	本村
是否党员				
备考				

陆军一二零师独立第一旅第　团				
队别	同	五路十三支队二大队三分队	同	一旅一团三营七连
职别	同	分队长	小队长	班长
阶级				
姓名	刘树珍	王广来	韩锡屏	许小辰
年龄	25	27	40	30
籍贯	同	霸县台山	霸县台山	霸县赵家房
家庭经济状况	人三口房地无	人十二口房十间地五亩	人五口房三间地五亩	人三口房地无
何时何地入伍	同	1937 年 10 月 15 日在台山入伍	1937 年 10 月在台山入伍	1937 年 11 月在黄庄子入伍
永久通信处	同	本村	本村	本村
何时何地阵亡	同	1938 年 2 月 15 日在苏桥	1938 年 11 月 15 日在苏桥	同
负伤部位	腰部中弹	头部中弹	胸部中弹	胸部中弹
葬埋地点	同	本村	本村	本村
是否党员				
备考				

陆军一二零师独立第一旅第　团				
队别	十三支队二大队二分队	十三支队二大队二分队	同	同
职别	同	战士	同	同
阶级				
姓名	韩润生	李裂伦	李树华	李承树
年龄	26	22	20	22
籍贯	霸县东台山村	同	同	同
家庭经济状况	人三口房地无	人三口房地无	人五口房三间地五亩	人十七口房十七间地六亩
何时何地入伍	1937 年 1 月 1 日台山入伍	1937 年 11 月在苏桥入伍	同	同
永久通信处	本村	本村	同	同
何时何地阵亡	同	1938 年 2 月 15 日在苏桥	同	同
负伤部位	同	胸部中弹	头中弹	刺刀杀死
葬埋地点	本村	本村	同	同
是否党员				
备考				

陆军一二零师独立第一旅第　团				
队别	同	五路十三支队二大队三分队	同	同
职别	同	战士	同	同
阶级				
姓名	陈文伦	张海俊	王康录	房振海
年龄	26	24	27	39
籍贯	同	霸县东台山	霸县黄庄子	霸县东台山
家庭经济状况	人七口房四间地无	人九口房四间地十亩	人三口房三间地无	人十口房五间地二十亩
何时何地入伍	同	1937 年 11 月在苏桥入伍	1937 年 12 月在苏桥入伍	1938 年入伍
永久通信处	同	本村	本村	同
何时何地阵亡	同	1938 年 2 月 15 日在苏桥	同	同
负伤部位	胸中弹	腿部中弹	头部中弹	腹部中弹
葬埋地点	同	本村	本村	同
是否党员				
备考				

陆军一二零师独立第一旅第　团				
队别	五路十三支队二大队二分队	同	同	同
职别	战士	同	同	同
阶级				
姓名	逯海祥	李鸿福	陈永贵	杨绍周
年龄	40	33	28	25
籍贯	同	同	同	同
家庭经济状况	人七口房三间地十亩	人五口房三间地无	人四口房地无	人六口房三间地无
何时何地入伍	1937 年 11 月在西台山	同	同	同
永久通信处	同	同	同	同
何时何地阵亡	同	同	同	同
负伤部位	腹部中弹	头部	胸部中弹	头部
葬埋地点	同	本村	本村	同
是否党员				
备考				

陆军一二零师独立第一旅第　团				
队别	同	十三支队二大队二分队	三团一营二连	二团三营
职别	同	战士	战士	战士
阶级				
姓名	罗满常	孙力山	高志义	邢俊台
年龄	20	27	32	28
籍贯	同	霸县东台山	霸县田家口村	文安胜芳
家庭经济状况	人二口房三间地无	人六口房地无	人五口房地无	人五口房地无
何时何地入伍	同	1937年11月苏桥入伍	同	1938年2月本村
永久通信处	同	本村	本村	本村
何时何地阵亡	同	1938年2月25日苏桥	同	霸县新章1938年4月3日
负伤部位	胸部	腿部	同	腹部
葬埋地点	同	本村	本村	本村
是否党员				
备考				

陆军一二零师独立第一旅第　团				
队别	二团三营	同	二团三营	二团一营二连
职别	战士	同	战斗员	战斗员
阶级				
姓名	蔡长和	薛李科	蔡凤裂	李景玉
年龄	22	30	30	19
籍贯	同	同	河北天津小好庄	霸县黄庄子
家庭经济状况	人三口房一间地无	人四口房三间地无	人二口房地无	人五口房地无
何时何地入伍	1938年2月在本村入伍	同	1938年3月在苏桥入伍	1938年1月在苏桥入伍
永久通信处	同	同	本村	本村
何时何地阵亡	同	同	1938年4月3日在新章	1938年4月9日高家坟
负伤部位	同	头部	头部	胸部中弹
葬埋地点	同	同	苏桥	本村
是否党员				
备考				

陆军一二零师独立第一旅第　团				
队别	同	同	同	同
职别	同	同	同	同
阶级				
姓名	李文祥	董万起	松少兰	宋景木
年龄	32	27	25	24
籍贯	霸县黄庄子	固安大坊村	永清五间房	永清头屯村
家庭经济状况	人六口房地无	人三口房地无	人三口房二间地无	人四口房二间地二亩
何时何地入伍	1938年1月在苏桥入伍	1938年1月在霸县入伍	1938年2月在霸县入伍	同
永久通信处	本村	本村	本村	本村
何时何地阵亡	1938年4月9日高家坟	同	同	同
负伤部位	胸部	头部	头部	胸部中弹
葬埋地点	本村	本村	本村	本村
是否党员				
备考				

陆军一二零师独立第一旅第　团				
队别	二团三营一连	一旅三团一营一连	二团武术连	同
职别	战士	班长	战斗员	同
阶级				
姓名	刘汉臣	赵中旺	邓荣昌	张登龙
年龄	31	34	55	34
籍贯	永清头屯村	文安胜芳	任丘边家铺头	雄县大郭庄
家庭经济状况	人十口房五间地二十亩	人五口房地无	人二口房地无	人三口房二间地无
何时何地入伍	1938年1月在霸县入伍	1938年4月在苏桥入伍	1938年5月在雄县入伍	1938年1月在大苟各庄入伍
永久通信处	本村	本村	本村	本村
何时何地阵亡	1938年4月9日高家坟	同	1938年6月30日在雄县	同
负伤部位	腹部	腹部	身中射弹	头部中弹
葬埋地点	本村	本村	雄县	雄县
是否党员				
备考				

陆军一二零师独立第一旅第　团				
队别	同	二团一营一连		
职别	同	排长		
阶级				
姓名	王瑞芝	赵德山		
年龄	25	30		
籍贯	任丘鄚州	霸县田家口		
家庭经济状况	人五口房地无	人三口房地无		
何时何地入伍	1938 年 4 月在本村入伍	1939 年 11 月在霸县入伍		
永久通信处	本村	同		
何时何地阵亡	同	1938 年 4 月 9 日在高家坟		
负伤部位	同	胸部		
葬埋地点	雄县			
是否党员				
备考				

陆军一二零师独立第一旅第　团				
队别	二团三营十连	五路独立一团	同	同
职别	战斗员	中队长	分队长	同
阶级				
姓名	崔玉和	王换友	刘涌全	刘永奇
年龄	32	47	29	32
籍贯	新镇崔家庄	永清信安	霸县沙里村	永清第四村
家庭经济状况	人五口房地无	人四口房三间地无	人三口房一间地无	人五口房无地无
何时何地入伍	1938 年 1 月在史各庄入伍	1938 年 2 月在信安入伍	1938 年 1 月在信安入伍	同
永久通信处	交本村	交本村	交本村	交本村
何时何地阵亡	1938 年 6 月 30 日在雄县	1938 年 7 月 1 日在信安	同	同
负伤部位	头部中弹	头部	同	胸部
葬埋地点	雄县	信安	同	信安
是否党员				
备考				

陆军一二零师独立第一旅第　团				
队别	独立一团一营	第一团三营	同	独一团一营
职别	战斗员	同	同	同
阶级				
姓名	董富	王国安	张文元	雷大雨
年龄	27	26	26	20
籍贯	安次大王庄	雄县道坞	安次大王庄	霸县辛庄
家庭经济状况	人五口房地无	人三口房地无	人五口房三间地无	人六口房三间地二亩
何时何地入伍	1938年2月在朱各子入伍	1937年12月在苟各庄入伍	1937年12月在苏桥入伍	1938年2月1日在信安入伍
永久通信处	交本村	交本村	交本村	交本村
何时何地阵亡	1938年1月7日在信安	同	1938年7月1日在信安	同
负伤部位	头部	胸部	中地雷	身中手榴弹
葬埋地点	信安	信安	信安	信安
是否党员				
备考				

陆军一二零师独立第一旅第　团				
队别	独一团一营	同	同	同
职别	战斗员	同	同	同
阶级				
姓名	董福旺	高振坤	张根立	李绍掌
年龄	36	28	26	26
籍贯	安次大王庄	永清后变	霸县高桥	霸县李家口
家庭经济状况	人七口房五间地十亩	人三口房地无	人三口房地无	人五口房六间地三十亩
何时何地入伍	1938年1月在信安入伍	同	1938年1月在信安入伍	同
永久通信处	交本村	同	同	同
何时何地阵亡	1938年7月1日在信安	同	同	同
负伤部位	身中手榴弹	头中弹	刺刀杀死	头部
葬埋地点	信安	信安	信安	信安
是否党员				
备考				

陆军一二零师独立第一旅第　团				
队别	独一团一营	同	同	同
职别	战斗员	同	同	同
阶级				
姓名	郝增琪	吴清	王明	王拴
年龄	27	22	22	25
籍贯	霸县高桥	霸县董家庄	霸县李家口	霸县高桥
家庭经济状况	人七口房三间地无	人三口房地无	人四口房地无	人五口房六间地六亩
何时何地入伍	1938 年 1 月在信安入伍	同	同	同
永久通信处	交本村	同	同	同
何时何地阵亡	1938 年 7 月 1 日在信安	同	同	同
负伤部位	头部	同	同	同
葬埋地点	信安	同	同	同
是否党员				
备考				

陆军一二零师独立第一旅第　团				
队别	三纵队四支队二大队二营	四支队二大队特务连	四支队一大队一营四连	一大队一营三连
职别	战士	同	排长	班长
阶级				
姓名	李立国	韩宝昆	杨检鹿	李文焕
年龄	30	25	31	25
籍贯	任丘正洛	任丘梁召	霸县杨庄	霸县台头
家庭经济状况	人五口房三间地无	人十口房四间地无	人五口房地无	人四口房地无
何时何地入伍	1938 年 3 月在正洛入伍	同	1938 年 5 月在苏桥入伍	1938 年 5 月在苏桥入伍
永久通信处	交本村	同	交本村	交本村
何时何地阵亡	1938 年 11 月 10 日在胜芳	同	1939 年 1 月 26 日在清苑县小王力	1939 年 1 月 2 日在小王力
负伤部位	胸部中弹	身中炮弹	头部中弹	腰部中弹
葬埋地点			小王力	小王力
是否党员				
备考				

陆军一二零师独立第一旅第　团				
队别	一大队一营三连	一大队特务连	一大队一营	一团特务连
职别	班长	战士	通讯员	班长
阶级				
姓名	陈莫绿	袁汉新	张远波	远化文
年龄	20	27	30	31
籍贯	文安陈庄	文安东家台	永清八里屯	文安永淀村
家庭经济状况	人五口房三间地七亩	人五口房地无	人六口房三间地十亩	人五口房二间地四亩
何时何地入伍	1938 年 5 月在苏桥入伍	同	同	同
永久通信处	交本村	交本村	交本村	交本村
何时何地阵亡	1939 年 1 月 2 日在小王力	同	同	1939 年 2 月 5 日在北张村
负伤部位	头部中弹	同	腰部	头部
葬埋地点	小王力	同	同	
是否党员				
备考				

陆军一二零师独立第一旅第一团				
队别	二营四连	同	二团二营五连	二大队一营一连
职别	文书	班长	战士	班长
阶级				
姓名	庞春浦	黄世奎	蔡长和	李生桂
年龄	20	26	32	36
籍贯	冀省雄县小狄下头	冀省任丘李黄村	冀省文安胜芳	冀省任丘
家庭经济状况	人十二口房五间地二十亩	人八口房三间地无	房地人无	人四口房地无
何时何地入伍	1939 年 2 月在黄垒入伍	1938 年在苏桥入伍	1937 年 7 月在胜芳入伍	1937 年 10 月鄚州入伍
永久通信处				
何时何地阵亡	1939 年 4 月 28 日在河间西高力	1939 年 4 月在河间新村	1939 年 6 月 30 日在胜芳武家地	1939 年 3 月 9 日在龙弯
负伤部位	身中炸弹	头部中弹	枪头部	头部
葬埋地点				
是否党员				
备考				

陆军一二零师独立第一旅第　团				
队别	二团一营一连	三团特务连	司令部通信连	三团三营八连
职别	排长	战士	通信员	战士
阶级				
姓名	李敬	薛光明	毕德恒	于恩荣
年龄	28	22	25	19
籍贯	冀省清苑	文安胜芳	任丘鄚州	雄县龙弯
家庭经济状况				
何时何地入伍	1938年5月19日入伍	1938年2月本村入伍	1938年1月鄚州入伍	1938年7月在道务入伍
永久通信处				交本人
何时何地阵亡	1939年3月9日在龙弯	同	1939年5月13日北留路	同
负伤部位	头部	同	身中炮弹	机枪头部
葬埋地点				
是否党员				
备考				

陆军一二零师独立第一旅第　团		
队别	一团特务四营十一连	二大队三营九连
职别	战士	战士
阶级		
姓名	王瑞芝	张志云
年龄	25	36
籍贯	河北文安	河北雄县到务村
家庭经济状况	人四口房三间地二亩	人九口房七间地九十亩
何时何地入伍	1938年5月在苏桥入伍	1938年6月在本村入伍
永久通信处	交本村	交本村
何时何地阵亡	1939年1月26日在李庄	1939年3月6日在史各庄
负伤部位	头部中弹	腹部中弹
葬埋地点	李庄	
是否党员		
备考		

陆军一二零师独立第一旅第　团				
队别	二营六连	同		
职别	通讯员	同		参谋长
阶级				
姓名	周广玉	赵长水		郭征
年龄	31	23		24
籍贯	任丘塔庄	雄县大杨村		江西太和云亭区楼居村
家庭经济状况				
何时何地入伍	1938 年 9 月本县入伍	1937 年入伍		1930 年 7 月本地入伍
永久通信处	本村交本人	本村交本人		本村交本人
何时何地阵亡	1939 年 5 月 13 日北留路	同		1939 年 9 月 28 日在冯沟里
负伤部位	机枪头部	腹部		腹部
葬埋地点				
是否党员				是
备考				

陆军一二零师独立第一旅第一团				
队别	第一营	第三营十连	第二营八连	第二营五连
职别	副营长	连长	排长	支书
姓名	李成寿	孙德山	牟金亭	马成有
年龄	33	28	26	21
籍贯	湖南荆县	河北文安	河北天津	山西交十家
家庭经济状况				
何时何地入伍		1938 年 4 月在文安苏桥	同上	同上
永久通信处		河北文安中区村交	天津合村	
何时何地阵亡	1939 年 3 月 29 在小朱村侯安	侯安	同	同
负伤部位				
葬埋地点		1939 年 3 月 29 日	同上	同上
是否党员				
备考				

陆军一二零师独立第一旅第一团				
队别	第二营八连	骑兵排	第一营一连	同上
职别	班长	班长	战士	战士
姓名	谢法台	冯树林	聂云清	李子厚
年龄	18	26	40	35
籍贯	河北霸县	同上	同上	同上
家庭经济状况				
何时何地入伍	1938 年 4 月在靳家堡头	1938 年 5 月在文安苏桥	同上	同上
永久通信处	霸县下王庄	霸县高桥	霸县靳家堡头	霸县张岗
何时何地阵亡	河间侯安村	同上	同上	同上
负伤部位				
葬埋地点	1939 年 3 月 29 日	同上	同上	同上
是否党员				
备考				

陆军一二零师独立第一旅第一团				
队别	第三营十连	同上	同上	同上
职别	战斗员	同上	同上	同上
姓名	杨文	张思千	刘小信	高玉楼
年龄	24	30	20	26
籍贯	河北霸县	河北文安	同上	河北霸县
家庭经济状况				
何时何地入伍	1938 年 5 月 1 日在苏桥	同上	同上	同上
永久通信处		文安张营	文安胜芳	霸县场上村
何时何地阵亡	河间侯安	同上	同上	同上
负伤部位				
葬埋地点				
是否党员				
备考				

陆军一二零师独立第一旅第一团				
队别	第二营六连	第二营七连	第二营八连	特务连
职别	战士	同上	同上	同上
姓名	董瑞忠	牛万全	刘彦春	滑万才
年龄	21	32	32	22
籍贯	河北文安	河北霸县	河北文安	河北霸县
家庭经济状况				
何时何地入伍	1938 年 5 月在苏桥	同上	同上	同上
永久通信处	文安左各庄	霸县平西村	文安左各庄	霸县苏桥
何时何地阵亡	河间文安	同上	同上	同上
负伤部位				
葬埋地点				
是否党员				
备考				

陆军一二零师独立第一旅第一团				
队别	特务连	同	第一营二连	第三营十连
职别	战士	同	指导员	战士
姓名	马得仲	赵文元	李光甲	刘文英
年龄	22	25	26	25
籍贯	河北霸县	山东汶上	河北霸县	河北文安
家庭经济状况				
何时何地入伍	1938 年 5 月在文安苏桥	同	同	同
永久通信处	霸县滑庄子	汶上交集镇		文安胜芳
何时何地阵亡	河间侯安	同	同	同
负伤部位				
葬埋地点				
是否党员				
备考				

陆军一二零师独立第一旅第一团				
队别	第二营	第一营一连	第一营三连	第二营六连
职别	副营长	排长	文书	班长
姓名	张自雄	李永发	孙殿云	王营山
年龄	36	29	29	36
籍贯	湖北汉川县	河北霸县	河北景县	河北永清
家庭经济状况				
何时何地入伍	1937 年 4 月在台家嘴	1938 年 4 月在本县	1938 年 2 月苏桥	1938 年 2 月在苏桥
永久通信处	河北汉川县台家嘴交	霸县东关	景县孙镇	
何时何地阵亡	1939 年 4 月 20 日在回家庄	同	同	1939 年 4 月 20 日在河间孙桥
负伤部位				
葬埋地点				
是否党员	是	是	是	是
备考				

陆军一二零师独立第一旅第一团				
队别	二营六连	五连	五连	五连
职别	班长	战士	战士	战士
姓名	王树臣	赵金波	刘亭右	潘雨亭
年龄	45	27	32	38
籍贯	河北文安县	河北雄县	河北霸县	山东关县
家庭经济状况				
何时何地入伍	1938 年 2 月在苏桥	1938 年在雄县	1938 年在苏桥	1938 年在苏桥
永久通信处	狼虎庙	雄县	霸县本人	联家庄
何时何地阵亡	1939 年 4 月在河间孙村	同	1939 年 4 月 20 日在河间孙村	同
负伤部位				
葬埋地点	在孙村	在孙村	在孙村	在孙村
是否党员	是			
备考				

陆军一二零师独立第一旅第一团				
队别	二营六连	六连	六连	二营六连
职别	战士	战士	战士	战士
姓名	李守乾	赵国瑞	王树文	贾玉得
年龄	30	48	19	25
籍贯	河南洛阳	霸县	河北深县	霸县
家庭经济状况				
何时何地入伍	1938 年 2 月在苏桥	同	1938 年在清苑县	1938 年 2 月在王泊
永久通信处	本县李庄	本县城内	本县东台	本县西沱村
何时何地阵亡	1939 年 4 月 20 日在孙村	同	1939 年 4 月 20 日在孙村	同
负伤部位				
葬埋地点	孙村	孙村	孙村	孙村
是否党员				
备考				

陆军一二零师独立第一旅第一团				
队别	二营六连	六连	六连	一营一连
职别	战士	战士	战士	战士
姓名	梁玉柱	王永福	李宗辉	樊云田
年龄	31	39	23	23
籍贯	河北霸县	河北永清	霸县	霸县
家庭经济状况				
何时何地入伍	1938 年 4 月在苏桥	1938 年 2 月在苏桥	1939 年二月在王泊	1938 年 4 月在本县城内
永久通信处	靳家铺头	赵家楼	田各庄	
何时何地阵亡	1939 年 4 月在孙村	同	1939 年 4 月 20 日在孙村	同
负伤部位				
葬埋地点	孙村	孙村	孙村	
是否党员				
备考				

陆军一二零师独立第一旅第一团				
队别	一营营部	一连	二连	一营四连
职别	通讯员	副排长	战士	排长
姓名	侯占岭	崔树棋	张起发	王秀田
年龄	20	27	19	39
籍贯	河北霸县	河北文安	霸县	霸县
何时何地入伍	1938 年 4 月 20 日在坝县	1938 年 6 月崔庄子	1938 年 3 月在城内	1938 年 2 月在王庄
永久通信处	南桥村	河北文安崔庄子	霸县口头镇	霸县王庄村
家庭经济状况				
何时何地阵亡	1939 年 4 月 28 在回家庄	1939 年 6 月在武强	同	1939 年 6 月在武强
负伤部位	头胸两部	腹部	腹部	头部
葬埋地点				
是否党员	是	是	否	

陆军一二零师独立第一旅第一团		
队别	一营四连	四连
职别	排长	班长
姓名	曹得禄	李永风
年龄	34	32
籍贯	河北霸县	霸县
家庭经济状况		
何时何地入伍	1937 年 6 月在靳家铺头	1938 年 8 月在道务村
永久通信处	小辛庄	信安
何时何地阵亡	1939 年 7 月在大冯营	同
负伤部位	胸腿部	腿部
葬埋地点	刘庄村西路北	
是否党员	是	
备考		在火线上未抬下来

陆军一二零师独立第一旅第二团				
队别	三营九连	二营五连	三营九连	二营六连
职别	战士	战士	战士	班长
姓名	陈有	萧春元	张志云	魏茂山
年龄	34	32	36	26
籍贯	河北任丘	河北文安	河北雄县	河北文安
何时何地入伍	1938 年在任丘	1938 年 3 月在苏桥	1938 年 6 月在苏桥	同
永久通信处	任丘东里长	本县苏桥	雄县道务村	
家庭经济状况		19		
何时何地阵亡	1939 年 3 月在石鸣基	1939 年 4 月 29 日在孙村	1939 年 3 月在东黄垒	同
负伤部位				
葬埋地点				
是否党员				
备考				

陆军一二零师独立第一旅第二团				
队别	二营六连	四连	四连	二连
职别	副连长	排长	班长	战士
姓名	何清云	李作林	陆占山	薛国才
年龄	29	50	36	22
籍贯	四川云吉	河北雄县	山东东平	河北任丘
何时何地入伍	1934 年在滩泊村	1937 年在赵北口	1938 年在马家庄	同
家庭经济状况				
永久通信处		本县大荫村	本县周家庄	本县枣林村
何时何地阵亡	1939 年 4 月在南北留路	同	同	同
负伤部位				
葬埋地点				
是否党员				
备考				

陆军一二零师独立第一旅第二团				
队别	二营六连	二营六连	二营四连	二营四连
职别	战士	战士	战士	战士
姓名	张品之	孙桂之	张福堂	张如意
年龄	29	26	41	50
籍贯	河北永清	河北文安	河北宁晋县	雄县
何时何地入伍	1938年4月入伍	1937年9月在信安	1938年6月在马庄子	1938年2月在本县
家庭经济状况				
永久通信处		本县石沟	高家村	崔村刘万年
何时何地阵亡	1939年3月在东黄垒村	1939年4月在北留路	同	同
负伤部位				
葬埋地点				
是否党员				
备考	阵亡			

陆军一二零师独立第一旅第二团				
队别	二营四连	同	一营一连	二营六连
职别	战士	同	战士	副连长
姓名	庞春浦	萧广泽	王起三	郑跻同
年龄	20	31	27	24
籍贯	河北雄县	河北任丘	同	辽宁锦县
家庭经济状况				
何时何地入伍	1939年2月在黄垒	1938年2月在任丘西大坞	1938年7月在任丘鄚州	1938年2月
永久通信处		任丘鄚州西大坞		不详
何时何地阵亡	在南留路	同	1939年3月26日在石坞吉	1939年4月29日孙村
负伤部位				
葬埋地点				
是否党员				
备考				抄冲

陆军一二零师独立第一旅第二团				
队别	一营一连	一营二连	同	二营五连
职别	班长	战士	同	同
姓名	白景全	崔法昌	孟汉卿	萧春元
年龄	32	20	31	32
籍贯	河北霸县	河北文安	同	同
家庭经济状况				
何时何地入伍	1938 年 10 月胜芳	1938 年 4 月苏桥	同	1938 年 3 月苏桥
永久通信处	霸县城内交	文安崔家坊	天安下码头	文安胜芳河东
何时何地阵亡	1939 年 4 月 29 日孙村	同	同	同
负伤部位				
葬埋地点				
是否党员	是			
备考				抄冲

陆军一二零师独立第一旅第二团				
队别	一营三连	同	二营六连	一营二连
职别	排长	饲养员	同	班长
姓名	李清山	刘宝忠	刘文英	黄士奎
年龄	24	25	19	26
籍贯	河南唐县	河北文安	同	河北任丘
家庭经济状况				
何时何地入伍	1938 年 2 月	1938 年 1 月胜芳	同	1938 年 10 月胜芳
永久通信处	唐县宋家湾	文安胜芳	同	任丘鄚州李广村
何时何地阵亡	1939 年 4 月 29 日孙村	同	同	同
负伤部位				
葬埋地点				
是否党员				是
备考			抄冲	

陆军一二零师独立第一旅第二团				
队别	三营八连	二营六连	同	一营二连
职别	连长	通讯员	同	班长
姓名	李清山	周广玉	赵长水	薛云亭
年龄	25	31	23	35
籍贯	河南唐县	河北任丘	河北雄县	河北文安胜芳
家庭经济状况				
何时何地入伍	1939 年 2 月	1938	同	1939 年 5 月胜芳入伍
永久通信处	唐县宋家湾	任丘塔庄	雄县大洋村	胜芳河东齐坑
何时何地阵亡	1939 年 5 月 15 日在北留路	同	同	1939 年 6 月 21 日深县张赛寺村
负伤部位				两腿炸伤
葬埋地点				
是否党员				是
备考	抄冲			

陆军一二零师独立第一旅第二团				
队别	二营五连	三营七连	同	三营六连
职别	战士	同	同	同
姓名	白祖深	董绳庆	史金林	高恩桂
年龄	23	32	37	28
籍贯	河北文安	河北雄县	河北任丘	河北雄县
家庭经济状况				
何时何地入伍	1938 年 3 月在苏桥	1938 年 9 月在道务村	同	同
永久通信处	文安胜芳河东	董章	任丘黄台村史奎奖	雄县下村
何时何地阵亡	1939 年 4 月 29 日孙村	1939 年 5 月 15 日北留路	同	同
负伤部位				
葬埋地点				
是否党员				
备考				

陆军一二零师独立第一旅第二团				
队别	一营二连	同	同	二营七连
职别	副班长	战斗员	同	同
姓名	王春升	王诚厚	李振生	耿焕南
年龄	23	23	23	22
籍贯	河北文安胜芳	同	河北霸县苏桥	河北永清
家庭经济状况				
何时何地入伍	1938 年 3 月胜芳入伍	1938 年 5 月胜芳入伍	1937 年 12 月苏桥入伍	1937 在本县入伍
永久通信处	胜芳河南东南	胜芳河南臭水坑	苏桥南下坡	永清张家场
何时何地阵亡	1939 年 6 月深县张赛寺村	同	同	1939 年 7 月 18 日在野吴寨
负伤部位	炸伤	腹部	头部	头部炸伤
葬埋地点				
是否党员	是	是	是	
备考				

陆军一二零师独立第一旅第二团		
队别	七一五团一营	独立第一旅司令部
职别	分支书	参谋长
姓名	王郎宗	郭征
年龄	26	25
籍贯	湖南桃园县	江西省泰和县云亭区楼居村
家庭经济状况		人三口田十四担房子半间欠债百余元
何时何地入伍	1939 年入伍	1930 年 1 月入伍
永久通信处		云亭县冠朝墟日日新号本人
何时何地阵亡	1939 年 7 月 19 日小冯营	1939 年 9 月 28 日下午罗藨山
负伤部位	小腹	腿部及腰间洞伤
葬埋地点		河北省行唐县秦家台羊村南
是否党员		是
备考		

陆军一二零师独立第一旅第二团				
队别	团部	供给处	特务连	一营一连
职别	教育参谋	粮秣员	班长	副班长
姓名	张荣	王少成	孙蕃成	杨吉清
年龄	22	32	26	21
籍贯	江西永丰县	贵州	冀省庸城东关	冀省文安
家庭经济状况				房地无人四口
何时何地入伍	1931 年 4 月在东右九寸岑		1937 年 7 月在胜芳入伍	1938 年 1 月在胜芳入伍
永久通信处	龙岗村		本人收	胜芳土地庙
何时何地阵亡	1939 年 9 月 28 日在枫沟	1939 年 9 月 28 日在枫沟	1939 年 9 月在高庄	1939 年 9 月 28 日在高阳南山头
负伤部位	头部	头部	腹部	头部
葬埋地点	埋杨庄村南	埋大庄村东	埋高庄对面沟内	
是否党员	是	是		是
备考				

陆军一二零师独立第一旅第二团				
队别	二连	同	同	一营四连
职别	班长	战士	同	班长
姓名	张柏木	孙文叩	赵永详	刘俊成
年龄	23	23	32	23
籍贯	冀省文安	冀省深县	冀省任丘	冀省文安
家庭经济状况	房地无人六口	房三间地六亩人六口	房地无人一口	房地无人五口
何时何地入伍	1937 年胜芳入伍	1939 年入伍	1938 年苏桥入伍	1938 年 5 月胜芳入伍
永久通信处	本人收	堤上村本人	龙湾村本人	本人收
何时何地阵亡	1939 年 9 月 28 日罗服山	同	同	同
负伤部位	腹部	头部	腰部	胸部
葬埋地点				
是否党员	是			是
备考				

陆军一二零师独立第一旅第二团				
队别	一营四连	同	二营营部	二营五连
职别	战士	同	通讯员	副连长
姓名	于宗仁	杨盛山	马凤鸣	李福贵
年龄	18	35	29	21
籍贯	冀省无极县	冀省深县	冀省文安	江西宁都县
家庭经济状况	房地无人三口	房二间地无人二口	房一间地无人一口	
何时何地入伍	1939年7月本县入伍	1939年7月本县入伍	1939年在王泊入伍	1933年12月本县入伍
永久通信处	大郑庄本人收	后马头本人收	西沟村本人收	本人收
何时何地阵亡	1939年9月28日罗葭山	同	1939年9月于行唐大庄	1939年9月29日在枫沟
负伤部位	头部	同	同	背部
葬埋地点			埋后花园	
是否党员				是
备考				

陆军一二零师独立第一旅第二团				
队别	二营五连	同	同	同
职别	三班长	五班长	战士	同
姓名	刘仲轩	邱金培	王海臣	于振江
年龄	27	26	26	四十
籍贯	河北永清	河北霸县	河北永清	河北深县
家庭经济状况				
何时何地入伍	1938年5月入伍	1938年3月在本县入伍	1938年5月本县入伍	1939年6月在赵村入伍
永久通信处	本人收	本人收	同	同
何时何地阵亡	1939年9月29日在枫沟	同	同	同
负伤部位	头部	同	同	腹部
葬埋地点				
是否党员	是	是		
备考				

陆军一二零师独立第一旅第二团				
队别	二营五连	二营五连	同	同
职别	战士	同	同	同
姓名	贾玉堂	徐士中	杨进才	刘文治
年龄	40	30	28	23
籍贯	河北深县	同	河北晋县	河北新乐县
家庭经济状况				
何时何地入伍	1939 年 6 月本县赵村入伍	同	1939 年 7 月无极苏村入伍	1939 年 7 月本县入伍
永久通信处	本人收	同	同	同
何时何地阵亡	1939 年 9 月 29 日在枫沟阵亡	同	同	同
负伤部位	腹部	同	头部	腹部
葬埋地点				
是否党员				
备考				

陆军一二零师独立第一旅第二团				
队别	二营六连	同	同	同
职别	副连长	二排长	二班长	三班长
姓名	郑登昌	胡登云	王国祥	刘忠孝
年龄	26	25	24	21
籍贯	江西水金县大邻下村	云南罗次县南门外	河北霸县	河北霸县干金哇
家庭经济状况		房一间地无人四口		
何时何地入伍	1939 入伍	1936 年本县入伍	1939 苏桥入伍	1938 年进家铺头入伍
永久通信处	郑明孚收	下村杨臣山收	下王庄王洛法收	刘殿庆收
何时何地阵亡	1939 年 9 月 29 日在枫沟阵亡	同	同	同
负伤部位	腹部	胸部	头部	胸部
葬埋地点				
是否党员		是	是	
备考			房三间地无	

陆军一二零师独立第一旅第二团				
队别	六连	七连	八连	同
职别	四班长	战士	一排长	副班长
姓名	弭志	赵天进	舒云清	贾义华
年龄	21	17	21	24
籍贯	河北霸县	河北无极	湖北来风县丁关寨	河北无极区罗村
家庭经济状况	房三间地五亩人九口	房三间地四亩人四口	房地皆无	房三间地二亩人七口
何时何地入伍	1938 年孙村入伍	1939 年 6 月入伍	1935 年入伍	1939 年无极佛堂村
永久通信处	菜园本人收	泊头本人收	丁关寨	西罗村
何时何地阵亡	1939 年 9 月 29 日在大庄	1939 年 9 月 25 日陈庄	1939 年 9 月 29 日罗葭山	1939 年 9 月 28 日罗葭山北面
负伤部位	头部	同	同	同
葬埋地点				埋在花园村南
是否党员	党员		是	
备考				

陆军一二零师独立第一旅第二团				
队别	同	同	同	二营部
职别	同	同	战士	副班长
姓名	王玉海	杜殿生	兰加作	郭法泉
年龄	28	24	34	21
籍贯	河北霸县煎茶堡	山东济南府城	河北无极东汉村	冀省任丘
家庭经济状况	房三间地无人四口	房一间地二亩	房六间地五亩人无	房三间地四亩人四口
何时何地入伍	1938 年 4 月在王泊村	1939 年在苏桥入伍	1937 年佛堂村	1933 年 10 月在任丘
永久通信处	煎茶堡	济南府城内	东汉村	天门口本人收
何时何地阵亡	同	同	同	1939 年 9 月 28 月于冯沟
负伤部位	腿部	胸部	头部	
葬埋地点				埋罗葭山阳
是否党员	是			是
备考				

陆军一二零师独立第一旅第二团				
队别	九连	同	同	三营十连
职别	副班长	战士	副连长	副班长
姓名	王汝章	朱常胜	田泽贵	王三鸭
年龄	23	32	28	16
籍贯	冀省雄县	冀省深县	湖南龙山县	冀任丘蒋庄村
家庭经济状况	房一间地二亩	同	房地无人三口	房地无人四口
何时何地入伍	1938年7月在本村	1939年8月本村入伍	1934年5月在本县	1939年2月在鄚州入伍
永久通信处	袁家园本人	祝家斜本人收	本人收	交本村王希文
何时何地阵亡	1939年9月29日慈于村	同	同	1939年9月28日冯沟
负伤部位	胸部	头部	同	胸部
葬埋地点	埋大岭山下	同	同	埋罗葭山阳
是否党员	是		是	是
备考				

陆军一二零师独立第一旅第二团				
队别	同	同	同	三营十一连
职别	同	同	战斗员	连长
姓名	宗林山	韩玉曾	张国华	冯增柏
年龄	20	24	26	22
籍贯	冀省任丘州	冀深县王家庄	冀无极西区	湖北省江陵县老新口芬家桥
家庭经济状况	房地皆无人五口	房五间地无人五口	房三间地三亩人三口	
何时何地入伍	1939年10月在黄里	1939年8月在沙窝	1939年8月在东汗	1939年9月28日在陵青县冯沟
永久通信处	交本镇宗恩荣	本村韩文得	本村张瑞山	湖北江陵县
何时何地阵亡	同	同	同	同
负伤部位	腹部	头部	同	同
葬埋地点	同	同	同	埋庄村东山下
是否党员				是
备考				

陆军一二零师独立第一旅第二团				
队别	三营十一连	同	同	同
职别	三排长	副班长	司号员	战斗员
姓名	纪云和	张福和	刘书元	田福禄
年龄	29	18	16	18
籍贯	河北任丘县勇和村	河北雄县南关	河北文安胜芳	河北雄县大荫村
家庭经济状况	房三间地三亩人五口	无产人三口	房三间地十五亩人六口	地十五亩人七口
何时何地入伍	1938 年 1 月在本县入伍	1938 年 2 月在本县	1938 年 8 月在本镇入伍	1939 年 2 月八方村入伍
永久通信处	河北任丘勇和村	河北雄县南关	河北文安胜芳	河北雄县大荫村
何时何地阵亡	1939 年 9 月 28 日在灵寿冯沟	1939 年 9 月 28 日灵寿冯沟	同	同
负伤部位	头部	腰部	肚子	头部
葬埋地点	埋花园村东	同	同	同
是否党员	是	是	是	
备考				

陆军一二零师独立第一旅第二团			
队别	同	三营十二连	同
职别	同	指导员	班长
姓名	刘忠亭	陈志银	张进勋
年龄	37	20	28
籍贯	河北任丘鄚州	陕西省淳化县淳家原村	河北省文安县张关营
家庭经济状况	房四间人八口	房地无人四口	房二间地十亩人七口
何时何地入伍	1939 年 1 月在本镇入伍	1936 年 7 月在本村入伍	1938 年 3 月在本村
永久通信处	河北任丘鄚州	本人收	左各庄德号
何时何地阵亡	同	9 月 28 日于司家庄	同
负伤部位	心部	头部	胸部
葬埋地点		埋大庄村东	埋罗葭山下
是否党员		是	是
备考			

陆军一二零师独立第一旅第二团				
队别	三营七连	同	二营六连	同
职别	副指导员	战士	同	同
姓名	王卓英	俞俊华	孙毫明	贾济哲
年龄	24	18	29	19
籍贯	河北霸县	河北无极	冀省武邑县	冀省无极
家庭经济状况	人二口房三间地十亩	人六口房三间地一亩	人五口房三间地六亩	人五口房十一间地一亩
何时何地入伍	1938 年 3 月胜芳入伍	1939 年无极县入伍	1939 年在本县张屯	1939 年本村入伍
永久通信处	高桥村本人收	本县高陵村俞志新收	本县回台右村孙志福收	本县罗尚村贾培基收
何时何地阵亡	1939 年 11 月 22 日灵寿县南北庄	同	同	同
负伤部位	头部	同	同	同
葬埋地点	南北谈庄村	同	不明	同
是否党员	是			
备考				

陆军一二零师独立第一旅第二团		
队别	三营十二连	
职别	班长	
姓名	李宝禄	
年龄	22	
籍贯	冀省文安胜芳	
家庭经济状况	人四口房地无	
何时何地入伍	1938 年 2 月本村入伍	
永久通信处	胜芳交李山林	
何时何地阵亡	1939 年 12 月 2 日口头村西北大山头	
负伤部位	腿部	
葬埋地点	口头村西北山根	
是否党员	是	
备考		

陆军一二零师独立第一旅		
队别	供给处	
职别	粮秣员	
姓名	刘巨川	
年龄	26	
籍贯	陕西潼关	
家庭经济状况	人十七口房四间地二百亩	
何时何地入伍	1937 年本地入伍	
永久通信处		
何时何地阵亡	1940 年 3 月 30 日在石盘头飞机炸亡	
负伤部位		
葬埋地点		
是否党员		
备考		

陆军一二零师独立第一旅第二团				
队别	一营二连	同	同	一营一连
职别	战士	同	同	副排长
姓名	王永志	李万起	石福瑞	张鹤鸣
年龄	23	19	22	29
籍贯	河北束鹿二区路家庄	河北深县小冯营	深县康庄人	河北永清县西各村
家庭经济状况	人四口房三间地十亩	人七口房三间地八亩	人四口房四间地无	人三口房地无
何时何地入伍	1938 年 9 月在安平入伍	1939 年 8 月在康王城入伍	1939 年 7 月郭村入伍	1938 年 6 月在本村入伍
永久通信处	本村王永杰收	本村李小二收	本村石三虎收	本人收
何时何地阵亡	1940 年 4 月 5 日石家庄阵亡	1940 年 4 月 14 日宋家寨阵亡	同	1940 年 3 月五寨县上鹿角村
负伤部位	腹部刺伤	腹部通	头部贯通	脑腹部通
葬埋地点	忻县杨户村	忻县长居子村	忻县鱼头沟村	五寨县上鹿角村东
是否党员	否	否	否	党员
备考				

陆军一二零师独立第一旅第二团				
队别	同	同	通信连	同
职别	班长	战士	侦察员	同
姓名	张树林	刘顺福	王明礼	何晓根
年龄	32	19	22	20
籍贯	河北雄县南关	冀安平县石干村	文安县王房村	文安县左各庄
家庭经济状况	人五口房二间地四亩	人四口房地无	人四口房二间地无	人三口房地无
何时何地入伍	1938 年 3 月本县入伍	1939 年 10 月本县入伍	1938 年 5 月本村入伍	1938 年 4 月本村入伍
永久通信处	本人收	同	同	同
何时何地阵亡	1940 年 2 月在上鹿角阵亡	同	1940 年 4 月忻县	同
负伤部位	被土埋死	同	同	同
葬埋地点	五寨县上鹿角	同	忻县杨户村北	同
是否党员	党员	否	否	党员
备考				

32. 晋察冀军区第2军分区战斗伤亡消耗统计表
（1940年5月29日）

晋察冀军区第二军分区第四团战斗俘虏缴获伤亡消耗统计表

俘虏缴获武器弹药物品马匹统计表

作战月日	五月三十日	俘虏		武器														弹药																物品									马匹						
		伪军	日军	三八枪	驳壳枪	手枪	手机枪	轻机枪	重机枪	其他			刺刀	马刀	工作器具	合计	七九弹	六五弹	驳壳弹	手机弹	轻机弹	重机弹	手枪弹	手榴弹	炮弹	枪榴弹						合计	呢大衣	水壶	饭盒	马号					合计	马	骡	驴				
作战地点	方子口、屋腔、房腔、南沟一带			1									1			2		110														110	1	1	1	1					4							
		总计																																														

消耗伤亡遗失统计表

我参战部队	四团一、二营、炮兵连	失连络人员	负伤									阵亡								遗失武器										消耗弹药											马匹					
敌军番号及兵力	六百余名外有民夫百余		营长	连长	副排长	班长	战士	其它	支书		合计	营长	连长	排长	班长	战士	其它		合计	六五枪	七九枪	驳壳枪	轻机枪		合计	刺刀	马刀	工作器具	合计	六五弹	七九弹	驳壳弹	手枪弹	轻机弹	重机弹	手机弹	手榴弹	炮弹		合计						
					1	5	12		1		19				3	6			9	3	2		1		6	6			6	998	589			1984	178	171	171	16		3936						
		总计																																												
		说明	1. 此表附战斗详报内 2. 每在战斗结束之后随即按级填报																																											
		备考	1. 战斗时遗失六五子弹五四五粒机枪梭子二个 2. 在战斗时打坏轻机枪退钩二个装弹板三个机枪梭子二个机槽一个绞干环一个 3. 损失轻机枪四挺七九步枪一支六五步枪一支																																											

晋察冀军区第二军分区　司令员郭天民　　政治委员赵尔陆　　1940年6月11日

晋察冀军区第二军分区特务营战斗俘虏缴获伤亡消耗统计表

作战月日	五月二十九日
作战地点	兰家庄
我参战部队	特务营一、三连
敌军番号及兵力	三百余
敌人伤亡	二十余

俘虏缴获武器弹药物品马匹统计表

俘虏		武器										弹药									物品	马匹		
伪军	日军	步马枪	驳壳枪	手枪	手机枪	轻机枪	重机枪	其它	刺刀	马刀	工作器具	七九弹	六五弹	驳壳弹	手机弹	轻机弹	重机弹	手枪弹	炮弹	枪榴弹		马	骡	驴

消耗伤亡遗失统计表

失连络人数	负伤							阵亡					
	营长	连长	排长	班长	战士	其他	合计	营长	连长	排长	班长	战士	其他
					1		1						
总计													

遗失武器							消耗弹药									马匹		
六五枪	七九枪	驳壳枪	轻机枪	刺刀	马刀	工作器具	六五弹	七九弹	驳壳弹	手枪弹	轻机弹	重机弹	手机弹	手榴弹	合计	马	骡	驴
							130	23			71			6	230			

说明 1. 此表附战斗详报内 2. 每在战斗结束后随即按级填报

备考

晋察冀军区第二军分区第 团　司令员郭天民　政治委员赵尔陆　1940年6月11日

晋察冀军区第二军分区第十九团战斗俘虏缴获伤亡消耗统计表

作战月日	六月八日至九日
作战地点	河川口、峪口、黄树烟一带

俘虏缴获武器弹药物品马匹统计表

	俘虏		武器										弹药										物品	马匹		
	伪军	日军	步马枪	驳壳枪	手枪	手机枪	轻机枪	重机枪	其它	刺刀	马刀	工作器具	七九弹	六五弹	驳壳弹	手机弹	轻机弹	重机弹	手枪弹	手榴弹	炮弹	枪榴弹		马	骡	驴
总计																										

消耗伤亡遗失统计表

我参战部队	十九团一、二营
敌军番号及兵力	六百余

	失连络人数	负伤							阵亡							遗失武器						
		营长	连长	排长	班长	战士	其他	合计	营长	连长	排长	班长	战士	其他	合计	六五枪	七九枪	驳壳枪	轻机枪	刺刀	马刀	工作器具
						6		6					1		1							
总计																						

	消耗弹药									马匹		
	六五弹	七九弹	驳壳弹	手枪弹	轻机弹	重机弹	手机弹	手榴弹	合计	马	骡	驴
	350	225						5	580			
总计												

敌人伤亡		
	说明	1. 此表附战斗详内　2. 每在战斗结束后随即按级填报
	备考	

晋察冀军区第二军分区第　团　　司令员郭天民　　政治委员赵尔陆　　1940 年 6 月 11 日

33. 八路军第120师特务团三年中阵亡将士登记表（1940年5月）

特务团

自1939年至1940年5月份结止

三年中阵亡将士登记表册

卫生队队长杨贤志呈

1940

阵亡将士登记表

队别	特务连	二营五连	五连	侦察队
职别	战士	排长	战士	副班长
姓名	刘志财	李彭树	高明珠	李国保
年龄	38	29	19	20
籍贯	河北省交河	晋省交城	河南开封县	晋省神池县
家庭经济状况	人二口地三亩房子一间	人三口地三亩房子二间	无	人二口地七亩房子二间
通讯处	无	无	开封县	无
何时何地入伍	1939年由本地入伍	1938年由本地入伍	1939年由本地入伍	1938年由本地入伍
战斗日期地点	1939年4月5日场上村	1939年4月5日场上村	1939年4月5日大郭庄	1939年4月5日大郭庄
伤之部位	腹部	头部	头部	腹部
诊断	盲贯	贯通	盲贯	贯通
死亡原因	当场阵亡	当场阵亡	当场阵亡	当场阵亡
是否党员				
备考				

阵亡将士登记表

队别	通信连	二营五连	二营	二营六连
职别	班长	班长	通信员	排长
姓名	贾国顺	韩儿和	陈礼旺	王庭音
年龄	20	24	19	30
籍贯	晋省神池县	晋省清原县	晋省交城	晋省交城
家庭经济状况	人四口地三亩房子一间	人五口地一亩房子一间	无	人二口地无房子一间
通讯处	无	清原县	交城	无
何时何地入伍	1938 年由本地入伍	1938 年由本地入伍	1938 年由本地入伍	1938 年由本地入伍
战斗日期地点	1939 年 4 月 5 日大郭庄	1939 年 5 月 25 日东高官村	1939 年 5 月 25 日东高官村	1939 年 5 月东高官村
伤之部位	头部	腹部	脑部	头部
诊断	当场而亡	贯通	贯通	盲贯
死亡原因	贯通	当场而亡	当场而亡	当场阵亡
是否党员				
备考				

阵亡将士登记表

队别	二营五连	二营	二营六连	特务连
职别	支书记	营长	战士	战士
姓名	张治中	吴书刚	李得才	马占机
年龄	30	25	22	35
籍贯	山西省文水县	湖北省天门县	山西省交城	晋省青原县城
家庭经济状况				
通讯处	文水县本城	渔新河	本城	无
何时何地入伍	1938 年由本县入伍	1934 年由本县入伍	1938 年由本城入伍	1938 年由本城入伍
战斗日期地点	1939 年 2 月 8 日河北武强	1939 年 3 月王家码头	1939 年 2 月 8 日王家庄子	1939 年 3 月 13 日在王庄子
伤之部位	头部	腰部	股部	腿部
诊断	贯通	贯通	盲贯	贯通
死亡原因	由火线阵亡	当时而亡	在火线上而亡	当时而亡
是否党员		党员		
备考				

阵亡将士登记表

队别	特务连	特务连	特务连	特务连
职别	战士	副班长	副连长	战士
姓名	谢福喜	王守贵	朱明生	陈铁
年龄	27	29	23	27
籍贯	晋省平阳县	晋省文水县	江西省上犹县	晋省祁县
家庭经济状况		无	无	
通讯处	本城	文水县	本县	本城
何时何地入伍	1938 年由本城入伍	1938 年由本地入伍	1930 年由本地入伍	1938 年由本地入伍
战斗日期地点	1939 年 3 月堡家码头	1939 年 3 月 27 日小垛儿庄	1939 年 4 月 5 河北场上村	1939 年 4 月 5 场上村
伤之部位	脑部	腹部	头部	腹部
诊断	贯通	盲贯	盲贯	贯通
死亡原因	当场而亡	当时而亡	当场而亡	当时而亡
是否党员			党员	
备考				

阵亡将士登记表

队别	特务连	同	特务连	特务连
职别	战士	战士	副班长	班长
姓名	李万元	李义	白念起	宪来喜
年龄	29	32	19	42
籍贯	晋省祁县	山西省太原县	晋省阜县	晋省延寿县
家庭经济状况		无	人三口地五亩欠债十元	人五口地三亩房一间
通讯处	无	太原城内	本城	延寿县
何时何地入伍	1938 年由本地入伍	1938 年由本地入伍	1938 年由本地入伍	1938 年由本地入伍
战斗日期地点	1939 年 4 月 5 日场上村	1939 年 4 月 5 日场上村	1938 年 4 月 5 日场上村	1939 年 4 月 5 日场上村
伤之部位	腹部	头部	脑部	头部
诊断	贯通	盲贯	贯通	贯通
死亡原因	当时而亡	当时而亡	当场而亡	当场阵亡
是否党员				
备考				

阵亡将士登记表

队别	特务连	特务连	特务连	同
职别	战士	战士	战士	战士
姓名	李文英	段秉义	张富贵	王禄中
年龄	22	28	31	19
籍贯	晋省太原县	晋省大同县	晋省文水县	河北省天津人
家庭经济状况	人五口地三亩房一间	无	人三口地四亩房二间	人一口地三亩房子一间
通讯处	无	大同县	文水县	天津本城
何时何地入伍	1938 年由本地入伍	1938 年由本地入伍	1938 年由本地入伍	1938 年由河北入伍
战斗日期地点	1939 年 4 月 5 日场上村	1939 年 4 月小垛儿庄	1939 年 4 月场上村	1939 年 4 月小垛儿庄
伤之部位	腹部	头部	脑部	腰部
诊断	盲贯	贯通	盲贯	贯通
死亡原因	当时而亡	当场而亡	当时而亡	当时而亡
是否党员		党员		
备考				

阵亡将士登记表

队别	二营六连	宣传队	二营六连	二连
职别	战士	班长	排长	班长
姓名	鲁□昌	孙振刚	齐占机	单祓奎
年龄	35	17	37	23
籍贯	晋省	河北深泽县	西安省	晋省神池县
家庭经济状况	人一口地一亩房一间	无		
通讯处	无	无	无	
何时何地入伍	1938 年由本地入伍	1939 年由本地入伍	1934 年由本地入伍	
战斗日期地点	1939 年 5 月 25 日东高官村	1939 年 5 月 25 日东高官村	1939 年 5 月东高官村	1939 年 5 月东高官庄
伤之部位	头部	脑部	腹部	头部
诊断	贯通	贯通	贯通	贯通
死亡原因	当场阵亡	当时阵亡		当场阵亡
是否党员			党员	
备考				

阵亡将士登记表

队别	六连	六连	六连	特务团
职别	战士	战士	战士	连副
姓名	韩德旺	白金礼	王桂四	张银成
年龄	25	37	24	24
籍贯	河北省献省	河北武强	晋省大同县	四川省本城
家庭经济状况	人七口地三亩房子五间	人一口地三亩房二间	无	人二口地一亩房一间
通讯处	无	武强	无	无
何时何地入伍	1939 年由本地入伍	1939 年由本地入伍	1938 年由本地入伍	1934 年由本地入伍
战斗日期地点	1939 年 4 月 5 日在大郭庄	1939 年 4 月 5 日大郭庄	同	1939 年 6 月 17 日前屯村
伤之部位	头部	脑部	腹部	脑部
诊断	贯通	贯通	贯通	盲贯
死亡原因	当场阵亡	同	同	同
是否党员				党员
备考				

阵亡将士登记表

队别	特务团特务连	同	二营六连	二连
职别	排长	战士	排长	战士
姓名	郑永章	梁永奎	惠改正	郭士
年龄	27	21	27	26
籍贯	河北省青省	河北河间县	西安省清涧县	晋省交城
家庭经济状况	人三口地五亩房三间	无	中三区陈家村	人三口地三亩
通讯处	三区琉璃画村	四区梁郭庄		一区山庄头
何时何地入伍	1939 年由本地入伍	1939 年由本地入伍	1932 年由本地入伍	1938 年由本地入伍
战斗日期地点	1939 年 6 月 17 日程庄子	1939 年 6 月 17 日程庄子	1939 年 6 月 17 日程庄子	同
伤之部位	脑部	头部	腹部	头部
诊断	贯通	贯通	贯通	盲通
死亡原因	当场阵亡	同	同	同
是否党员			党员	
备考				

阵亡将士登记表

队别	二连	六连	六连	卫生队
职别	战士	同	同	看护员
姓名	孟宪昌	孙三志	王德明	金守臣
年龄	22	20	28	17
籍贯	河北武强	晋省交城	陕西三原县	山西省交城
家庭经济状况	人三口地三亩房二间	无		人三口地五亩房二间
通讯处	六区孟家庄	朱镇村	无	无
何时何地入伍	1939 年由本地入伍	1938 年由本地入伍	无	1938 年由本地入伍
战斗日期地点	1939 年 6 月 17 日程庄	同	1938 年 10 月 30 日砂沟	1939 年 5 月 25 日闫家村
伤之部位	头部	腹部	脑部	惨杀
诊断	贯通	贯通	贯通	
死亡原因	当场阵亡	同	同	
是否党员				
备考				□□伤兵被敌惨杀而亡

阵亡将士登记表

队别	特务团一连	同	同	支队部
职别	战士	战士	战士	指导员
姓名	曹安平	杜顺山	朱万中	张云禄
年龄	30	25	19	35
籍贯	河北省河间县	河间县	山东省	山西省
家庭经济状况	人二口地五亩	人三口地三亩	人五口地二亩	人七口地三亩
通讯处	六区马祖庄	八区杜权村	三区苗孔村	
何时何地入伍	1939 年由本地入伍	同	同	
战斗日期地点	1939 年 5 月 16 日在中王大	同	同	同
伤之部位	负伤	负伤	负伤	同
诊断				
死亡原因	在闫家庄休养被敌人惨杀	同	同	同
是否党员				
备考				

阵亡将士登记表

队别	六连	一营一连	同	七连
职别	战士	战士	战士	战士
姓名	朱二友	李贵生	赵志功	周三小
年龄	31	35	22	17
籍贯	河北武强	山西潼关	晋省文水县	晋省代城县
家庭经济状况	人二口地三亩	无	人二口地三亩	人二口地三亩
通讯处	本城内	无	无	同
何时何地入伍	1939 年由本地入伍	1938 年由本地入伍	1938 年由本地入伍	同
战斗日期地点	1939 年 4 月 4 日郭庄	1938 年 7 月 7 日在湖北镇	1938 年 7 月 7 日在湖北镇	同
伤之部位	头部	腰部	头部	腹部
诊断	贯通	贯通	盲贯	贯通
死亡原因				
是否党员				
备考				

阵亡将士登记表

队别	通信连	二营六连	六连	一营一连
职别	副排长	指导员	战士	排长
姓名	赵三小	陈明	胡应成	张得功
年龄	27	34	27	25
籍贯	晋省文水县	湖北省	晋省太原县	西安三原县
家庭经济状况	人二口地一亩房二间	人一口地七亩	无	人三口地三亩
通讯处	无	湖北城		无
何时何地入伍	1938 年由本地入伍	1934 年由本地入伍	1938 年由本地入伍	1930 年由本地入伍
战斗日期地点	1938 年 8 月 10 日由砂沟	1938 年 8 月 11 日砂沟	1938 年 7 月 30 日在湖北镇	1938 年 10 月 12 日西谷村
伤之部位	头部	腹部	头部	脑部
诊断	盲贯	盲贯	贯通	盲贯
死之原因	当场而亡	同	同	当场而亡
是否党员		党员		党员
备考				

阵亡将士登记表

队别	二营六连	支队部	特务团一连	同
职别	战士	通信员	排长	排长
姓名	刘万生	王占奎	崔敬山	李元龙
年龄	20	18	32	22
籍贯	晋省太原县	安徽省霍山县	河北安国县	陕西利□县
家庭经济状况	人七口地五亩	人三口地五亩	人七口地五亩	人二口地五亩房五间
通讯处	无	本城	无	本城
何时何地入伍	1938 年由本地入伍	1935 年由本地入伍	1939 年由本地入伍	1937 年由本地入伍
战斗日期地点	1938 年 7 月 30 日湖北镇	1938 年 8 月 11 日南砂沟	1939 年 5 月 16 日中王大村	1939 年 5 月 16 日中王大村
伤之部位	头部	腹部	头部	腹部
诊断	贯通	贯通	贯通	贯通
死亡原因	当场而亡	同	当场而亡	同
是否党员				党员
备考				

阵亡将士登记表

队别	特务连	特务连	一营一连	二连
职别	战士	战士	排长	战士
姓名	袁培增	李占红	魏长生	郭立云
年龄	27	24	26	22
籍贯	晋省神池县	晋省朔县	晋省神池县	河北建国县
家庭经济状况	人二口地三亩房三间	人四口地房无欠债十元	人一口地五亩	无
通讯处	神池县	人无	神池县	三区辛庄子
何时何地入伍	1938 年由本地入伍	1938 年由本地入伍	1937 年由本地入伍	1939 年由本地入伍
战斗日期地点	1939 年 9 月 28 日灵寿大庄子	1939 年 9 月 28 日大庄子	1939 年 9 月 28 日大庄子	1939 年 9 月 28 日大庄子
伤之部位	头部	腹部	头部	脑部
诊断	贯通	贯通	盲贯	贯通
死亡原因	当场而亡	当场而亡	同	同
是否党员				
备考				

阵亡将士登记表

队别	一营二连	四连	七连	七连
职别	战士	排长	副班长	战士
姓名	韩俊发	张荣	李法堂	丛吉武
年龄	24	20	22	23
籍贯	河北献县	晋省神池县	建国县	建国县
家庭经济状况	人二口地三亩房一间	人二口房三间地五亩	人一口地一亩	人七口地房无
通讯处	本城内	二区驲井村	城内	无
何时何地入伍	1939 年由本地入伍	1939 年由本地入伍	1939 年由本地入伍	1939 年由本地入伍
战斗日期地点	1939 年 9 月 28 日大庄子	1939 年 9 月 28 日大庄子	1939 年 9 月 28 日大庄子	1939 年 9 月 28 日高杨庄
伤之部位	头部	腰部	头部	脑部
诊断	贯通	贯通	贯通	贯通
死亡原因	当场而亡	同	同	当场阵亡
是否党员		党员	党员	
备考				

阵亡将士登记表

队别	五连	六连	七连	一连
职别	班长	排长	战士	排长
姓名	石维昌	谢丛贵	安培续	曹世钦
年龄	31	30	25	30
籍贯	晋省交城县	湖北省	河北献县	河间
家庭经济状况	人一口地一亩房二间	人一口地无	人三口地一亩房三间	人二口地一亩房一间
通讯处	一区山槐村收信人石万海	无	五区小李村	马保窑村
何时何地入伍	1939 年由本地入伍	1930 年由本地入伍	1939 年由本地入伍	1939 年由本地入伍
战斗日期地点	1939 年 8 月 12 日丰儿庄	1939 年 8 月 12 日丰儿庄	同	1939 年 11 月 8 日黄土岭
伤之部位	头部	腹部	头部	腹部
诊断	贯通	盲贯	贯通	机枪贯通
死亡原因	当场而亡	同	当场而亡	同
是否党员	党员	党员		党员
备考				

阵亡将士登记表

队别	五连	一连	一连	四连
职别	战士	战士	班长	战士
姓名	孙希光	张吉林	安保元	王耀法
年龄	33	25	28	20
籍贯	河间	献县	献县	建国县
家庭经济状况	无	五区宋王大	人七口房三间地四亩	房三间地四亩人七口
通讯处	梁家庄	无	城内	崔儿庄
何时何地入伍	1939 年由本地入伍	1939 年由本地入伍	1939 年由本地入伍	1939 年由本地入伍
战斗日期地点	1939 年 10 月 8 日黄土岭	1939 年 11 月 8 日黄土岭	同	1939 年 11 月 28 日黄土岭
伤之部位	肚腹部	脑部	腰部	头部
诊断	贯通	贯通	贯通	贯通
死亡原因	当场而亡	同	同	同
是否党员	党员		党员	党员
备考				

阵亡将士登记表

队别	四连	十一连	十一连	十一连
职别	战士	战士	班长	战士
姓名	赵洪富	崔贵群	王六九	张秀法
年龄	17	21	20	22
籍贯	建国县	高阳县	晋省	晋省岢岚县
家庭经济状况	人七口房三间地八亩	人三口地二亩房子无	人四口地十亩房十间	人五口地八亩口房一间
通讯处	城内	三区北来村	三连教村	无
何时何地入伍	1939 年由本地入伍	1939 年由本地入伍	1938 年由本地入伍	1937 年由本地入伍
战斗日期地点	1939 年 11 月 8 日黄土岭	1939 年 11 月 8 日北大北	1939 年 11 月 8 日北大北	1939 年 11 月北大北
伤之部位	头部	头部	胸部	腰部
诊断	贯通	贯通	盲贯	贯通
死亡原因	当场阵亡	同	当场而亡	当场而亡
是否党员				
备考				

阵亡将士登记表

队别	十一连	十一连	十一连	三连
职别	战士	战士	战士	排长
姓名	王画	郭殿奎	孙丙午	曹玉钦
年龄	33	26	24	22
籍贯	河北省高阳	高阳	河北	献县
家庭经济状况	人四口房地无	人六口地十亩	无	人四口房三间地三亩
通讯处	二区琅庄	无	西保庄	北张庄
何时何地入伍	1939 年由本地入伍	1939 年由本地入伍	1939 年由本地入伍	1939 年由本地入伍
战斗日期地点	1939 年 11 月北大北	同	同	1939 年 11 月 24 日陈南庄
伤之部位	头部	头部	腰部	头部
诊断	贯通	贯通	贯通	贯通
死亡原因	当场阵亡	同	同	当场而亡
是否党员				党员
备考				

阵亡将士登记表

队别	四连	四连	四连	十二连
职别	班长	战士	战士	战士
姓名	杜正顺	张富贵	吴宝安	贺宗坤
年龄	27	34	27	23
籍贯	献县	建国县	青县	河北
家庭经济状况	人三口地三亩房三间	房一间地一亩人十口	人二十口地二十亩房十间	人八口房七间地八亩
通讯处	杜生村	三区韩树	上莒村	五区
何时何地入伍	1939 年由本地入伍	1939 年由本地入伍	1939 年由本地入伍	1939 年由本地入伍
战斗日期地点	1939 年 11 月 24 日陈南庄	同	1939 年 11 月 24 日陈南庄	1939 年 11 月在大岭
伤之部位	头部	头部	腹部	胸部
诊断	贯通	贯通	盲贯	贯通
死亡原因	当场而亡	同	当场而亡	同
是否党员	党员	党员	党员	党员
备考				

阵亡将士登记表

队别	十一连	十一连	十一连	十一连
职别	班长	副班长	战士	战士
姓名	李俊生	陈国瑞	齐福义	梁全智
年龄	25	34	25	17
籍贯	晋省岢岚县	晋省岢岚县	蠡县	晋省五台县
家庭经济状况	人四口地三亩房三间	人五口地四亩房子无	人八口地八亩房无	人二口地二亩房三间
通讯处	二区	二区	无	无
何时何地入伍	1938 年由本地入伍	1937 年由本地入伍	1939 年由本地入伍	1938 年由本地入伍
战斗日期地点	1939 年 11 月在大岭	同	1939 年 11 月在大岭	1939 年 11 月在大岭
伤之部位	头部	腰部	头部	腹部
诊断	贯通	贯通	贯通	贯通
死之原因	当场而亡	同		当场而亡
是否党员	党员	党员		
备考				

阵亡将士登记表

队别	十一连	同	同	十一连
职别	战士	战士	战士	战士
姓名	葛双金	郭寿茂	王四子	豫照年
年龄	22	30	25	17
籍贯	许育县	蠡县	晋省岢岚县	安国县
家庭经济状况	人六口地六亩房子无	人八口地四亩房二间	人七口地三十亩房五间	人三口地房无
通讯处	五区	七区	无	七区
何时何地入伍	1939 年由本地入伍	1939 年由本地入伍	1937 年由本地入伍	1939 年由本地入伍
战斗日期地点	1939 年 11 月 8 日大岭子	1939 年 11 月在大岭	1939 年 11 月大岭子	1939 年 11 月大岭村
伤之部位	头部	腰部	头部	胸部
诊断	贯通	贯通	贯通	盲贯
死亡原因	当场而亡	同	同	当场而亡
是否党员			党员	党员
备考				

阵亡将士登记表

队别	十一连	同	十一连	一营一连
职别	战士	战士	战士	副连长
姓名	丁全连	张得良	刘连瑞	万志林
年龄	17	31	30	30
籍贯	蠡县	晋省岢岚县	博野县	陕西蒲城
家庭经济状况	人六口地八亩房无	人四口地二亩房无	人八口地二十亩房十间	人二口地五亩
通讯处	二区	三区寨北村	四区桃李村	
何时何地入伍	1939 年由本地入伍	1936 年由本地入伍	1939 年由本地入伍	
战斗日期地点	1939 年 11 月大岭子	同	1939 年 11 月大岭子	1939 年 6 月 12 日南活头
伤之部位	头部	腹部	头部	腰部
诊断	贯通	贯通	贯通	贯通
死之原因	当场而亡	同	同	
是否党员		党员		
备考				

阵亡将士登记表

队别	副官处	八连	八连	五连
职别	炊事员	排长	战士	战士
姓名	孟清法	何朝宽	张品山	孔祥普
年龄	22	32	25	20
籍贯	献县	云南东川县	河间	献县
家庭经济状况	人三口地四亩			
通讯处	五区马坊村			
何时何地入伍	1939 年由本地入伍			
战斗日期地点	1939 年 9 月 12 日兴塘王庄子	1940 年 3 月 23 日普明镇	1940 年 3 月 23 日岚县纳会	
伤之部位	腹部	头部	头部	头部
诊断	贯通	贯通	贯通	贯通
死亡原因				
是否党员				
备考				

阵亡将士登记表

队别	七连	二连	二连	二连
职别	连长	指导员	排长	副班长
姓名	陈党云	冯恕贤	牛法业	冯古云
年龄	34	27	23	24
籍贯	湖南礼县	神池县	清原县	献县
家庭经济状况				
通讯处				
何时何地入伍				
战斗日期地点	1940 年 3 月 23 日岚县纳会	同	同	1940 年 3 月 23 日纳会
伤之部位	头部	头部	胸部	胸部
诊断	贯通	贯通	贯通	贯通
死亡原因				
是否党员				
备考				

阵亡将士登记表

队别	一营	三连	三连	三连
职别	分支书记	连长	战士	战士
姓名	郭邦志	刘守成	贾比英	张云桂
年龄	32	26	21	33
籍贯	湖北阳平	河南高城	献县	饶阳
家庭经济状况	人四口地五亩			人二口地三亩
通讯处	阳平县			
何时何地入伍	1930 年由本地入伍			1939 年由本地入伍
战斗日期地点	1940 年 3 月 23 日岚县纳会	同	同	1940 年 3 月 23 日前纳会
伤之部位	头部	腹部	头部	腰部
诊断	贯通	盲贯	贯通	贯通
死亡原因	当场阵亡	抬下即亡		当场而亡
是否党员	党员			
备考				

阵亡将士登记表

队别	三连	一营四连	侦察队
职别	战士	战士	队员
姓名	丁振起	张勋里	刘云铎
年龄	26	26	28
籍贯	献县	献县	大同府
家庭经济状况			
通讯处			
何时何地入伍			
战斗日期地点	1940 年 3 月 23 日前纳会	1940 年 4 月 13 日上白泉	1940 年 4 月 5 日马村
伤之部位	腰头部	头部	头部
诊断	贯通	贯通	贯通
死亡原因		因当时出血过多	
是否党员			
备考			

阵亡将士登记表

队别	五连	五连
职别	班长	
姓名	张党俊	苏更全
年龄	21	34
籍贯	交河县	交城县
家庭经济状况	人四口地房无	人三口房二间地五垧欠债四十元
通讯处	四区四门村	一区牛窑沟村
何时何地入伍	1939 年 7 月入伍	1940 年由本地入伍
战斗日期地点	1940 年 5 月 12 日老部岭	1940 年 5 月 12 日老部岭
伤之部位	胸部	头部
诊断	贯通	贯通
死亡原因	冲锋亡	
是否党员	党员	
备考		

阵亡将士登记表

队别	一营营部	一连	二连	二连
职别	侦察班长	战士	战士	战士
姓名	赵远章	白建盛	刘瑞全	穆景隆
年龄	22	20	21	22
籍贯	山西交城县	山西交城县	河北许宁	河北交河
家庭经济状况	人十三口地房无	人九口地十四垧房八间	人六口地房无	人八口地房无
通讯处	一区自由村	鲁沿村	本城	大鲁道
何时何地入伍	1938年4月入伍	1940年4月入伍	1939年由本地入伍	1939年由本地入伍
战斗日期地点	1940年5月22日在曹庄头	1940年5月22日在草庄头	同	同
伤之部位	头部	头部	胸部	头部
诊断	贯通	贯通	盲贯	贯通
死亡原因	因误会被哨兵打死	炮弹炸死	原地而亡	原地而亡
是否党员	党员			党员
备考				

34. 八路军第120师抗战三周年医疗统计报告
（1940年6月）

抗战三周年伤亡及病亡统计表

		队长	医生	医助	看护长	司药	科长	合计	附记
师直及教团	伤								
	亡			1	病1			2	
医院及各所	伤								
	亡		病1	病1			病1	3	
独一旅	伤								
	亡				1			1	
独二旅	伤	2				1		3	
	亡	1	病1		2	病1		5	
三五八旅	伤								
	亡			1	1			2	
三五九旅	伤		1					1	
	亡	1	1					2	
三支队	伤	1						1	
	亡								
特务团	伤								
	亡	病1	1					2	
合计	伤	3	1			1		5	
	亡	3	4	2	5	1	1	16	
总计		6	5	2	5	2	1	21	

一二〇师卫生部医务科统计

抗战三周年中毒报告统计表				
战斗日期及地点	河北阜平河间找子营□师康家楼大同小石匡黄台村天作村山西河间县南坞等地			
毒气种类	催泪喷嚏二种			
敌施放毒的武器	炮射及瓦斯弹筒等射击			
敌施放毒当时之风向	系对我方向且东风敌东我西等			
当时施用何种救护及治疗	当时用水湿手巾覆鼻上及用尿水等内服浓茶大蒜苏打水食盐水外，用钾酸水洗眼冷水擦身等			
我方中毒数目	职别	干部	战士	合计
	数目	181	1687	1869
已恢复的	职别	干部	战士	合计
	数目	181	1687	1869
死亡的	职别	干部	战士	合计
	数目			
未恢复的	职别	干部	战士	合计
	数目			
备考	1. 是三五八旅三五九旅独一旅及独二旅的统计 2. 内缺少九团 3. 此表自一九三七年九月至一九四零年六月止			

四〇年六月于黑峪口镇一二〇师卫生部医务科统计

一九三七年九月至四零年十二月止卫生人员伤亡统计表																		
职别数目部别	负伤								阵亡									
	队长	医生	医助	司药	看护长	看护卫生员	担架员	共计	部长	队长	医生	医助	司药	看护长	看护卫生员	担架员	合计	统计
师直											2（病）	1					3	3
一旅						1		1			2（病）		1（病）	1	5		9	10
二旅	3	5	4	1		11	3	27		1				3	27	3	24	61
八旅		2			4	9	11	26			3（病1）		1	1		1	6	32
九旅		2					2	4		1	1				1	2	5	9
特务团									病1				1病				2	2
合计	3	9	4	1	4	21	16	58	1	2	8	1	3	5	33	6	59	117
备考																		

35. 八路军第120师第358旅第4团烈士名册
（1940年6月）

组织科

八路军第　师　旅四团

注明

（1）凡战斗阵亡、伤亡、因公殉职、积劳成疾、病亡故、被敌探戕害之烈士均填入此表，但因违犯法律处死刑者不应填此册内。

（2）在医院病故之烈士由医院通知烈士连队由连根据军人登记表填造“烈士名册”。

（3）此册存各连队应列入交替不得遗弃损失以作该连战斗史料的参考。

（4）填法：

A为了使烈士生前之情形及履历得以详细保存故填法与“抗日军人简单登记表”同；

B“亡故经过”说明某次战斗阵亡或伤亡何疾病病亡或被敌人暗害等；

C“亡故年月日”用明码字写如1936　7/四月　以华文写；

D“亡故地点”只写地名负伤在途中亡者写途中地名医院里死者写医院名；

E“是否党员”应填清正式候补入党年月日；

F“备考”该烈士有什么遗金遗物保存处对其重要的填可资纪念者加以说明。

队别		侦察连	同	
职别		支书	侦察员	
姓名		白玉旺	沅金才	
年龄		23	17	
籍贯	省	陕西	河北	
	县	横山县	安平县	
	区乡			
	村			

续表

家庭通信处及收信人姓名		本县	本县	
家庭经济地位		人二口房无地三亩	人十一口地九十亩房十八间	
入伍年月		1937 年 10 月	1939 年 2 月	
任过什么工作		班长	通讯员	
亡故经过		冲锋	冲锋	
亡故地点		米峪镇	米峪镇	
亡故月日		1940 年 6 月 19 日	1940 年 6 月 19 日	
是否党员		党员	群众	
备考				

队别		二支特务连	同	同
职别		班长小组长	战士	战士
姓名		王兆停	刘玉良	王喜常
年龄		24	17	26
籍贯	省	河北省	河北省	河北省
	县	文安县	任丘县	建国县
	区乡	中区	三区	八区
	村	叩击村	袁庄村	辛庄村
家庭通信处及收信人姓名		经过文安城内泰盛堂传交王为来是他父亲	长丰镇传交刘金山是他父亲	经过念祖桥代所传交王配兴是他父亲
家庭经济地位		人七口地二亩房一间	人九口房地无	人二口地二亩房无
入伍年月		1939 年 2 月 20 日入伍	1939 年 2 月 17 日入伍	1939 年 9 月入伍
任过什么工作		副班长班长小组长	当过勤务员	战士
亡故经过		冲锋	冲锋	冲锋
亡故地点		米峪镇	米峪镇	米峪镇
亡故月日		1940 年 6 月 20 日	1940 年 6 月 20 日	1940 年 6 月 20 日
是否党员		小组长	党员	党员
备考				

烈士登记表

队别	四团政治处		
职别	特派员	组织干事	青年干事
姓名	郑协元	范采蕙	宋生贵
年龄	31	24	19
籍贯	湖南华容	河北高阳	湖南溆浦
家庭通信处及收信人姓名		高阳西教台	溆浦城内
入伍年月	1931 年	1938 年	1935 年
任过什么工作	特派员	政指	
亡故经过	头部伤过重血流过多	飞机炸	被袭击时负伤过重
亡故地点	米峪	同	周家沟
亡故月日	1940 年 6 月	同	同
是否党员	是	同	同
备考			

烈士登记表

队别	通信连	侦察排	
职别	连副	排长	班长
姓名	马鼎元	易善国	昝廷田
年龄	24	25	24
籍贯	河北任丘	湖北恩施	湖北永清
家庭通信处及收信人姓名	任邱单庄村	本县赵家庄	永清四德堼
入伍年月	1937 年入伍	1932 年入伍	1938 年入伍
任过什么工作	任过政指连长	任过排班长	任侦察员
亡故经过	枪穿腹部	弹中头部	穿膛
亡故地点	山西静乐县米峪镇	同	同
亡故月日	1940 年 6 月 17 日	同	同
是否党员	党员	同	同
备考			

烈士登记表

队别	通信连		
职别	侦察员	通信员	同
姓名	李百川	赵保国	韩景和
年龄	25	17	16
籍贯	甘肃辉县	河北霸县	河北献县
家庭通信处及收信人姓名	本县李家汇	本县王家堡	本县南成村
入伍年月	1936 年入伍	1938 年入伍	1939 年入伍
任过什么工作	任过战士	同	同
亡故经过	弹穿膛	同	同
亡故地点	山西静乐县米峪镇	同	同
亡故月日	1940 年 6 月 17 日	同	同
是否党员			
备考			

烈士登记表

队别	特务连		
职别	八班长	五班长	战士
姓名	宋振阁	刘凤春	王有志
年龄	23	24	18
籍贯	河北饶阳县	河北霸县	河北高阳县
家庭通信处及收信人姓名	饶阳县窝堤村交宋忠景收	霸县丰险村交刘福收	高阳县泗水村交本人
入伍年月	1939 年 8 月入伍	1938 年 2 月入伍	1939 年 5 月入伍
任过什么工作	勤务员	班长	战士
亡故经过			
亡故地点	米峪镇战斗	米峪镇战斗	米峪镇战斗
亡故月日	1940 年 6 月 18 日	1940 年 6 月 18 日	1940 年 6 月 18 日
是否党员	正式党员	正式党员	正式党员
备考			

烈士登记表

队别			
职别	战士		
姓名	冯国栋	张希文	宋志刚
年龄	17	17	32
籍贯	河北蠡县	河北饶阳县	河北蠡县
家庭通信处及收信人姓名	蠡县大团丁交冯森林收	饶阳县罗家屯交收张国全收	蠡县梁家庄交本人
入伍年月	1939 年 7 月入伍	1938 年 7 月入伍	1939 年 12 月入伍
任过什么工作	通信员	战士	班长特务员
亡故经过			
亡故地点	米峪镇战斗	米峪镇战斗	米峪镇战斗
亡故月日	1940 年 6 月 18 日	1940 年 6 月 18 日	1940 年 6 月 19 日
是否党员		正式党员	
备考			

烈士登记表

队别	特务连		
职别	战士		
姓名	徐万户	牛德昌	郭子坛
年龄	28	35	25
籍贯	河北饶阳县	山西省方山县	山西省兴县
家庭通信处及收信人姓名	饶阳高柳枝桥交徐风才收	方山县赵家庄交本人	兴县城内大街交郭焕成收
入伍年月	1939 年 7 月入伍	1940 年 5 月入伍	1940 年 6 月入伍
任过什么工作	战士	战士	战士
亡故经过			
亡故地点	米峪镇战斗	米峪镇战斗	米峪镇战斗
亡故月日	1940 年 6 月 19 日	1940 年 6 月 18 日	1940 年 6 月 18 日
是否党员			
备考			

队别		第一连		
职别		连长	班长	
姓名		田有芝	解通顺	
年龄		29	34	
籍贯	省	湖南省	河北省	
	县	大庸县	饶阳县	
	区乡			
	村	天崇乡	留楚镇	
家庭通信处及收信人姓名		南门内本人收	本镇解文星收	
家庭经济地位		人二口欠外债二千吊	人二口地二亩	
入伍年月		1934 年 11 月	1939 年 9 月	
任过什么工作		班排连长支书	战士	
亡故经过		不详	脖子伤势过重送到卫生队亡故	
亡故地点		辛庄村东头	在杜角村	
亡故月日		1940 年 6 月 22 日	1940 年 6 月 18 日	
是否党员		是	是	
备考				

烈士登记表

队别	第五连		
职别	战斗员	战斗员	同
姓名	张国花	陈群起	李厚民
年龄	21	18	19
籍贯	冀省饶阳县	冀省深县	晋省临县
家庭通信处及收信人姓名	本县固店村交张旭桐	本县北安庄交陈老星	石宝头村李宝丹
入伍年月	1940 年 1 月	1940 年 1 月	1940 年 6 月
任过什么工作	无	无	无
亡故经过			
亡故地点	米峪镇	米峪镇	米峪镇
亡故月日	1940 年 6 月 18 日	1940 年 6 月 18 日	1940 年 6 月 18 日
是否党员	不是	不是	不是
备考			

烈士登记表

队别	六连		
职别	班副	战士	
姓名	王庆华	胡志诚	刘二毛
年龄	18	21	28
籍贯	冀省安平县满子村	冀省深泽西暖流村	晋省方山县王家沟
家庭通信处及收信人姓名	本村王志权	本村胡志明	本村刘然茂
入伍年月	1939年7月	1940年2月	1940年6月
任过什么工作			
亡故经过			
亡故地点	兴县曹家坡	同	同
亡故月日	1940年6月29日	同	同
是否党员	是	是	不是
备考			

烈士登记表

队别			
职别			
姓名	李喜子	杨玉华	张全发
年龄	27	22	27
籍贯	晋省方山县杨家沟	晋省临县杨家庄	冀省深县寺家庄
家庭通信处及收信人姓名	本村本人	同	本村张德茂
入伍年月	1940年6月	同	1939年12月
任过什么工作			
亡故经过			
亡故地点	同	同	同
亡故月日	同	同	同
是否党员	不是	同	是
备考			

烈士登记表

队别	二营六连		
职别	班长		
姓名	袁绍堂	张敬英	巩二有
年龄	26	21	18
籍贯	河北固安县	河北饶阳	河北永清
家庭通信处及收信人姓名	固安北房上村	饶阳张家池	永清□安
入伍年月	1938 年	1939 年	1938 年
任过什么工作			
亡故经过	英勇冲锋伤势过重	同	同
亡故地点	米峪	同	同
亡故月日	1940 年 6 月	同	同
是否党员	是	同	同
备考			

烈士登记表

队别			
职别	战士	通讯员	
姓名	张克俭	宏永寿	
年龄	25	19	
籍贯	河北蠡县	河北饶阳	
家庭通信处及收信人姓名			
入伍年月	1940 年	1939 年	
任过什么工作			
亡故经过			
亡故地点	米峪	同	
亡故月日	1940 年 6 月	同	
是否党员	是	非	
备考			

队别		十连		
职别		战士	同上	
姓名		颜兴林	高寿寿	
年龄		36	25	
籍贯	省	河北	山西	
	县	安平	临县	
	区乡		五区	
	村	王刘氏	白温镇	
家庭通信处及收信人姓名		本村交本人	本镇交本名	
家庭经济地位		房三间人三口	自己一人	
入伍年月		1940年2月入伍	1940年6月11日	
任过什么工作		没有	没有	
亡故经过		米峪镇战斗阵亡	米峪镇战斗阵亡	
亡故地点		米峪镇亡故	米峪当时亡故	
亡故月日		1940年6月19日	1940年6月19日	
是否党员		不是	不是	
备考				

队别		十一连		
职别		战士	战士	同
姓名		王国昌	胡占国	温福有
年龄		31	30	21
籍贯	省	河北省	河北省	山西
	县	安平县	博野	岚县
	区乡	四区	一区	三区
	村	北口村	杜村	沟口村
家庭通信处及收信人姓名		没有	本村胡春长	本村温治宽
家庭经济地位		人十三口房子八间地十五亩	人八口典人家房子三间	人二口房子五间地六十四亩
入伍年月		1940年2月入伍	1939年12月入伍	1940年5月入伍
任过什么工作		战士	同	同
亡故经过		冲敌人的阵地而亡	冲锋而亡	缴敌枪而亡
亡故地点		米峪镇战斗	同	同
亡故月日		1940年6月17日	同	同
是否党员		非党	同	同
备考				

36. 八路军第120师第358旅第716团第1营在米峪镇战斗中牺牲烈士名册（1940年6月）

17至19日在米峪镇之战斗

八路军一二〇师政治部组织部翻印

注明

（1）凡战斗中阵亡伤亡因公殉职积疲成疾病亡故被敌探戕害之烈士均得填入此表但因违反法律处死刑者不应填此册内。

（2）在医院病故亡故之烈士由医院通知烈士连队由连根据军人登记表填造“烈士名册”。

（3）此册存各连队应列入交替不得遗弃损失以作该连战斗史料的参考。

（4）填法；

A为了使烈士生前之情形及履历得以详细保存故填法与“抗日军人简单登记表”同；

B“亡故经过”说明某次战斗阵亡或伤亡何疾病病亡或被敌人暗害等；

C“亡故年月日”用明码字写明1936年 7/四月 以华文写；

D“亡故地点”只写地名负伤在途中亡者写途中地名医院里死写医院名；

E“是否党员”应填清正式候补入党年月日；

F备考该烈士有什么遗金遗物遗嘱保存处，对其重要的填可资纪念者加以注明。

队别		一营三连	同	三连
职别		战士	六班副	战士
姓名		宋福祥	高振兴	李四喜
年龄		37	26	35
籍贯	省	河北	同	同
	县	蠡县	同	同
	区乡	二区	三区	四区
	村	大杨庄	杨格庄	东柳青庄

续表

家庭通信处及收信人姓名	大杨庄本名收	杨格庄本名收	东柳青庄本名收
家庭经济地位	人三口房二间地二亩	人二口房一间地没	人五口房二间地没
入伍年月	1939 年 2 月入伍	1939 年 6 月入伍	1939 年 5 月入伍
任过什么工作	任战士	任副班长	任战士
亡故经过			
亡故地点	米峪镇	同	同
亡故月日	1940 年 6 月 18 日	同	同
是否党员	群众	党员	群众
备考			

队别		三连	同	同
职别		战士	同	同
姓名		杨树森	李全有	高兴奎
年龄		40	33	28
籍贯	省	河北	河北	山西省
	县	博野县	安国县	方山县
	区乡	三区	一区	二区
	村	杨油子村	烛头村	峪口村
家庭通信处及收信人姓名		杨老珠	本名收	本名收
家庭经济地位		人六口房二间地十亩	人二口房三间地没	人五口房五间地二十亩
入伍年月		1939 年 6 月入伍	同	同
任过什么工作		现任战士	同	同
亡故经过				
亡故地点		米峪镇	同	同
亡故月日		1940 年 6 月 18 日	同	同
是否党员		群众	党员	群众
备考				

队别		一营三连	同	同
职别		五班副	同	同
姓名		邓振肖	李永才	王廷魁
年龄		25	28	30
籍贯	省	河北	山西	山西
	县	安平县	方山县	临县
	区乡	三区	二区	四区
	村	邓家庄	海庄村	杜家沟
家庭通信处及收信人姓名		本名收	刘福来	本名收
家庭经济地位		人六口房六间地五亩	人二口房一间地没	人二口房一间地二亩
入伍年月		1939 年 7 月入伍	1940 年 3 月入伍	同
任过什么工作		任副班长	任战士	同
亡故经过				
亡故地点		米峪镇	同	同
亡故月日		1940 年 6 月 18 日	同	同
是否党员		群众	同	同
备考				

队别		四连	同	卫生队
职别		班长	战士	班副
姓名		王寿章	杨双玉	余福拴
年龄		26	26	19
籍贯	省	河北	山西	山西
	县	博野县	忻县	五寨
	区乡	二区	三区	三区
	村	南兴庄	龙冯村	里马坪
家庭通信处及收信人姓名		村公所	本名收	里马村公所余马公
家庭经济地位		人五口房三间地三亩	人没地二亩房二间	人三口地十亩房四间
入伍年月		1939 年 5 月入伍	1939 年 12 月入伍	1938 年 4 月入伍
任过什么工作		任班长	任战士	通讯员
亡故经过				手榴弹炸死
亡故地点		米峪镇	同	同
亡故月日		1940 年 6 月 18 日	同	同
是否党员		党员	同	同
备考				

阵亡表

队别		五连		
职别		战士	同	同
姓名		孔广生	侯保贵	杨士则
年龄		34	25	32
籍贯	省	河北	山西	山西
	县	任丘县	临县	临县
	区乡	七区	五区	五区
	村	杨庄村	进家沟	吴家湾
家庭通信处及收信人姓名		本村	白文镇收信人侯文卿	白文镇收信人杨福胜
家庭经济地位		人二口房二间地一亩	人四口房一间地三亩	人四口房一间地三亩
入伍年月		1939 年 8 月在刘村入伍	1940 年在白文镇入伍	同
任过什么工作				
亡故经过		与日寇作战	同	同
亡故地点		米峪镇	同	同
亡故月日		1940 年 6 月 19 日	同	同
是否党员		非	非	非
备考				

队别		第六连	同	同
职别		一排长	一班副班长	战士
姓名		杨发祥	杨连福	张俊山
年龄		21	25	22
籍贯	省	陕西省	河北省	河北省
	县	蒲城县	行唐县	正定县
	区乡			
	村		西河头村	伍兴村
家庭通信处及收信人姓名			没	没
家庭经济地位			人五口房六间地十七亩	人四口房二间
入伍年月		1936 年在本地入伍	1939 年在本县入伍	1939 年在本地入伍
任过什么工作			没	没
亡故经过				
亡故地点		在静乐县米峪镇	在静乐县米峪镇	在静乐县米峪镇
亡故月日		1940 年 6 月 15 日	1940 年 6 月 15 日	1940 年 6 月 15 日
是否党员		党	党员	党
备考				

队别		二营七连		
职别		一排长	新战士	新战士
姓名		闫芳	李保元	高克喜
年龄		24	26	20
籍贯	省	陕西省	山西省	山西省
	县	东升县	临县	临县
	区乡	七区	一区	五区
	村	王家村	张家湾	下会村
家庭通信处及收信人姓名		本村闫米儿	本村李大志	本村高克功
家庭经济地位		人十四口房地全没有打铁生活	父母兄妹人十口地五亩房二间	父母兄三人房地没有
入伍年月		1938 年 3 月入伍	1940 年 3 月入伍	1940 年 3 月入伍
任过什么工作		任过小组长班排长	任过战士	任过战士
亡故经过		在米峪镇作战	同	同
亡故地点		在米峪镇土山上	在米峪镇土山上	同左
亡故月日		6 月 17 日下午	6 月 17 日下午	同左
是否党员		党员	非	非
备考				

队别		八连		
职别		二排长	一排长	班长
姓名		亢登华	韩玉才	张敬荣
年龄		22	25	29
籍贯	省	山西	同	冀
	县	崞县	浑源县	武强县
	区乡		二区	二区
	村	上封村	东姓庄	庄合头
家庭通信处及收信人姓名		本村福和永杂货铺收	本村韩发祥	本村张老恒
家庭经济地位		人四口地三十亩房五间	人八口地二十四亩房八间	人六口地七亩房三间欠二十七元
入伍年月		1937 年 10 月入伍	1937 年 12 月入伍	1939 年 1 月入伍
任过什么工作		任过班长	同	任过副班长
亡故经过		冲锋	同	同
亡故地点		米峪镇附近	同	同
亡故月日		6 月 18 日	同	同
是否党员		党员	同	同
备考				

队别				
职别		战士	同	
姓名		薛生德	刘贵成	
年龄		23	25	
籍贯	省	晋	同	
	县	临县	同	
	区乡	一区	同	
	村	花城呆村	东沟村	
家庭通信处及收信人姓名		本村薛更栓	本村刘增光	
家庭经济地位		人六口地十亩房无	人四口地十亩房无	
入伍年月		1940 年 3 月入伍	同	
任过什么工作		没有	同	
亡故经过		冲锋	同	
亡故地点		米峪镇附近	同	
亡故月日		6 月 18 日	同	
是否党员				
备考				

队别		九连		
职别		排长	副班长	战士
姓名		王胜得	毕爱义	王雄山
年龄		23	19	29
籍贯	省	山西	河北	山西
	县	汾阳县	大城县	临县
	区乡	一区	六区	二区
	村	石塔村	北颜马	孙家沟
家庭通信处及收信人姓名		同上王恩杰收	同上毕得生收	临县二区刘家庄茂盛永收交孙有年
家庭经济地位		没田房四口人	十六亩田六间房四口人	十三亩田二间房四口人
入伍年月		1937 年 10 月入伍	1939 年 3 月入伍	1940 年 3 月入伍
任过什么工作		班长副排长小组长支部委员	战士小组长	战士
亡故经过		战役阵亡	战役阵亡	战役阵亡
亡故地点		米峪镇	米峪镇	米峪镇
亡故月日		6 月 18 日	6 月 18 日	6 月 18 日
是否党员		党	党	群
备考				

队别				
职别		战士		
姓名		李绳武	张宏田	
年龄		28	32	
籍贯	省	山西	河北	
	县	临县	蠡县	
	区乡	五区	二区	
	村	东柏树沟村	兑坎庄	
家庭通信处及收信人姓名		同上李长喜收	同上张福刚收	
家庭经济地位		没田房四口人	七亩田二间房五口人	
入伍年月		1940 年 3 月入伍	1939 年 8 月入伍	
任过什么工作		战士	战士	
亡故经过		战役阵亡	同左	
亡故地点		米峪镇	同左	
亡故月日		6 月 18 日	同左	
是否党员		群	群	
备考				

队别		十一连		
职别		一排长	班长	六班长
姓名		乔业科	刘廷才	王树山
年龄		27	33	29
籍贯	省	河北	河南	河北
	县	巨鹿	开封	博野
	区乡	河寨镇	米店镇	十
	村	本镇復兴聚		靠七村
家庭通信处及收信人姓名		本镇復兴聚收	本镇本人	本村王老元
家庭经济地位		人六口房五间地十亩	人二口地无房三间	人二口房地无
入伍年月		1937 年 10 月入伍	1937 年 10 月	1939 年 8 月
任过什么工作		班长排长	侦察班长	战士
亡故经过		米峪镇战斗阵亡	米峪镇战斗阵亡	同
亡故地点		米峪镇北山头	同	同
亡故月日		6 月 17 日	同	同
是否党员		1938 年 4 月宁武入党	1937 年五寨入党	非
备考				

队别		十一连		
职别		战士		
姓名		王年堂	冯汝田	薛东生
年龄		29	32	30
籍贯	省	山西省	河北省	山西省
	县	临县	任丘县	临县
	区乡	二区	一	二区
	村	王家沟	于村	薛家坪
家庭通信处及收信人姓名		本村王富玉	本村李广修	汇转本村薛有奎
家庭经济地位		人十口地十亩房一间	人一口房二间地无	人五口地十亩房二间
入伍年月		1940年3月	1939年8月	1940年3月
任过什么工作		战士	战士	同
亡故经过		米峪镇战斗阵亡	同	同
亡故地点		米峪镇北山	同	同
亡故月日		6月17日	同	同
是否党员		非	否	否
备考				

37. 晋察冀军区第2军分区伤亡损失统计表
（1940年7月18日）

战斗伤亡统计表

失连络人数	负伤												阵亡											
	营长	教导员	连长	指导员	排长	支书	班长	战士				合计	营长	教导员	连长	指导员	排长	支书	班长	战士				合计
			一名			一名	四名	十八名				二十四名			一名		一名			九名				十一名
备注	一营负伤支书一，班长一、战士七、阵亡排长一，战士三。二营负伤连长一，班长三、战士九，阵亡四连连长一，战士六，四连遗失步枪两支，原因是一名战士负伤后牺牲在堡垒角下因为敌人的机枪扫射没有取下来，另一个战士负伤后跌在山沟里没有找到，学兵队负伤副班长一，侦察员一。																							

损坏武器弹药消耗统计表

类别	武器损坏									弹药消耗									马匹伤亡					
	七九步枪	六五步枪	冲锋枪	手枪	驳壳枪	轻机枪	重机枪		合计	七九枪弹	六五枪弹	冲锋弹	手枪弹	炮弹	轻机枪弹	重机枪弹	手榴弹	合计	马	骡	驴			合计
数目										二三四	四六二			一二	一二四三	六〇	二二六	二二三七						
总计																								
备注																								

38. 八路军第 120 师独立第 1 旅第 2 团第 715 团阵亡登记表（1940 年 7 月 25 日）

独立第一旅第二团七一五团阵亡登记表

卫生处填造

1940 年 7 月 25 日

填于开化

陆军一二零师独立第一旅第二团				
队别	一营二连	三连	同	同
职别	战士	连长	连副	班长
阶级				
姓名	刘宝堂	向炳堂	王云发	尹得胜
年龄	19	29	28	19
籍贯	晋忻县	湘桑植县	贵毕节县	冀文安
家庭经济状况	人五口房四间地十四亩	人一口房地无	人四口房二间地十亩	人四口房三间地无
何时何地入伍	1940 年本地入伍	1936 年 2 月入伍	同	1937 年本地入伍
永久通信处	杨胡村	上东街	黑藏村	胜芳镇
何时何地阵亡	1940 年 7 月 4 日在杨会湾	1940 年 7 月 4 日在梅筒沟	同	同
负伤部位	炸伤	头部	腹部	同
葬埋地点				
是否党员		是	是	
备考				

陆军一二零师独立第一旅第二团				
队别	一营三连	同	同	一营一连
职别	副班长	同	战士	同
阶级				
姓名	张树春	张星全	李还小	程其和
年龄	30	34	24	23
籍贯	冀霸县	冀任丘	晋五寨	豫林县
家庭经济状况	人二口房二间地无	人五口房地无	人三口房地无	人二口房地无
何时何地入伍	1937年本地入伍	1938年4月入伍	1940年4月入伍	同
永久通信处	苏桥镇	西李长村	后会村	石干村
何时何地阵亡	1940年7月4日在梅筒沟	同	同	同
负伤部位	腹部	同	同	同
葬埋地点				
是否党员		是		
备考				

陆军一二零师独立第一旅第二团				
队别	一营一连	同	同	同
职别	战士	同	同	同
阶级				
姓名	冯黑	王锡田	曹仲清	白海瑞
年龄	27	32	29	同
籍贯	晋神池	冀饶阳	冀深县	同
家庭经济状况	人五口房地无	人五口房三间地十亩	人六口房三间地一亩	人五口房三间地五亩
何时何地入伍	1940年4月入伍	1939年1月入伍	同	同
永久通信处	圪坦子	郭村	东石庄	王各庄
何时何地阵亡亡	1940年7月4日在梅筒沟	同	同	同
负伤部位	腹部	头胸部	胸部	腹部
葬埋地点				
是否党员				
备考				

陆军一二零师独立第一旅第二团				
队别	一营一连	同	同	同
职别	战士	同	同	班长
阶级				
姓名	廉根元	李双林	苏二虎	郭藩增
年龄	17	24	22	23
籍贯	晋五寨	晋忻县	晋五寨	冀霸县
家庭经济状况	人五口房三间地三亩	人五口房五间地十五亩	人二口房地无	
何时何地入伍	1940 年本地入伍	同	同	
永久通信处	南坡底	东村	西坪沟	
何时何地阵亡	1940 年 7 月 4 日在梅筒沟	同	同	同
负伤部位	胸部	同	腰部	头部
葬埋地点				新油石村东山下
是否党员				
备考				

陆军一二零师独立第一旅第二团				
队别	一营一连	二营五连	六连	八连
职别	战士	班长	战士	排长
阶级				
姓名	李三黑	邱俊全	高如胜	柴志宏
年龄	22	31	26	20
籍贯	晋神池	冀霸县	晋临县	晋平陆县
家庭经济状况		人七口房二间地无	人四口房二间地十亩	人二十口房十间地四十亩
何时何地入伍		1939 年 2 月入伍	1940 年 3 月入伍	1938 年 8 月入伍
永久通信处		下王庄	赵家岭	园里村
何时何地阵亡	1940 年 7 月 4 日在梅筒沟	1940 年 6 月在冯家山	1940 年 6 月在深家沟	1940 年 6 月在冯家山
负伤部位	腹部	头部	同	同
葬埋地点				
是否党员				
备考				

陆军一二零师独立第一旅第二团				
队别	二营八连	同	一营二连	同
职别	战士	同	班长	战士
阶级				
姓名	康秉钧	陈三山	沈云福	郭三
年龄	24	19	33	29
籍贯	晋宁武	晋静乐	冀文安	晋五寨
家庭经济状况	人三口房三间地五亩	人四口房地无	人七口房一间地一亩	人二口房三间地十五亩
何时何地入伍	1940 年 3 月入伍	同	1937 年 10 月入伍	1940 年 3 月入伍
永久通信处	王家沟	竹林村	苏桥镇	婆堤村
何时何地阵亡	1940 年 6 月在冯家山	同	1940 年 7 月 4 日在梅筒沟	同
负伤部位	头部	腹部	头部	
葬埋地点				
是否党员				
备考				

陆军一二零师独立第一旅第二团	
队别	一营二连
职别	战士
阶级	
姓名	梁林海
年龄	20
籍贯	晋忻县
家庭经济状况	人四口房四间地十亩
何时何地入伍	1940 年 4 月入伍
永久通信处	下沙村
何时何地阵亡	1940 年 7 月 4 日在梅筒沟
负伤部位	头胸部
葬埋地点	
是否党员	
备考	

陆军一二零师独立第一旅第七一五团				
队别	团部	同	通讯连	一营一连
职别	司号长	警卫员	排长	班长
阶级				
姓名	汪兴邦	崔岳	李志五	吴永胜
年龄	22	22	20	33
籍贯	湘永水县	山西神池县	川创吉县	冀方山县
家庭经济状况	人八口房二间地三十亩	人六口房三间地五亩	人八口房一间地三亩	人四口房三间地三亩
何时何地入伍	1931 年本地入伍	1937 年在五寨入伍	1934 年本地入伍	1937 年山西入伍
永久通信处	龙家湾交本人	虎北村交本人	张家毫交本人	南门镇交本人
何时何地阵亡	1940 年 7 月 4 日在兴县二十里铺	同	同	同
负伤部位	头部	同		头部
葬埋地点	二十里铺	同		
是否党员	是	是	是	是
备考			生死不明	

陆军一二零师独立第一旅第七一五团				
队别	一营一连	同	同	同
职别	战士	同	同	同
阶级				
姓名	韩丁有	郭二廉	刘福山	史宗保
年龄	19	32	同	26
籍贯	晋岢岚县	晋静乐县	冀晋县	冀肃宁县
家庭经济状况	人四口房二间地六亩	人四口房二间地六十亩	人七口房一间地八亩	人四口房四间地三亩
何时何地入伍	1940 年本地入伍	1940 年本地入伍	1939 年本地入伍	同
永久通信处	铁还沟交本人	李家会交本人	张赵村交本人	小刘庄交本人
何时何地阵亡	1940 年 7 月 4 日在兴县二十里铺	同	同	同
负伤部位	头部	同	同	同
葬埋地点	二十里铺	同	同	同
是否党员	是			是
备考				

陆军一二零师独立第一旅第七一五团				
队别	一营一连	同	同	一营部
职别	战士	同	同	勤务员
阶级				
姓名	闫青山	张开同	张凤林	赵永胜
年龄	26	27	22	17
籍贯	晋静乐县	同	晋岢岚县	冀深县
家庭经济状况	人二口房地无	人三口房二间地六亩	人四口房二间地四十五亩	人三口房三间
何时何地入伍	1940 年本地入伍	同	同	1939 年本地入伍
永久通信处	喷永庄交本人	三角铺交本人	庄头村交本人	陈二庄交本人
何时何地阵亡	1940 年 7 月 4 日在二十里铺	同	同	同
负伤部位	头部	同	同	同
葬埋地点	二十里铺	同	同	同
是否党员				是
备考				

陆军一二零师独立第一旅第七一五团				
队别	一营部	一营一连	同	同
职别	通讯班长	战士	同	同
阶级				
姓名	杨子平	宋子玉	杨庆华	马志良
年龄	23	21	同	20
籍贯	贵石千县	晋岢岚	同	同
家庭经济状况	人四口房二间	人三口房二间地六十亩	人六口房一间地十八亩	人五口房二间地十五亩
何时何地入伍	1935 年本地入伍	1940 年本地入伍	同	同
永久通信处		五区福家坡	大元会交本人	桥村交本人
何时何地阵亡	1940 年 7 月 4 日在兴县二十里铺	同	同	同
负伤部位	肚子			
葬埋地点	二十里铺			
是否党员	是			
备考		生死不明	同	同

陆军一二零师独立第一旅第七一五团				
队别	一营一连	一营机关枪连	同	二连
职别	战士	同	同	同
阶级				
姓名	吴占学	胡丙德	侯占清	陈中山
年龄	15	34	30	36
籍贯	晋岢岚	晋太谷县	晋岢岚	冀深县
家庭经济状况	人五口房二间地十五亩	人四口房三间地无	人四口房地无	人三口房地无
何时何地入伍	1940 年本地入伍	1937 年本地入伍	1940 年本地入伍	1939 年本村入伍
永久通信处	福家坡交本人	生江村交本人	杨坪村交本人	耿家庄交本人
何时何地阵亡	1940 年 7 月 4 日在兴县二十里铺	同	同	同
负伤部位		头部	肚部	头部
葬埋地点		二十里铺	同	同
是否党员				是
备考	生死不明			

陆军一二零师独立第一旅第七一五团				
队别	一营二连	同	同	同
职别	战士	同	同	同
阶级				
姓名	赵四维	张国计	王清云	吕占彪
年龄	24	25	27	35
籍贯	晋岢岚县	同	晋宁武	晋静乐县
家庭经济状况	自己一人	人四口房二间地无	人二口房地无	同
何时何地入伍	1940 年本地入伍	同	同	同
永久通信处		前子沟交本人	于家种交本人	老马沟交本人
何时何地阵亡	1940 年 7 月 4 日在兴县二十里铺	同	同	同
负伤部位	腰部	头部	同	胸膛
葬埋地点	二十里铺	同	同	同
是否党员				
备考				

陆军一二零师独立第一旅第七一五团				
队别	二营五连	同	同	同
职别	战士	同	同	排长
阶级				
姓名	蔡德准	杨保千	张树小	游先举
年龄	39	30	27	39
籍贯	晋静乐县	同	晋岢岚	湘石门县
家庭经济状况	人四口房地无	人二口房二间地十五亩	人四口房地无	同
何时何地入伍	1940 年本地入伍	同	同	1935 年在本村入伍
永久通信处	石炭沟	青涿坡	水英其	
何时何地阵亡	1940 年 7 月 4 日在兴县二十里铺	同	同	同
负伤部位	腹部	同	头部	头部
葬埋地点				
是否党员				是
备考				

陆军一二零师独立第一旅第七一五团				
队别	二营五连	同	同	同
职别	排长	班长	同	战士
阶级				
姓名	裴万春	刘世炎	苏全传	刘保命
年龄	35	24	18	23
籍贯	河南武安玫家庄	河北深县食峰区田家庄	河北深县无上村	河北深县晋高村
家庭经济状况	人二口田一亩房三间	人六口田六亩房二间	人五口田无房一间	人八口田八亩房三间
何时何地入伍	1938 年在张送入伍	1939 年在本地入伍	1939 年在本村入伍	1939 年在本村入伍
永久通信处				
何时何地阵亡	1940 年 7 月 4 日在兴县二十里铺	同	同	同
负伤部位	腹部	胸部	同	头部
葬埋地点				
是否党员	是	是	是	
备考				

陆军一二零师独立第一旅第七一五团				
队别	二营五连	同	同	同
职别	副班长	战士	同	同
阶级				
姓名	张富畴	郝万玉	姜民海	王山列
年龄	27	22	30	32
籍贯	山西岢岚县	山西静乐下福庄	山西静乐县	山西静乐马家有
家庭经济状况	人三口田房无	人九口田七十九亩房六间	人三口田三十亩房二间	人一口田房无
何时何地入伍	1940年在本地入伍	1940年在本村入伍	1940年在本村入伍	1940年在本村入伍
永久通信处				
何时何地阵亡	1940年7月4日在兴县二十里铺	同	同	同
负伤部位	头部	腹部	背部	头部
葬埋地点				
是否党员				
备考				

陆军一二零师独立第一旅第七一五团				
队别	二营五连	同	同	二营营部
职别	战士	同	同	司号长
阶级				
姓名	吴银顺	李二小	高文范	甘玉清
年龄	25	27	30	25
籍贯	山西宁武吉家坪	山西岢岚县五秀	山西静乐杨庄	□□江□庙杞
家庭经济状况	人五口田十五亩房五间	人一口田三十亩	人三口田十二亩房一间	人五口田房无
何时何地入伍	1940年在本村入伍	1940年在本村入伍	1940年在本村入伍	1933年在本地入伍
永久通信处				
何时何地阵亡	1940年7月4日在兴县二十里铺	同	同	同
负伤部位	头部	腹部	头部	头部
葬埋地点				
是否党员				是
备考				

陆军一二零师独立第一旅第七一五团				
队别	二营五连	同	同	同
职别	战士	副班长	战士	同
阶级				
姓名	郭盛荷	苏太奇	王山松	李昌起
年龄	36	22	28	21
籍贯	山西岢岚松井村	河北晋县屯口村	山西静乐常家沟	河北饶阳光王村
家庭经济状况	人三口田房无	人四口房一间田无	人三口田三亩房一间	人三口田十二亩房一间
何时何地入伍	1940年本村入[伍]	1939年在本地入伍	1940年在本地入伍	1939年在本地入伍
永久通信处				
何时何地阵亡	1940年7月4日在兴县二十里铺	同	同	同
负伤部位	胸部	同	腹部	头部
葬埋地点				
是否党员				
备考				

陆军一二零师独立第一旅第七一五团				
队别	二营五连	同	同	同
职别	战士	同	同	同
阶级				
姓名	张德胜	张来顺	贾富贵	高海德
年龄	25	32	31	32
籍贯	山西静乐敌王府	山西岢岚县	山西岢岚县霍市营	山西静乐丰岭村
家庭经济状况	人四口田廿亩房二间	人二口田三十亩房二间	人三口田房无	人二口田房无
何时何地入伍	1940年在本地入伍	1940年在本地入伍	1940年在本地入伍	1940年在本地入伍
永久通信处				
何时何地阵亡	1940年7月4日兴县廿里铺	同	同	同
负伤部位	胸部	腹部	腹部	背部
葬埋地点				
是否党员				
备考				

陆军一二零师独立第一旅第七一五团			
队别	二营五连	同	同
职别	战士	同	同
阶级			
姓名	武吃塔	马树小	贾富山
年龄	28	21	19
籍贯	山西岢岚县	山西岢岚王子村	山西岢岚王子村
家庭经济状况	人三口田六亩房三间	人三口田无房三间	人四口田房无
何时何地入伍	1940 年在本村入伍	1940 年在本地入伍	1940 年在本地入伍
永久通信处			
何时何地阵亡	1940 年 7 月 4 日在兴县二十里铺	同	同
负伤部位	胸部	背部	胸部
葬埋地点			
是否党员			
备考			

陆军一二零师独立第一旅第七一五团				
队别	二营五连	同	同	三营八连
职别	通讯员	同	战士	战士
阶级				
姓名	曹最海	齐二里	李三连	杨永福
年龄	17	18	25	36
籍贯	河北深县大贾村	绥远武川县	山西静乐石炭沟	河北深县奉区
家庭经济状况	人三口田廿亩房三间	人三口田廿五亩房二间	人四口田房无	人七口田七亩房四间
何时何地入伍	1939 年在本村入伍	1938 年在本村入伍	1940 年在本地入伍	1939 年在本地入伍
永久通信处				
何时何地阵亡	1940 年 7 月 4 日在兴县二十里铺	同	同	同
负伤部位	头部	同	同	同
葬埋地点				
是否党员				是
备考				

陆军一二零师独立第一旅第七一五团				
队别	三营八连	同	同	同
职别	战士	同	同	同
阶级				
姓名	张闰子	刘二小	贺二小	马国炳
年龄	22	28	26	30
籍贯	河北武强齐界村	山西岢岚化岔村	山西岢岚贺家岩	山西岢岚二区阳印子
家庭经济状况	人三口田二亩房三间	人一口田六亩房三间	人四口田三十六亩	人五口田卅六亩房二间
何时何地入伍	1939 年在本地入伍	1940 年在本地入伍	1940 年在本地入伍	1940 年在本地入伍
永久通信处				
何时何地阵亡	1940 年 7 月 4 日在兴县二十里铺	同	同	同
负伤部位	腹部	胸部	腹部	头部
葬埋地点				
是否党员	是			
备考				

陆军一二零师独立第一旅第七一五团				
队别	三营八连	九连	十连	十一连
职别	战士	同	同	班长
阶级				
姓名	李满洞	曹海玉	贺信栓	刘殿臣
年龄	31	30	24	26
籍贯	山西河曲五岔村	山西静乐县	山西岢岚阳印子村	河北武昌石家庄
家庭经济状况	人一口房田无	人四口［田］二亩房三间	人二口田卅亩房二间	人五口田四亩房三间
何时何地入伍	1940 年在本地入伍	1940 年在本地入伍	1940 年在本地入伍	1939 年在本村入伍
永久通信处				
何时何地阵亡	1940 年 7 月 4 日兴县二十里铺	同	同	同
负伤部位	头部	膝关节	胸部	同
葬埋地点				
是否党员				是
备考		生死不明		

队别	十一连	同	同	同
职别	副班长	战士	同	同
阶级				
姓名	李少田	杨春林	陈元德	王甲子
年龄	29	31	24	22
籍贯	山西寿阳七臣庄	河北深县白村	河北高阳县	山西岢岚郝坡村
家庭经济状况	人四口田房无	人四口房五间	人四口田三亩房三间	人三口田十亩
何时何地入伍	1939 年在本地入伍	1939 年在本地入伍	1939 年在本地入伍	1940 年在本地入伍
永久通信处				
何时何地阵亡	1940 年 7 月 4 日兴县二十里铺	同	同	同
负伤部位	头部	头部	胸部	同
葬埋地点				
是否党员	是	是		
备考				

队别	十一连	同	同	同
职别	战士	同	副班长	同
阶级				
姓名	石常瑞	张权坡	刘长召	朱其勘
年龄	30	31	32	40
籍贯	河北无极石家庄	河北兴平吉地村	河北深县小甲村	河北深县大咀村
家庭经济状况	人四口田一亩房二间	人十口田二十亩房七间	人二口田四亩房二间	人六口田五亩房三间
何时何地入伍	1939 年在本地入伍	1939 年在本村入伍	1939 年在本村入伍	1939 年在本地入伍
永久通信处				
何时何地阵亡	1940 年 7 月 4 日兴县二十里铺	同	同	同
负伤部位	胸部	头部	同	同
葬埋地点				
是否党员				是
备考				

39. 八路军第120师抗战三年来被敌袭击战斗人员伤亡、损失统计表（1940年7月）

被敌袭击战斗统计表

类别 数目 部别 年别		被袭击战斗次数				我人员损失				遗失		马匹损失			附记
		班以下部队被袭	连排部队被袭	营以上部队被袭	合计	负伤指战员	阵亡指战员	失连络	合计	各种枪枝	迫击炮	伤亡马匹	失马匹	合计	
第一周年	师直	1	1		2			30	30				20	20	（一）第一周年是从一九三七年九月起至一九三八年六月底止 （二）第二、三周年均以当年七月起至次年六月底止为一个周年
	宋支队		2		2	1	6		7	6					
	独立一旅		2	2	4	65	31	35	131	39					
	独立二旅		1		1	10	20	15	45						
	三五八旅			1	1	20	6		26						
	三五九旅		1	1	2	6	6		12						
	合计	1	7	4	12	102	69	80	261①	45			20	20	
第二周年	师直	1	1		2	10	1	24	35	20					
	特务团		2		2	8	5	10	23	3					
	抗大七分校		1		1	3	1		4	1					
	骑兵支队		3		3	15	12	1	28	6			65	65	
	独立二旅		2	8	10	89	81	47	217	75	1	1	36	37	
	三五八旅		2		2	13	16	23	52	31		1	4	5	
	三五九旅		2	3	5	166	57	4	227	16					
	合计	1	13	11	25	304	173	109	586	152	1	2	105	107	
第三周年	师直	2			2	1	3		4						
	特务团		4	1	5	24	18	4	46	26			5	5	
	骑兵支队	1	6		7	32	86	3	121	91		8	25	33	
	独立一旅	3	3	4	10	32	5	5	88	65					
	独立二旅	1	5	6	12	82	145	129	356	113		65	6	71	
	三五八旅		8	8	16	198	274	313	785	366			56	56	
	三五九旅		2	1	3	16	80	1	97	5	1				
	合计	7	28	20	55	385	657	455	1497	718	1	73	92	165	

① 原文如此，计算有误。

第四周年被敌袭击战斗统计表

类别／数目／部别	被袭击战斗次数				我人员损失				遗失		马匹损失			附记
	班以下部队被袭	连排部队被袭	营以上部队被袭	合计	负伤指战员	阵亡指战员	失连络	合计	各种枪枝	迫击炮	伤亡马匹	失马匹	合计	
师直	3	2		5	3	7		10	1			7	7	统计时间：一九四〇年七月至四一年七月七日止
抗大七分校	1	1		2	3	10		13	6					
骑兵支队	3	10	4	17	32	65	30	127	53		68	42	110	
独立一旅	8		1	9	21	30	2	53	25					
独立二旅	2	3	4	9	143	150	197	490	231		15		15	
三五八旅	5	6	3	14	73	124	27	224	88			10	10	
三五九旅		1		1	1		7	8	2					
合计	22	23	12	57	276	386	263	925	406		83	59	142	

抗战四周年被敌袭击统计表

类别／数目／部别	被袭击战斗次数				我人员损失				遗失		马匹损失			附记
	班以下部队被袭	连排部队被袭	营以上部队被袭	合计	负伤指战员	阵亡指战员	失连络	合计	各种枪枝	迫击炮	伤亡马匹	失马匹	合计	
第一周年	1	7	4	12	102	69	80	251	45			20	20	
第二周年	1	13	11	25	304	173	109	586	152	1	2	105	107	
第三周年	7	28	20	55	385	657	455	1497	712	1	73	92	165	
第四周年	22	23	12	57	276	386	263	925	406		83	59	142	
合计	31	71	47	149	1067	1285	907	3259	1315	2	158	276	434	
	149 次				3259 名				枝	门	434 匹			

40. 八路军第120师第358旅第3支队阵亡统计表
（1940年7月）

队别		七团三营七连	同	同
职别		战士	同	同
姓名		高柱清	王二胖	张文科
年龄		29	25	25
籍贯	省	山西	河北	河北
	县	兴县	饶阳	饶阳
	区			
	村	江雅沟	高刘志桥	西阳湾
家庭通讯处及收信人姓名				
家庭经济地位				
入伍年月				
任过什么工作				
亡故经过				
亡故地点		山西河龙洼	同	同
亡故年月日		1940年7月7日	同	同
是否党员				
备考				

队别		七团三营八连	七团三营七连	同
职别		战士	班长	战士
姓名		杨小中	高三海	赵志景
年龄		18	26	20
籍贯	省	山西	山西	山西
	县	阳曲	岢岚	兴县
	区			
	村	杨家佐	水沟村	岢林镇
家庭通讯处及收信人姓名				
家庭经济地位				
入伍年月				
任过什么工作				
亡故经过				
亡故地点		山西河龙洼	同	同
亡故年月日		1940 年 7 月 7 日	同	同
是否党员				
备考				

队别		七团三营八连	同	同
职别		排长	班长	通讯员
姓名		李明发	冯致和	孙国红
年龄		21	34	23
籍贯	省	陕西	河北	河北
	县	埠平	束鹿	博野
	区			
	村	韩村		冯村
家庭通讯处及收信人姓名				
家庭经济地位				
入伍年月				
任过什么工作				
亡故经过				
亡故地点		山西河龙洼	同	同
亡故年月日		1940 年 7 月 7 日	同	同
是否党员				
备考				

队别		七团三营八连	同	同
职别		机枪组长	战士	同
姓名		李振山	段景云	吴造大
年龄		25	25	21
籍贯	省	河北	河北	河北
	县	清苑	安国	清苑
	区			
	村	南和庄		王家庄
家庭通讯处及收信人姓名				
家庭经济地位				
入伍年月				
任过什么工作				
亡故经过				
亡故地点		山西河龙洼	同	同
亡故年月日		1940 年 7 月 7 日	同	同
是否党员				
备考				

队别		七团三营八连	同	同
职别		战士	同	同
姓名		王忠	高玉龙	白金堂
年龄		21	26	23
籍贯	省	河北	河北	山西
	县	清苑	雄县	兴县
	区			一区
	村	张庄	大谢村	
家庭通讯处及收信人姓名		张庄	大谢村	
家庭经济地位				
入伍年月				
任过什么工作				
亡故经过				
亡故地点		山西河龙洼	同	同
亡故年月日		1940 年 7 月 7 日	同	同
是否党员				
备考				

队别		七团三营八连	同	同
职别		战士	同	同
姓名		庞云清	段益增	孙玉堂
年龄		25	22	22
籍贯	省	河北	河北	山西
	县	饶阳	宿县	兴县
	区			
	村	张各庄	南孟镇	姚家镇
家庭通讯处及收信人姓名		张各庄	南孟镇	姚家镇
家庭经济地位				
入伍年月				
任过什么工作				
亡故经过				
亡故地点		山西河龙洼	同	同
亡故年月日		1940 年 7 月 7 日	同	同
是否党员				
备考				

队别		七团二营四连	七团三营八连	同
职别		战士	战士	同
姓名		刘义龙	齐广志	高玉堂
年龄			18	20
籍贯	省		河北	山西
	县		蠡县	兴县
	区			
	村		泊庄村	马家营
家庭通讯处及收信人姓名			泊庄村	马家营
家庭经济地位				
入伍年月				
任过什么工作				
亡故经过				
亡故地点		同	山西河龙洼	同
亡故年月日		同	1940 年 7 月 7 日	同
是否党员				
备考				

队别		七团二营五连	同	同
职别		战士	同	同
姓名		徐荣生	张广生	吕金春
年龄				
籍贯	省			
	县			
	区			
	村			
家庭通讯处及收信人姓名				
家庭经济地位				
入伍年月				
过去任过什么工作				
亡故经过				
亡故地点		岚县大蛇头	同	同
亡故年月日		1940 年 7 月 7 日	同	同
是否党员				
备考				

队别		七团一营二连	七团二营四连	同
职别		战士	副班长	战士
姓名		郝振和	解尚文	李士忠
年龄		21		
籍贯	省	河北		
	县	涿县		
	区			
	村	合元务		
家庭通讯处及收信人姓名		合元务		
家庭经济地位				
入伍年月				
任过什么工作				
亡故经过		头部		
亡故地点		山西毛上村	岚县大蛇头	同
亡故年月日		1940 年 7 月 7 日	1940 年 7 月 6 日	同
是否党员				
备考				

队别		七团一营二连	同	同
职别		副班长	战士	同
姓名		刘德海	张小完	郝会昌
年龄		20	27	35
籍贯	省	河北	河北	河北
	县	新城	蠡县	蠡县
	区	宁营		
	村		刘它	花园头
家庭通讯处及收信人姓名		宁营	刘它	花园头
家庭经济地位				
入伍年月				
任过什么工作				
亡故经过		臀部	头部	同
亡故地点		山西毛上村	同	同
亡故年月日		1940 年 7 月 7 日	同	同
是否党员				
备考				

队别		七团一营二连	同	同
职别		排长	班长	副班长
姓名		李瑞清	李增	李群
年龄		23	26	36
籍贯	省	河北	河北	河北
	县	新城	蠡县	饶阳
	区			
	村	南沙口	火庄头	
家庭通讯处及收信人姓名		南沙口	火庄头	
家庭经济地位				
入伍年月				
任过什么工作				
亡故经过		腹部	头部	同
亡故地点		山西毛上村	同	同
亡故年月日		1940 年 7 月 7 日	同	同
是否党员				
备考				

队别		七团一营一连	同	同
职别		战士	同	同
姓名		刘根喜	郭昔良	郑多才
年龄		26	20	18
籍贯	省	河北	河北	河北
	县	蠡县	蠡县	无极
	区			
	村	王家辛店	北柳柱	□村
家庭通讯处及收信人姓名		王家辛店	北柳柱	□村
家庭经济地位				
入伍年月				
任过什么工作				
亡故经过		胯骨	头部	同
亡故地点		山西毛上村	同	同
亡故年月日		1940 年 7 月 7 日	同	同
是否党员				
备考				

队别		七团一营一连	同	同
职别		战士	同	同
姓名		刘天保	陈连仲	张汉有
年龄		29	24	16
籍贯	省	河北	河北	山西
	县	固安	新城	兴县
	区			
	村	山庄	陈家柳	蔡家会
家庭通讯处及收信人姓名		山庄	陈家柳	蔡家会
家庭经济地位				
入伍年月				
任过什么工作				
亡故经过		头部	腰部	头部
亡故地点		山西毛上村	同	同
亡故年月日		1940 年 7 月 7 日	同	同
是否党员				
备考				

队别		七团一营一连	同	同
职别		连长	战士	同
姓名		徐海风	赵玉生	张金成
年龄		25	36	26
籍贯	省	湖北	河北	河北
	县	天门	清苑	蠡县
	区	五家辛岭		
	村		王力村	史家佐
家庭通讯处及收信人姓名		同上	王力村	史家佐
家庭经济地位				
入伍年月				
任过什么工作				
亡故经过		头部	身上	头部
亡故地点		山西毛上村	同	同
亡故年月日		1940 年 7 月 7 日	同	同
是否党员				
备考				

队别		七团三营八连
职别		班长
姓名		张世友
年龄		26
籍贯	省	河北
	县	文安
	区	
	村	善礼营
家庭通讯处及收信人姓名		本村张小春
家庭经济地位		雇工
入伍年月		1939 年 3 月
任过什么工作		副班长战士
亡故经过		机枪
亡故地点		山西岚县闫家湾
亡故年月日		1940 年 6 月 29 日
是否党员		是
备考		

队别		七团三营九连	同	七团三营八连
职别		战士	同	副班长
姓名		田福祥	张新民	王桂兰
年龄		22	19	30
籍贯	省	河北	河北	河北
	县	蠡县	蠡县	新城
	区	一区	五区	一区
	村	林堡村	南陈村	马家营
家庭通讯处及收信人姓名		本村田文志	本村张洛浪	本村公所转生母
家庭经济地位		人十口地十五亩房六间	人六口地七亩房三间	雇工
入伍年月		1939 年 12 月	1939 年 10 月	1939 年 3 月
任过什么工作		战士	通讯员	
亡故经过		枪弹	机枪弹	机枪
亡故地点		山西岚县小沟村	同	山西岚县闫家湾
亡故年月日		1940 年 6 月 29 日	同	同
是否党员				是
备考				

队别		七团三营七连	七团三营九连	同
职别		战士	政指	副班长
姓名		刘自臣	王树清	王德仲
年龄		31	29	27
籍贯	省	山西	贵州	河北
	县	忻县	黔西	安国
	区	七区	一区	五区
	村	吴陈村	西门村	段村
家庭通讯处及收信人姓名			本村村公所代收转	同
家庭经济地位			人三口地房无	人三口地一亩房三间
入伍年月			1936 年 1 月	1939 年 7 月
任过什么工作			大队长敌情干事	给养士
亡故经过		阵亡	炮弹炸	机枪弹
亡故地点		山西岚县宋家沟	山西岚县小沟村	同
亡故年月日		1940 年 6 月 29 日	1940 年 6 月 29 日	同
是否党员			是	同
备考				

队别		七团三营七连	同	同
职别		排长	战士	同
姓名		石秀峰	刘玉琨	张琢如
年龄		24	23	27
籍贯	省	山西	河北	同
	县	朔县	蠡县	同
	区	五区	五区	同
	村	富家村	刘村	南王
家庭通讯处及收信人姓名				
家庭经济地位				
入伍年月				
任过什么工作				
亡故经过		阵亡	同	同
亡故地点		山西岚县宋家沟	同	同
亡故年月日		1940 年 6 月 29 日	同	同
是否党员		是	同	同
备考				

全支队六七两月份阵亡登记表

三支队

三支队七八团

六月份伤亡登记

连子口战斗

七团

部别	七团一营三连	一营一连	一营二连	一营一连	同	同	同	一营部	一营三连	同
阶级										
职别	指导员	排长	班长	副班长	副班长	战士	同	同	同	同
姓名	黄城	刘大月	李介忠	乔有德	赵宝山	张瑞福	周德森	黄克勤	刘振和	王玉珍
年龄	18	27	20	17	25	20	20	26	20	23

续表

籍贯	河南里乡	陕西米脂	河北新城	河北固安	河北新城	河北新城	河北固安	河北新城	河北固安	河北新城
负伤日期	1939 年 6 月 28 日	同	同	同	同	同	同	同	同	同
地点	肃宁南连子口	同	同	同	同	同	同	同	同	同
负伤部位	臀部	头部	上肢指部	下肢	下肢	上肢	下肢	下肢	上肢	
伤名	贯通	同	离断	贯通	同	同	炮伤	同	贯通	中毒
入院日期	1939 年 6 月 28 日	同	同	同	同	同	同	同	同	同
备考	轻	轻	轻	轻	轻	重	重	轻	轻在队诊治	

部别	一营二连	三营七连	同	
阶级				
职别	战士	同	同	
姓名	金德三	刘清汉	马德兴	以上计十三名
年龄	22	23	20	
籍贯	河北固安	山西房饶	河北霸县	
负伤日期	1939 年 6 月 28 日	同	同	
地点	肃宁南连子口	同	同	
负伤部位	头部	上肢	下肢	
伤名	贯通	炮伤四处	贯通	
入院日期	1939 年 6 月 28 日	同	同	
备考	轻在队诊治	重	轻	

八团

部别	一营一连	一连	一连	二连	二连	二营四连	四连	四连	四连	五连
阶级										
职别	副班长	战士	战士	勤务员	班长	战士	战士	战士	战士	排长
姓名	许川林	张振田	张树亭	张玉池	李广全	李振东	王五生	王志光	孟庆新	许叶芳
年龄										
籍贯	新城县昝家巷	雄县庄头村	新城县辛立庄	新城县昝岗镇	新城营豆腐营	霸县柏度口村	新城县仁义庄	新城县小王庄	新城县小芦昝	新城县相家庄
负伤日期	6月28日	6月28日	6月28日	6月28日	6月28日	6月28日	6月28日	6月28日	6月28日	6月28日
地点	连子口	连子口	连子口	连子口	连子口	连子口	连子口	连子口	连子口	连子口
负伤部位										
伤名										
入院日期	6月28日	6月28日	6月28日	6月28日	6月28日	6月28日	6月28日	6月28日	6月28日	6月28日
备考										

部别	五连	五连	五连	五连	五连	六连	六连	三营	七连	七连
阶级										
职别	班长	副班长	战士	战士	班长	副班长	战士	营长	班长	副班长
姓名	张始文	许广月	王新华	王玉财	孟博光	张玉起	陈现于	杨虎臣	高相芸	张惟光
年龄										
籍贯	新城县米家务	新城县相家庄	新城县米家务	新城县相家庄	雄县高家庄村	新城县米家务	固安县西固城	湖北［南］省石门县	雄县十里铺村	雄县十里铺村
负伤日期	6月28日	6月28日	6月28日	6月28日	6月28日	6月28日	6月28日	6月28日	6月28日	6月28日
地点	连子口	连子口	连子口	连子口	连子口	连子口	连子口	连子口	连子口	连子口
负伤部位										
伤名										
入院日期	6月28日	6月28日	6月28日	6月28日	6月28日	6月28日	6月28日	6月28日	6月28日	6月28日
备考										

部别	三营七连	七连	七连	七连	七连	七连	七连	七连	七连	七连
阶级										
职别	班长	战士	战士	战士	战士	战士	战士	战士	战士	战士
姓名	邢玉梅	罗相臣	刘永	刘海安	吴振明	陈仲田	邓福生	王贵五	贾金祥	徐治彬
年龄										
籍贯	雄县十里铺村	新城县罗家营	新城县米家务	新城县东垡村	新城县大韩庄	新城县柳娘庄	雄县城赵北口	固安县王马庄	新城县徐家庄	新城县高家庄
负伤日期	6月28日	6月28日	6月28日	6月28日	6月28日	6月28日	6月28日	6月28日	6月28日	6月28日
地点	连子口	连子口	连子口	连子口	连子口	连子口	连子口	连子口	连子口	连子口
负伤部位										
伤名										
入院日期	6月28日	6月28日	6月28日	6月28日	6月28日	6月28日	6月28日	6月28日	6月28日	6月28日
备考										

部别	七连	七连	七连	八连	八连	八连	八连
阶级							
职别	战士	战士	战士	副班长	副班长	战士	战士
姓名	韩庆林	叶有茂	张振忠	马玉芝	赵挥岭	李德玉	吴德仁
年龄							
籍贯	新城县郭家庄	雄县十里铺村	霸县新湾村住	雄县城胡家台	雄县城南吴村	山东省南阳县	雄县城南吴村
负伤日期	6月28日	6月28日	6月28日	6月28日	6月28日	6月28日	6月28日
地点	连子口	连子口	连子口	连子口	连子口	连子口	连子口
负伤部位							
伤名							
入院日期	6月28日	6月28日	6月28日	6月28日	6月28日	6月28日	6月28日
备考							

国民革命军第八路军第三纵队第三支队第八团负伤登记表

七八团三月

部别	五连	五连	八连
阶级			
职别	战士	副班长	战士
姓名	孟顺明	赵万福	梁炳思
年龄			
籍贯	河北省新城相家庄	河北省新城相家庄	河北雄县城辛立庄
负伤日期	6月28日	6月28日	6月28日
受伤部位			
伤名			
阵亡地点	连子口	连子口	连子口
备考			

部别	一营	一连	一连	二连	四连	四连	五连	五连	五连	五连
阶级										
职别	营长	班长	班长	班长	指导员	副班长	班长	战士	战士	战士
姓名	陈景山	周振武	张才	吕凤鸣	刘汉杰	宋宝英	袁凤林	郭锡五	刘兴汉	许庆元
年龄										
籍贯	吉林省永吉县	河北省新城张庄	河北省新城杨家庄	河北省新城许家营	河北省新城大王庄	河北省新城仁义庄	河北省新城相家庄	河北省新城相家庄	河北省新城相家庄	河北省新城相家庄
负伤日期	6月28日	6月28日	6月28日	6月28日	6月28日	6月28日	6月28日	6月28日	6月28日	6月28日
负伤部位										
伤名										
阵亡地点	连子口	连子口	连子口	连子口	连子口	连子口	连子口	连子口	连子口	连子口
备考										

部别	海波波天	同	波地	波人	潮月海潮	潮星	
阶级					尉少		
职别	战士	同	同	同	一排长兼支书	战士	
姓名	王和	赵书静	陈得福	李德成	李长富	程国民	以上六名
年龄	38	20	26	26	38	22	
籍贯	河北新城刘家庄	同	河北新城高科庄	河北固安小庄上村	河南开封	河北新城八羊庄	
负伤日期	1939年6月28日	同	同	同	同	同	
负伤部位	头腿两处	腰部	脑部	小腹一处	头部	腰部	
伤名							
阵亡地点	肃宁县南连子口	同	同	同	同	同	
备考							

41. 八路军第120师第358旅第716团第2营在二十里铺作战阵亡登记（1940年7月）

兴县赵家吉至廿里铺阵亡登记

烈士名册

八路军第一二〇师三五八旅七一六团

二营　连

七月份廿里铺作战

曹　庄

组织科

队别		五连	三营十二连
职别		战士	战士
姓名		李恩珍	赵云全
年龄		23	24
籍贯	省	山西	河北
	县	临县	任丘
	区、乡	二区	赵角庄
	村	安家庄	
家庭通信处及收信人姓名		三月镇收信人李书月	大尚屯保僧号交赵发明收
家庭经济地位		人四口房地无	人七口地二亩房无
入伍年月日		1940年3月入伍	1939年8月入伍
任过什么工作		战士	学习小组长
亡故经过		机弹射致死	被敌杀死
亡故地点		二十里铺	赵家吉
亡故月日		1940年2月5日	6月29日
是否党员		非	党
备考			

六团

队别		八连		
职别		副班长	战士	同
姓名		李福元	高文禄	张海元
年龄		25	29	29
籍贯	省	河北	山西	同
	县	深县	临县	同
	区、乡	杨太区	一区	同
	村	西亲梦村	石家磨村	芦刘沟
家庭通信处及收信人姓名		本村李大明	本村高援业	本村张全世
家庭经济地位		人五口地三亩房三间	人三口地五亩房一间欠债四十五元	人六口地十八亩房二间
入伍年月日		1939 年 12 月入伍	1940 年 3 月入伍	同
任过什么工作		战士	同	同
亡故经过		掩护退却	同	同
亡故地点		介桥附近	同	同
亡故月日		7 月 23 日	7 月 23 日	同
是否党员		非	同	同
备考				

队别		二营机连	九连	政治处
职别		战士	战士	指导员
姓名		李强保	纪兴广	闻玉堂
年龄		18	29	36
籍贯	省	山西	河北	湖北
	县	临县	安国	宣恩
	区、乡	一区	二区	
	村	桥底村	刘各庄	二去
家庭通信处及收信人姓名		交本村李明亮	交刘老多	本家
家庭经济地位		人十三口房三间地三亩	人五口地五亩房五间	人二口地三亩房二间
入伍年月日		1940 年 3 月	1939 年 9 月	1935 年
任过什么工作		战士	同	政指
亡故经过		放在山洞里	介桥战斗	
亡故地点		介桥	介桥	介桥
亡故月日		1940 年 7 月 23 日	同	同
是否党员		非	同	党员
备考				

队别		十一连		
职别		战士		
姓名		肖根法	王全信	温玉山
年龄		26	35	29
籍贯	省	山西省	河北省	山西省
	县	岚县	任丘县	岚县
	区、乡	四区		一区
	村	桃湾村	大涧村	于家村
家庭通信处及收信人姓名		城内专［转］本村肖林法	本村王有传	本村温喜寿
家庭经济地位		人二口房地无外债二十七元	人二口房地无	人六口地六担房二间
入伍年月日		1940年3月	1939年8月	1940年2月
任过什么工作				
亡故经过		介桥战斗阵亡	同	同
亡故地点		介桥	同	同
亡故月日		1940年7月23日	同	同
是否党员		否	1940年四月入党	否
备考				

队别		六连	同
职别		班副	战士
姓名		孔发有	苗汗雨
年龄		24	26
籍贯	省	河北	山西
	县	任丘	临县
	区、乡	六区	四区
	村	韦塔村	郝家坡
家庭通信处及收信人姓名		本村	本村
家庭经济地位		人十一口地二十亩	人三口地二十亩房一间
入伍年月日		1939年6月	1940年2月
任过什么工作			
亡故经过		经过数次战［斗］这次被敌机炸死	同
亡故地点		介桥	同
亡故月日		1940年7月23日	同
是否党员		党员	非
备考			

丰润战斗

烈士名册

八路军第一二〇师三五八旅七一六团

三营机连

八月份

1940 年

曹　庄

组织科

队别		三营机连	
职别		战士	
姓名		程忠传	赵　武
年龄		28	37
籍贯	省	山西［河北］省	山西省
	县	定县	朔县
	区、乡	二区二间	一区
	村	东王村	大土皋
家庭通信处及收信人姓名		东王村兄呈能干收	本县一区公所转村公所交赵得全
家庭经济地位		地二百亩房二十七间人八口	二口人佃地五亩房一间
入伍年月日		1938 年 1 月入伍	1938 年 2 月入伍
任过什么工作		无有	无有
亡故经过		丰润战斗阵亡	伤亡
亡故地点		丰润	丰岭北后面山上
亡故月日		1940 年 8 月 25 日	1940 年 8 月 25 日
是否党员		群	群
备考			

烈士名册

八路军第一二〇师三五八旅七一六团

三营九连

八月份

曹　庄

组织科

队别		九连		
职别		排长	班长	副班长
姓名		邢有官	亚希仲	马俊峰
年龄		22	32	20
籍贯	省	山西	河北	河北
	县	崞县	曲周县	蠡县
	区、乡	三区	城内	七区
	村	望山村	北关街	鲍墟村
家庭通信处及收信人姓名		崞县望山村邢王球收	没人	鲍墟村母宋氏收
家庭经济地位		十一亩田七间房十三口人	没田没房没人	四亩田四间房二口人
入伍年月日		1937 年 10 月入伍	1940 年 1 月入伍	1939 年 6 月入伍
任过什么工作		班长小组长支部委员	副班长班长	战士
亡故经过		战斗阵亡	战斗阵亡	同左
亡故地点		丰润	同左	同左
亡故月日		8 月 25 日	同左	同左
是否党员		党	群	党
备考				

队别				
职别		战士		
姓名		张瑞全	周喜才	李侯喜
年龄		24	20	20
籍贯	省	山西	陕西	山西
	县	临县	三元县	临县
	区、乡	五区	城内	四区
	村	赤卜浪	西街	西沟村
家庭通信处及收信人姓名		同上 张东山收	同上 没人	同上 李存四收
家庭经济地位		八垧田没房四口人	没田没房没人	没田房三口人
入伍年月日		1940 年 3 月入伍	1940 年 3 月入伍	1940 年 2 月入伍
任过什么工作		战士	战士	战士
亡故经过		战斗阵亡	同左	同左
亡故地点		丰润	同左	同左
亡故月日		8 月 25 日	同左	同左
是否党员		群	党	群
备考				

队别				
职别				
姓名		聂锦福	牛海龙	
年龄		32	28	
籍贯	省	山西	山西	
	县	临县	阳曲县	
	区、乡	二区	五区	
	村	吴家堡	西赵村	
家庭通信处及收信人姓名		临县三交镇永茂成转吴家堡聂武元	西赵村牛得良收	
家庭经济地位		五亩田没房六口人	十五亩田二间窑四口人	
入伍年月日		1940年3月入伍	1940年7月入伍	
任过什么工作		战士	战士	
亡故经过		战斗阵亡	同左	
亡故地点		丰润	同左	
亡故月日		8月25日	同左	
是否党员		群	群	
备考				

队别		三营十连		
职别		一排长	五班长	六班长
姓名		王瑞生	陈四海	徐贯三
年龄		24	44	26
籍贯	省	河北	河北	河北
	县	通州	曲周	博野
	区、乡		一区	二区
	村	维庄	城内	南田村
家庭通信处及收信人姓名		通州维庄交兄王金生收	本县城内义合永交陈和收	博野县二区南田村交兄徐见勋收
家庭经济地位		人五口地无房二间	人廿口地八十亩房卅间	人五口地无房二间
入伍年月日		1938年10月入伍	1937年10月入伍	1939年7月入伍
任过什么工作		任过班长	副班长	副班长
亡故经过		冲堡子被机枪打死	同左	同左
亡故地点		丰润	同左	同左
亡故月日		8月25日	同左	同左
是否党员		党	党	党
备考				

队别				
职别		战士		
姓名		高桂芝	张光才	陈芦子
年龄		23	26	32
籍贯	省	山西	山西	山西
	县	临县	临县	岚县
	区、乡	一区	二区	二区
	村	四家塔	任家山	赤家沟
家庭通信处及收信人姓名		本村交父高冲营收	本县二区任家山交父张登福	本村交兄陈交起收
家庭经济地位		人四口地无窑一面	人四口地廿亩窑二面	人四口地五垧房三间
入伍年月日		1940 年 3 月	同	同
任过什么工作		无	无	无
亡故经过		冲堡子炸弹打死	同	冲堡子机枪打死
亡故地点		丰润	同	同
亡故月日		8 月 25 日	同	同
是否党员		否	党	否
备考				

队别				
职别		战士		
姓名		郝来海	吕常山	张计祥
年龄		38	40	20
籍贯	省	山西	河北	山西
	县	静乐	任丘	静乐
	区、乡	一区	六区	一区
	村	杨坡村	老各庄	羊圈坪
家庭通信处及收信人姓名		本县一区杨坡交兄来仲收	本村岳父郑树生收	本村张富义收
家庭经济地位		人七口地廿垧窑二面	人三口地二亩房无	人六口地卅垧房三间
入伍年月日		1940 年 7 月	1939 年 8 月	同
任过什么工作		无	无	无
亡故经过		冲堡子步枪打死	冲堡子炸弹打死	冲堡子机枪打死
亡故地点		丰润	丰润	同
亡故月日		8 月 25 日	8 月 25 日	同
是否党员		否	否	同
备考				

队别		
职别		
姓名		李四海
年龄		30
籍贯	省	山西
	县	静乐
	区、乡	一区
	村	范家洼
家庭通信处及收信人姓名		本县一区范家洼兄李三芝收
家庭经济地位		人四口地无窑一面
入伍年月日		1940 年 5 月入伍
任过什么工作		无
亡故经过		冲堡子死的
亡故地点		丰润
亡故月日		8 月 25 日
是否党员		否
备考		

队别				
职别		战士		
姓名		潘安明	张希元	郝成山
年龄		27	22	26
籍贯	省	山西	山西	山西
	县	静乐	静乐	岢岚
	区、乡	一区	一区	一区
	村	下马城	羊圈坪	四沟会
家庭通信处及收信人姓名		一区下马城交兄潘友富收	本村交父张计洋收	本县一区四沟会交郝层收
家庭经济地位		人五口地廿垧窑二面	人四口地廿垧窑二面	人三口地卅亩房无
入伍年月日		1940 年 5 月入伍	1940 年 5 月入伍	1940 年 3 月
任过什么工作		无	无	
亡故经过		冲堡子机枪打死	冲堡子步枪打死	冲堡子步枪打死
亡故地点		丰润	同	丰润
亡故月日		8 月 25 日	同	8 月 25 日
是否党员		否	否	党
备考				

队别				
职别				
姓名		李从福	韩布维	尹吉福
年龄		20	27	24
籍贯	省	山西	山西	山西
	县	岚县	阳曲	宁武
	区、乡	四区	三区	二区
	村	东土塔	大山上	谢家坪
家庭通信处及收信人姓名		本县四区东土塔交母营氏收	本村交母谢氏收	本村交母李氏收
家庭经济地位		人二口地无窑一面佃田五亩	人四口地无窑三面	人三口地十五亩房三间
入伍年月日		1940年3月入伍	1940年7月入伍	1940年3月入伍
任过什么工作		无	无	无
亡故经过		冲堡子被炸弹打死	同	冲堡子被机枪打死
亡故地点		丰润	同	同
亡故月日		8月25日	同	同
是否党员		否	同	否
备考				

队别		三营十二连	同	同
职别		连长	支书	班长
姓名		秦学良	侯天明	侯根年
年龄		24	26	19
籍贯	省	贵州	山西	山西
	县	凤群县	宁武	宁武
	区、乡	一区	二区	二区
	村	南门外	豆家庄	跑泉沟
家庭通信处及收信人姓名		本县苏荣昌转申记堂秦文台	本村侯建邦收	本村侯老四
家庭经济地位		人四口房三间地五亩	人三口房二间地十亩	人六口房七间地十五亩
入伍年月日		1934年10月	1937年11月	1937年11月
任过什么工作		班长排长	支委小组长	支委小组长
亡故经过		丰润战斗冲锋	同	同
亡故地点		丰润阵地	同	同
亡故月日		8月24日	同	同
是否党员		党	党	党
备考				

队别		同	同
职别		战士	同
姓名		陈子亮	李金生
年龄		21	36
籍贯	省	河北	河北
	县	定县	蠡县
	区、乡	二区	七区
	村	李家庄	王各庄
家庭通信处及收信人姓名		东亭镇交陈老会	本村李老存
家庭经济地位		人九口房三间地五亩	人八口房五间地五亩
入伍年月日		1939 年 8 月	1939 年 8 月
任过什么工作		战士	同
亡故经过		同	同
亡故地点		同	同
亡故月日		同	同
是否党员		党	党
备考			

连排干部烈士纪念册

队长	七一六团政治处	政治处
职别	特派干事	文书
姓名	杨友胜	仲崇山
年岁	24	19
籍贯	四川泥龙	河北博野
何时何地	1933 年入伍	1939 年入伍
何役阵亡病故	山西静乐丰润阵亡	山西静乐丰润阵亡
是否党员	党员	党员
备考	副支书	

说明：1. 此表是抗战以来阵亡病故的干部应一律填上。

2. 填此表时由各团政治机关寻找屡次战斗阵亡和病故的干部名册照抄不周到处采访部队。

连排干部烈士纪念册

队长	七一六团政治处	炮兵连
职别	支书班学员	通信员
姓名	郭积文	李会来
年岁	22	22
籍贯	陕西潼关	河北安平第二区刘各庄
是否党员	党员	党员
何时何地	1937 年入伍	1940 年在山西静乐县
何役阵亡病故	山西静乐丰润阵亡	丰润战役阵亡
备考		

说明：1. 此表是抗战以来阵亡病故的干部应一律填上。

2. 填此表时由各团政治机关寻找屡次战斗阵亡和病故的干部名册照抄不周到处采访部队。

42. 八路军第120师第359旅抗战以来阵亡登记表
（1940年7月）

队职别		二旅旅部担贺员		
姓　名		刘福胜	年　龄	30
籍贯	省县	河北武强		
	区村	刘家堤村		
家庭经济状况及通讯处		本村交刘德胜收		
何时何地入伍		1939年于本地自动入伍		
何时何地负伤或病		病		
入院日期		1940年入院		
何时何地牺牲		1940年于桃园牺牲		
死亡原因		心脏麻痹		
埋葬情形		埋于桃园村		
遗嘱物		遗留大洋拾壹元五角		
是否党员		否		
备考				

队职别		三五九旅八团团部炊事员		
姓　名		白英汉	年　岁	27
籍贯	省县	河北任丘		
	区村	中区白家庄		
家庭经济状况		未详		
何时何地入伍		1937年于本地入伍		
何时何地负伤		病		
入院日期		1939年入院		
何时何地牺牲		1940年牺牲于柏崖		
死亡原因		久病心肌衰弱而死		
埋葬情形		埋于柏崖村		
遗嘱物		未		
是否党员		否		
备考				

队职别		南道学员		
姓　名		张羊全	年　龄	28
籍贯	省县	山西		
	区村	未明		
家庭经济状况及通讯处		同		
何时何地入伍		同		
何时何地负伤或病		病		
入院日期		1940 年于桃园入院		
何时何地牺牲		1940 年于桃园牺牲		
死亡原因		因病太重		
埋葬情形		埋于桃园村		
遗嘱物		未		
是否党员		否		
备考				

队职别		南道学日语员		
姓　名		王树敏	年　岁	16
籍贯	省县	河北深县		
	区村	王家村		
家庭经济状况		本人家收		
何时何地入伍		1939 年于本地自愿入伍		
何时何地负伤		病		
入院日期		1940 年于康儿沟入院		
何时何地牺牲		1940 年 4 月牺牲于康儿沟		
死亡原因		病体过重		
埋葬情形		用棺木埋于康儿沟		
遗嘱物				
是否党员		否		
备考				

队职别		亚五团新兵连战士		
姓　名		郭永昌	年　龄	17
籍贯	省县	河北［涿］鹿		
	区村	张各庄		
家庭经济状况及通讯处		通本人家		
何时何地入伍		1939 年于本地入伍		
何时何地负伤或病		病		
入院日期		1940 年于康儿沟入院		
何时何地牺牲		1940 年 4 月于康儿沟牺牲		
死亡原因		病重		
埋葬情形		埋于康儿沟		
遗嘱物		遗留边币玖毛		
是否党员		否		
备考				

队职别		师卫生部通讯员		
姓　名		岳振云	年　岁	23
籍贯	省县	河北河间		
	区村	六区豆角杆村		
家庭经济状况		同上		
何时何地入伍		1939 年 1 月本地入伍		
何时何地负伤		病		
入院日期		1940 年入院		
何时何地牺牲		1940 年 4 月牺牲于草朵沟		
死亡原因		病重		
埋葬情形		用棺木埋于草朵沟		
遗嘱物		未		
是否党员		否		
备考				

队职别		野战医院一所看护员		
姓　名		王宗岭	年　龄	18
籍贯	省县	河北高阳		
	区村	李家庄		
家庭经济状况及通讯处		未详		
何时何地入伍		1939 年于本地自动入伍		
何时何地负伤或病		病		
入院日期		1940 年 3 月入院		
何时何地牺牲		1940 年 6 月牺牲于下店		
死亡原因		病重		
埋葬情形		埋于下店村北		
遗嘱物		未		
是否党员		否		
备考				

队职别		师供给部警备连班长		
姓　名		李占奎	年　岁	28
籍贯	省县	山西五寨		
	区村	城内		
家庭经济状况		未详		
何时何地入伍		1936 年于本县自动入伍		
何时何地负伤		病		
入院日期		1940 年 4 月入院		
何时何地牺牲		1940 年 5 月牺牲于安台村		
死亡原因		病重		
埋葬情形		埋于安台村		
遗嘱物		未		
是否党员		党		
备考				

队职别		雁北支队特务连通讯员		
姓　名		孙俊华	年　龄	18
籍贯	省县	河北清苑		
	区村	王潘村		
家庭经济状况及通讯处		本村交		
何时何地入伍		1938 年于本地入伍		
何时何地负伤或病		1939 年于广灵负伤		
入院日期		1940 年于草朵沟入院		
何时何地牺牲		1940 年于草朵沟牺牲		
死亡原因		伤重兼流感		
埋葬情形		埋于草朵沟		
遗嘱物		未		
是否党员		否		
备考				

队职别		师供青年队长		
姓　名		赵坪文	年　岁	16
籍贯	省县	四川汉中		
	区村	城内		
家庭经济状况		本城赵云堂收		
何时何地入伍		1940 年于本地自愿入伍		
何时何地负伤		病		
入院日期		1940 年 4 月于桃园村入院		
何时何地牺牲		1940 年于桃园村牺牲		
死亡原因		流感		
埋葬情形		埋于桃园村		
遗嘱物		未		
是否党员		否		
备考				

队职别		察绥军二营四连战士		
姓　名		王　高	年　龄	18
籍贯	省县	山西应县		
	区村	四区崔庄		
家庭经济状况及通讯处		未详		
何时何地入伍		1939 年于本地入伍		
何时何地负伤或病		1940 年于应县战斗负伤		
入院日期		1940 年于草朵沟入院		
何时何地牺牲		1940 年于草朵沟牺牲		
死亡原因		因伤重		
埋葬情形		埋于草朵沟		
遗嘱物		未		
是否党员		否		
备考				

队职别		三支队八团七连战士		
姓　名		葛秀长	年　岁	25
籍贯	省县	河北饶阳		
	区村	北齐河村		
家庭经济状况		未详		
何时何地入伍		1939 年于本地自动入伍		
何时何地负伤		病		
入院日期		1940 年 5 月入院		
何时何地牺牲		1940 年 5 月 17 日于平山王家湾牺牲		
死亡原因				
埋葬情形		埋于王家湾村南		
遗嘱物		未		
是否党员		否		
备考				

队职别	野战医院院部勤务员			
姓　名		王玉恒	年　龄	17
籍贯	省县	山西崞县		
	区村	贾庄		
家庭经济状况及通讯处		同上		
何时何地入伍		1938 年于本地自动入伍		
何时何地负伤或病		病		
入院日期		1940 年于柏崖入院		
何时何地牺牲		1940 年于草朵沟牺牲		
死亡原因		病久体弱		
埋葬情形		埋于草朵沟		
遗嘱物		未		
是否党员		否		
备考				

队职别	雁北支队特务连战士			
姓　名		李学忠	年　岁	28
籍贯	省县	山东曹州		
	区村	六区沙窝村		
家庭经济状况		同上		
何时何地入伍		1939 年于灵丘入伍（系大同煤矿工人）		
何时何地负伤		病		
入院日期		1940 年入院		
何时何地牺牲		1940 年于草朵沟牺牲		
死亡原因		病重		
埋葬情形		埋于草朵沟		
遗嘱物		未		
是否党员		否		
备考				

队职别		特务团五连战士		
姓　名		刘喜云	年　龄	24
籍贯	省县	河北献县		
	区村	后领区		
家庭经济状况及通讯处		本村本人家收		
何时何地入伍		1939 年 5 月于本地自动入伍		
何时何地负伤或病		病		
入院日期		1940 年于下店入院		
何时何地牺牲		1940 年 5 月于下店牺牲		
死亡原因		因病重		
埋葬情形		埋于下店村		
遗嘱物		未		
是否党员		否		
备考				

队职别		师骑兵营炊事员		
姓　名		张洪	年　岁	30
籍贯	省县	山西朔县		
	区村	南念村		
家庭经济状况		利明普收		
何时何地入伍		1939 年 11 月于自动入伍		
何时何地负伤		病		
入院日期		1940 年 2 月入院		
何时何地牺牲		1940 年于下店牺牲		
死亡原因		因病太重		
埋葬情形		埋于下店村		
遗嘱物		未		
是否党员		否		
备考				

<table>
<tr><td colspan="2">队职别</td><td colspan="3">雁北支队工作团战士</td></tr>
<tr><td colspan="2">姓　名</td><td>梁德彪</td><td>年　龄</td><td>37</td></tr>
<tr><td rowspan="2">籍贯</td><td>省县</td><td colspan="3">河北涞源</td></tr>
<tr><td>区村</td><td colspan="3">四区黄梅沟</td></tr>
<tr><td colspan="2">家庭经济状况及通讯处</td><td colspan="3">同上</td></tr>
<tr><td colspan="2">何时何地入伍</td><td colspan="3">1940 年于阜平县入伍</td></tr>
<tr><td colspan="2">何时何地负伤或病</td><td colspan="3">病</td></tr>
<tr><td colspan="2">入院日期</td><td colspan="3">1940 年三月入院</td></tr>
<tr><td colspan="2">何时何地牺牲</td><td colspan="3">1940 年于柏崖牺牲</td></tr>
<tr><td colspan="2">死亡原因</td><td colspan="3">病重</td></tr>
<tr><td colspan="2">埋葬情形</td><td colspan="3">埋于柏崖村</td></tr>
<tr><td colspan="2">遗嘱物</td><td colspan="3">未</td></tr>
<tr><td colspan="2">是否党员</td><td colspan="3">否</td></tr>
<tr><td colspan="2">备考</td><td colspan="3"></td></tr>
</table>

<table>
<tr><td colspan="2">队职别</td><td colspan="3">师卫生部通讯员</td></tr>
<tr><td colspan="2">姓　名</td><td>高绍玉</td><td>年　岁</td><td>21</td></tr>
<tr><td rowspan="2">籍贯</td><td>省县</td><td colspan="3">河北天津</td></tr>
<tr><td>区村</td><td colspan="3">杨柳青镇</td></tr>
<tr><td colspan="2">家庭经济状况</td><td colspan="3">本村</td></tr>
<tr><td colspan="2">何时何地入伍</td><td colspan="3">1937 年入伍</td></tr>
<tr><td colspan="2">何时何地负伤</td><td colspan="3">病</td></tr>
<tr><td colspan="2">入院日期</td><td colspan="3">1940 年 3 月入院</td></tr>
<tr><td colspan="2">何时何地牺牲</td><td colspan="3">1940 年 4 月牺牲于康儿沟</td></tr>
<tr><td colspan="2">死亡原因</td><td colspan="3">病症过重</td></tr>
<tr><td colspan="2">埋葬情形</td><td colspan="3">用棺木埋于康儿沟</td></tr>
<tr><td colspan="2">遗嘱物</td><td colspan="3">未</td></tr>
<tr><td colspan="2">是否党员</td><td colspan="3">否</td></tr>
<tr><td colspan="2">备考</td><td colspan="3"></td></tr>
</table>

队职别		独一旅二团七连战士		
姓　名		于文生	年　龄	18
籍贯	省县	河北无极		
	区村	不明		
家庭经济状况及通讯处		同		
何时何地入伍		同		
何时何地负伤或病		病		
入院日期				
何时何地牺牲		1940 年 5 月于桃园牺牲		
死亡原因		肋膜炎		
埋葬情形		埋于桃园村		
遗嘱物		未		
是否党员		否		
备考				

队职别		四团十一连战士		
姓　名		王书田	年　岁	47
籍贯	省县	河北沧县		
	区村	里三桥		
家庭经济状况		未详		
何时何地入伍		1939 年自愿入伍		
何时何地负伤		病		
入院日期		1940 年于桃园入院		
何时何地牺牲		1940 年 3 月于桃园村牺牲		
死亡原因		病沉重		
埋葬情形		用棺木埋于桃园村		
遗嘱物		未		
是否党员		否		
备考				

队职别		野战医院卫一所看护员		
姓　名		蔡四兴	年　龄	16
籍贯	省县	河南魏县		
	区村	青华尚村		
家庭经济状况及通讯处		本村本人家收		
何时何地入伍		1939 年入伍		
何时何地负伤或病		病		
入院日期		1940 年 5 月入院		
何时何地牺牲		1940 年 8 月于下店村牺牲		
死亡原因		因病重		
埋葬情形		埋于下店村		
遗嘱物		未		
是否党员		否		
备考				

队职别		二支队　　炊事员		
姓　名		陈忠山	年　岁	40
籍贯	省县	河北大城		
	区村	大木桥		
家庭经济状况		本村		
何时何地入伍		1938 年于本地入伍		
何时何地负伤		病		
入院日期		1940 年 5 月入院		
何时何地牺牲		1940 年 6 月于桃园村牺牲		
死亡原因		因病重		
埋葬情形		埋于桃园附近		
遗嘱物		未		
是否党员		否		
备考				

队职别		三五旅八团十一连战士		
姓　名		邱宝祥	年　龄	20
籍贯	省县	河北新城		
	区村	三区芦干村		
家庭经济状况及通讯处		同上		
何时何地入伍		1938 年于本地自愿入伍		
何时何地负伤或病		1939 年于浑源负伤		
入院日期		1939 年 8 月入院		
何时何地牺牲		1940 年 5 月于阜平大连底牺牲		
死亡原因		身体衰弱		
埋葬情形		埋于大连底村		
遗嘱物		未		
是否党员		否		
备考				

队职别		雁北支队新兵营一连战士		
姓　名		梁还义	年　岁	40
籍贯	省县	山西灵丘县		
	区村	上寨村		
家庭经济状况		同上		
何时何地入伍		1940 年于本地自愿入伍		
何时何地负伤		病		
入院日期		1940 年 4 月于草朵沟入院		
何时何地牺牲		1940 年 6 月于大连底牺牲		
死亡原因		流感合并赤痢而死		
埋葬情形		埋于大连底		
遗嘱物		未		
是否党员		否		
备考				

队职别		三支队七团四连班长		
姓　名		李金会	年　龄	25
籍贯	省县	河北新城		
	区村	南子营		
家庭经济状况及通讯处		本村李金禄收		
何时何地入伍		1938年12月入伍		
何时何地负伤或病		1940年病		
入院日期		1940年6月入院		
何时何地牺牲		1940年牺牲于下店村		
死亡原因		因病重		
埋葬情形		埋于下店村		
遗嘱物		未		
是否党员		否		
备考				

队职别		雁北支队司令部饲养员		
姓　名		张明其	年　岁	不明
籍贯	省县			
	区村			
家庭经济状况				
何时何地入伍				
何时何地负伤				
入院日期				
何时何地牺牲		1940年牺牲于王家湾		
死亡原因				
埋葬情形				
遗嘱物				
是否党员				
备考		此人不能言语一切不明		

<table>
<tr><td colspan="2">队职别</td><td colspan="3">三支队七团三营八连机枪班长</td></tr>
<tr><td colspan="2">姓　名</td><td>安庄</td><td>年　龄</td><td>42</td></tr>
<tr><td rowspan="2">籍贯</td><td>省县</td><td colspan="3">山西朔县</td></tr>
<tr><td>区村</td><td colspan="3">五区年高沟</td></tr>
<tr><td colspan="2">家庭经济状况及通讯处</td><td colspan="3">本村安丁庆收</td></tr>
<tr><td colspan="2">何时何地入伍</td><td colspan="3">1937 年 9 月入伍</td></tr>
<tr><td colspan="2">何时何地负伤或病</td><td colspan="3">病</td></tr>
<tr><td colspan="2">入院日期</td><td colspan="3">1940 年入院</td></tr>
<tr><td colspan="2">何时何地牺牲</td><td colspan="3">1940 年于阜平下店牺牲</td></tr>
<tr><td colspan="2">死亡原因</td><td colspan="3">因病重而死</td></tr>
<tr><td colspan="2">埋葬情形</td><td colspan="3">埋于阜平下店村</td></tr>
<tr><td colspan="2">遗嘱物</td><td colspan="3">遗留边币贰元</td></tr>
<tr><td colspan="2">是否党员</td><td colspan="3">否</td></tr>
<tr><td colspan="2">备考</td><td colspan="3"></td></tr>
</table>

<table>
<tr><td colspan="2">队职别</td><td colspan="3">三五九旅供给部伙伕</td></tr>
<tr><td colspan="2">姓　名</td><td>岳金龙</td><td>年　岁</td><td>37</td></tr>
<tr><td rowspan="2">籍贯</td><td>省县</td><td colspan="3">陕西阑卅县</td></tr>
<tr><td>区村</td><td colspan="3">三区黄府泉</td></tr>
<tr><td colspan="2">家庭经济状况</td><td colspan="3">同上</td></tr>
<tr><td colspan="2">何时何地入伍</td><td colspan="3">1937 年于富平入伍</td></tr>
<tr><td colspan="2">何时何地负伤</td><td colspan="3">病</td></tr>
<tr><td colspan="2">入院日期</td><td colspan="3">1940 年入院</td></tr>
<tr><td colspan="2">何时何地牺牲</td><td colspan="3">1940 年牺牲于大连底</td></tr>
<tr><td colspan="2">死亡原因</td><td colspan="3">赤痢</td></tr>
<tr><td colspan="2">埋葬情形</td><td colspan="3">埋于阜平大连底</td></tr>
<tr><td colspan="2">遗嘱物</td><td colspan="3">未</td></tr>
<tr><td colspan="2">是否党员</td><td colspan="3">否</td></tr>
<tr><td colspan="2">备考</td><td colspan="3"></td></tr>
</table>

队职别		三五八旅供给部饲养员		
姓　名		陆全	年　龄	45
籍贯	省县	河北深泽		
	区村	辰时区德昌村		
家庭经济状况及通讯处		同上		
何时何地入伍		1939 年本地自动入伍		
何时何地负伤或病		病		
入院日期		1940 年入院		
何时何地牺牲		1940 年牺牲于阜平大连底		
死亡原因		赤痢		
埋葬情形		埋于大连底		
遗嘱物		未		
是否党员		否		
备考				

队职别		繁峙县府粮秣主任		
姓　名		张子明	年　岁	39
籍贯	省县	山西繁峙		
	区村	三区大杨村		
家庭经济状况		同上		
何时何地入伍		系地方人员		
何时何地负伤		1940 年于繁峙炸伤		
入院日期		1940 年 6 月入院		
何时何地牺牲		1940 年牺牲于大连底		
死亡原因		赤痢		
埋葬情形		埋于大连底		
遗嘱物		未		
是否党员		否		
备考				

队职别		雁北支队卫生队通讯员		
姓　名		曹怀仁	年　龄	18
籍贯	省县	山西翼城县		
	区村	五区古石村		
家庭经济状况及通讯处		同上		
何时何地入伍		1937 年于本地自愿入伍		
何时何地负伤或病		病		
入院日期		1940 年入院		
何时何地牺牲		1940 年 7 月于大连底牺牲		
死亡原因		赤痢心脏衰弱而死		
埋葬情形		用棺木埋于阜平大连底		
遗嘱物		未		
是否党员		否		
备考				

队职别		三五九旅雁北支队三连战士		
姓　名		韩义	年　岁	19
籍贯	省县	河南开封县		
	区村	一区边村		
家庭经济状况		同上		
何时何地入伍		1939 年 9 月于浑源入伍		
何时何地负伤		病		
入院日期		1940 年 4 月入院		
何时何地牺牲		1940 年 7 月牺牲于大连底		
死亡原因		赤痢病重而死		
埋葬情形		以棺木埋于阜平大连底		
遗嘱物		未		
是否党员		否		
备考				

队职别		雁北支队八连战士		
姓　名		侯巨长	年　龄	26
籍贯	省县	山西繁峙县		
	区村	五区赵家峪		
家庭经济状况及通讯处		同上		
何时何地入伍		1939 年于本地自愿入伍		
何时何地负伤或病		病		
入院日期		1940 年 4 月入院		
何时何地牺牲		1940 年 8 月牺牲于大连底		
死亡原因		赤痢心肌衰弱而死		
埋葬情形		以棺木埋于阜平大连底		
遗嘱物		未		
是否党员		否		
备考				

队职别		师供警卫连战士		
姓　名		寇中义	年　岁	33
籍贯	省县	甘肃　林泉县		
	区村	城内		
家庭经济状况		不明		
何时何地入伍		1937 年 7 月自愿入伍		
何时何地负伤		病		
入院日期		1940 年 7 月入院		
何时何地牺牲		1940 年 7 月牺牲于阜平桃园村		
死亡原因		因病重		
埋葬情形		用棺木埋于阜平桃园村		
遗嘱物		未		
是否党员		否		
备考				

队职别		师供给部饲养员		
姓　名		闫国明	年　龄	43
籍贯	省县	河南大□县		
	区村	城内		
家庭经济状况及通讯处		未详		
何时何地入伍		1939 年 6 月入伍		
何时何地负伤或病		病		
入院日期		1940 年 5 月入院		
何时何地牺牲		1940 年 7 月牺牲于桃园村		
死亡原因		因病过重		
埋葬情形		埋于阜平桃园村		
遗嘱物		未		
是否党员		否		
备考				

队职别		四团团部饲养员		
姓　名		武玉江	年　岁	31
籍贯	省县	河北武邑		
	区村	四区武家庄		
家庭经济状况		武全荣收		
何时何地入伍		1939 年于张武村自动入伍		
何时何地负伤		病		
入院日期		1940 年 7 月入院		
何时何地牺牲		1940 年 7 月牺牲于桃园村		
死亡原因				
埋葬情形		埋于阜平桃园村		
遗嘱物		未		
是否党员		否		
备考				

队职别		四团特务连支书		
姓　名		闫世禄	年　龄	23
籍贯	省县	山西岢岚县		
	区村	三区王头坡		
家庭经济状况及通讯处		本村闫二虎收		
何时何地入伍		1937 年 9 月入伍		
何时何地负伤或病		病		
入院日期		1940 年 7 月入院		
何时何地牺牲		1940 年牺牲于下店		
死亡原因		因病太重		
埋葬情形		埋于阜平下店村		
遗嘱物		未		
是否党员		党		
备考				

队职别		特务团电话排长		
姓　名		萧玉和	年　岁	27
籍贯	省县	湖南石门县		
	区村	三区营湾村		
家庭经济状况		本村傅周怀收		
何时何地入伍		1934 年入伍		
何时何地负伤		病		
入院日期		1940 年入院		
何时何地牺牲		1940 年牺牲下店村		
死亡原因		因病重		
埋葬情形		埋于阜平下店村		
遗嘱物		未		
是否党员		党		
备考				

队职别		四团卫生队勤务员		
姓　名		李庆占	年　龄	16
籍贯	省县	河北安平县		
	区村	东河滩村		
家庭经济状况及通讯处		本人家收		
何时何地入伍		1939 年 5 月入伍		
何时何地负伤或病		病		
入院日期		1939 年 9 月入院		
何时何地牺牲		1940 年 7 月牺牲于下店		
死亡原因		病重		
埋葬情形		埋于阜平下店村		
遗嘱物		未		
是否党员		否		
备考				

队职别		教导团二队学员		
姓　名		吴德明	年　岁	20
籍贯	省县	贵州泗水县		
	区村	二堡仁和城		
家庭经济状况		本村吴玉山收		
何时何地入伍		1935 年入伍		
何时何地负伤		病		
入院日期		1940 年 5 月入院		
何时何地牺牲		1940 年 7 月牺牲于下店		
死亡原因		病重		
埋葬情形		埋于阜平下店村		
遗嘱物		未		
是否党员		否		
备考				

队职别		野战医院卫生二所看护员		
姓　名		胡秉新	年　龄	16
籍贯	省县	河北涞源		
	区村	四区水云乡		
家庭经济状况及通讯处		本村胡老和收		
何时何地入伍		1938 年入伍		
何时何地负伤或病		病		
入院日期		1940 年入院		
何时何地牺牲		1940 年牺牲于下店		
死亡原因		病重		
埋葬情形		埋于阜平下店村		
遗嘱物		未		
是否党员		否		
备考				

队职别		三支队七团休养所政指		
姓　名		程富贵	年　岁	22
籍贯	省县	山西交城		
	区村	二区古交镇		
家庭经济状况		未详		
何时何地入伍		1937 年入伍		
何时何地负伤		病		
入院日期		1940 年入院		
何时何地牺牲		1940 年牺牲于大台村		
死亡原因		伤合并病		
埋葬情形		埋于阜平大台村		
遗嘱物		未		
是否党员		党		
备考				

队职别	雁北支队六连战士		
姓　名	刘振友	年　龄	19
籍贯　省县	山西浑源		
籍贯　区村	一区青草蒙村		
家庭经济状况及通讯处	未详		
何时何地入伍	1938 年于本地入伍		
何时何地负伤或病	病		
入院日期	1940 年入院		
何时何地牺牲	1940 年牺牲于大台村		
死亡原因	病重		
埋葬情形	埋于阜平大台村		
遗嘱物	未		
是否党员	否		
备考			

队职别	雁北支队新兵营炊事员		
姓　名	张炳钧	年　岁	45
籍贯　省县	河北安平		
籍贯　区村	三区徐家庄		
家庭经济状况	未详		
何时何地入伍	1939 年入伍		
何时何地负伤	病		
入院日期	1940 年入院		
何时何地牺牲	1940 年 7 月牺牲于大连底		
死亡原因	病重		
埋葬情形	埋于阜平大连底		
遗嘱物	未		
是否党员	否		
备考			

队职别		二支队副官处伙夫		
姓　名		刘庆祥	年　龄	39
籍贯	省县	河北深县		
	区村	四区城东村		
家庭经济状况及通讯处		未详		
何时何地入伍		1938 年入伍		
何时何地负伤或病		病		
入院日期		1939 年入院		
何时何地牺牲		1940 年牺牲于桃园村		
死亡原因		病重		
埋葬情形		埋于阜平桃园村		
遗嘱物		未		
是否党员		否		
备考				

队职别		五支队二连司务长		
姓　名		娄锦昌	年　岁	33
籍贯	省县	河北冀县		
	区村	六区西堤村		
家庭经济状况		未		
何时何地入伍		1939 年入伍		
何时何地负伤		病		
入院日期		1940 年入院		
何时何地牺牲		1940 年 7 月牺牲于桃园村		
死亡原因				
埋葬情形		埋于阜平桃园村		
遗嘱物		未		
是否党员		否		
备考				

队职别		五支队七连伙伕		
姓　名		宋巧珍	年　龄	25
籍贯	省县	河北深县		
	区村	二区中山村		
家庭经济状况及通讯处		未		
何时何地入伍		1939 年 3 月入伍		
何时何地负伤或病		病		
入院日期		1939 年入院		
何时何地牺牲		1940 年 7 月牺牲于桃园村		
死亡原因		因病重		
埋葬情形		埋于阜平桃园村		
遗嘱物		未		
是否党员		否		
备考				

牺牲表

队职别		四团三连机枪班长		
姓　名		何文江	年　龄	25
籍贯	省县	河北博野城内		
	区村			
家庭通讯处及通信人				
何时何地怎样入伍		1938 年本地入伍		
何时何地负伤或病		1939 年 12 月浑源负伤		
入院年月日		1940 年 1 月于草朵沟入院		
何时何地牺牲		1940 年 1 月牺牲于草朵沟		
死亡原因		因伤太重		
埋葬情形及地点		埋于草朵沟		
遗嘱物				
是否党员		否		
备考				

牺牲表

队职别		师骑一连战士		
姓　名		王景春	年　龄	31
籍贯	省县	河北大城		
	区村			
家庭通讯处及通信人				
何时何地怎样入伍				
何时何地负伤或病				
入院年月日		1939 年 11 月入院		
何时何地牺牲		1940 年 1 月牺牲于康儿沟		
死亡原因		病		
埋葬情形及地点				
遗嘱物				
是否党员				
备考				

牺牲表

队职别		亚六团六连炊事员		
姓　名		高小伍	年　龄	42
籍贯	省县	河北正定县		
	区村	同林村		
家庭通讯处及通信人		通本人家收		
何时何地怎样入伍		1937 年于本地自愿入伍		
何时何地负伤或病		1939 年病冀中		
入院年月日		1939 年 12 月入院		
何时何地牺牲		1940 年 1 月牺牲于草朵沟		
死亡原因		因病久太重		
埋葬情形及地点		用棺木埋于草朵沟		
遗嘱物		无		
是否党员		否		
备考				

牺牲表

队职别		四团七连战士		
姓　名		张塘杉	年　龄	25
籍贯	省县	河北博野县		
	区村	蔡城村		
家庭通讯处及通信人		通本人家收		
何时何地怎样入伍		1938 年本地自动入伍		
何时何地负伤或病		1939 年于灵丘负伤		
入院年月日		1940 年 1 月 5 日入院		
何时何地牺牲		1940 年于草朵沟牺牲		
死亡原因		因伤太重		
埋葬情形及地点		用棺木埋于草朵沟		
遗嘱物		无		
是否党员		否		
备考				

牺牲表

队职别		南道学员		
姓　名		李言勋	年　龄	19
籍贯	省县	河北□县		
	区村			
家庭通讯处及通信人				
何时何地怎样入伍		1938 年入伍		
何时何地负伤或病		病		
入院年月日		1939 年于庄旺沟入院		
何时何地牺牲		1940 年 1 月 2 日牺牲于安台村		
死亡原因		因病重		
埋葬情形及地点		用棺埋于安台子村		
遗嘱物		无		
是否党员				
备考				

牺牲表

队职别		师特务连侦察员		
姓　名		李俊言	年　龄	27
籍贯	省县	不明		
	区村	同		
家庭通讯处及通信人		同		
何时何地怎样入伍		同		
何时何地负伤或病		病		
入院年月日		1940 年入院		
何时何地牺牲		1940 年牺牲于安台村		
死亡原因		因病重		
埋葬情形及地点		埋于安台村		
遗嘱物		无		
是否党员				
备考				

牺牲表

队职别		特务团八连战士		
姓　名		郝富山	年　龄	20
籍贯	省县	不明		
	区村	同		
家庭通讯处及通信人		同		
何时何地怎样入伍		1937 年入伍		
何时何地负伤或病				
入院年月日		1939 年于庄旺沟入院		
何时何地牺牲		1940 年 1 月牺牲于安台村		
死亡原因		病重		
埋葬情形及地点		埋于安台村		
遗嘱物		无		
是否党员				
备考				

牺牲表

队职别		七一八团卫生员		
姓　名		黄凤	年　龄	17
籍贯	省县	不明		
	区村	同		
家庭通讯处及通信人		同		
何时何地怎样入伍		1937 年于本地入伍		
何时何地负伤或病				
入院年月日		1939 年于安台子入院		
何时何地牺牲		1940 年牺牲安台村		
死亡原因				
埋葬情形及地点		埋于安台村		
遗嘱物		无		
是否党员				
备考				

牺牲表

队职别		四团班长		
姓　名		魏海生	年　龄	不明
籍贯	省县	不明		
	区村	同		
家庭通讯处及通信人		同		
何时何地怎样入伍		同		
何时何地负伤或病		同		
入院年月日		1940 年于草朵沟入院		
何时何地牺牲		1940 年牺牲		
死亡原因		因伤太重		
埋葬情形及地点		用棺木埋于草朵沟		
遗嘱物				
是否党员				
备考		因入院不能言语一切不明		

牺牲表

队职别		二旅五连战士		
姓　名		崔振江	年　龄	48
籍贯	省县	不明		
	区村	同		
家庭通讯处及通信人		同		
何时何地怎样入伍		1939 年本地入伍		
何时何地负伤或病		1939 年于陈庄负伤		
入院年月日		1939 年于安台入院		
何时何地牺牲		1940 年于安台牺牲		
死亡原因		因伤太重		
埋葬情形及地点		埋于安台村		
遗嘱物				
是否党员				
备考				

牺牲表

队职别		一旅九连班长		
姓　名		何健勋	年　龄	36
籍贯	省县	河北雄县		
	区村	道务村		
家庭通讯处及通信人		本人家收		
何时何地怎样入伍		1938 年自愿入伍		
何时何地负伤或病		1939 年于陈庄镇负伤		
入院年月日		1939 年于安台入院		
何时何地牺牲		1940 年 1 月牺牲于安台村		
死亡原因		因伤重		
埋葬情形及地点		用棺木埋于安台子		
遗嘱物		无		
是否党员				
备考				

牺牲表

队职别		亚六团十连战士		
姓　名		赵介山	年　龄	38
籍贯	省县	河北安平县		
	区村	一区		
家庭通讯处及通信人		交本人家收		
何时何地怎样入伍		1939 年于本地入伍		
何时何地负伤或病				
入院年月日		1939 年于安台村入院		
何时何地牺牲		1940 年 3 月牺牲于安台村		
死亡原因				
埋葬情形及地点		用棺木埋于安台村		
遗嘱物		无		
是否党员				
备考				

牺牲表

队职别		四团六连班长		
姓　名		李万发	年　龄	20
籍贯	省县	河北博野县		
	区村	二里村		
家庭通讯处及通信人		通本人家收		
何时何地怎样入伍		1938 年于本地自愿入伍		
何时何地负伤或病		1939 年 7 月于灵丘负伤		
入院年月日		1940 年 1 月于草朵沟入院		
何时何地牺牲		1940 年 1 月牺牲于草朵沟		
死亡原因		因伤太重		
埋葬情形及地点		用棺木埋于草朵沟		
遗嘱物		无		
是否党员		否		
备考				

牺牲表

队职别		亚六［团］一连战士		
姓　名		胡内珍	年　龄	25
籍贯	省县	河北郁县		
	区村	里村		
家庭通讯处及通信人		交本人家收		
何时何地怎样入伍		1937 年于本地自愿来		
何时何地负伤或病		1939 年 12 月负伤		
入院年月日		1940 年于草朵沟入院		
何时何地牺牲		1940 年牺牲于草朵沟		
死亡原因		因伤太重		
埋葬情形及地点		埋于阜平草朵沟		
遗嘱物		无		
是否党员		否		
备考				

牺牲表

队职别		亚五团二连班长		
姓　名		马西金	年　龄	41
籍贯	省县	不明		
	区村	同		
家庭通讯处及通信人		同		
何时何地怎样入伍		1939 年入伍		
何时何地负伤或病		病		
入院年月日		1939 年于安台子入院		
何时何地牺牲		1940 年 1 月 2 日牺牲于安台村		
死亡原因		因病重		
埋葬情形及地点		埋于安台村		
遗嘱物		无		
是否党员		否		
备考				

牺牲表

队职别		亚六［团］九连班长		
姓　名		程占奎	年　龄	25
籍贯	省县	不明		
	区村			
家庭通讯处及通信人				
何时何地怎样入伍		1938 年入伍		
何时何地负伤或病		1939 年于陈庄镇负伤		
入院年月日		1939 年 12 月于安台村入院		
何时何地牺牲		1940 年于安台村牺牲		
死亡原因		因伤太重		
埋葬情形及地点		用棺木埋于安台村		
遗嘱物		无		
是否党员		否		
备考				

牺牲表

队职别		亚六团团部马夫		
姓　名		李志明	年　龄	46
籍贯	省县			
	区村			
家庭通讯处及通信人				
何时何地怎样入伍		1939 年入伍		
何时何地负伤或病		病		
入院年月日		1940 年 2 月于安台村入院		
何时何地牺牲		1940 年牺牲于安台村		
死亡原因		因病太重		
埋葬情形及地点		埋于安台村		
遗嘱物		无		
是否党员		否		
备考				

牺牲表

队职别		雁北支队一营一连战士		
姓　名		张银清	年　龄	36
籍贯	省县	河北饶阳县		
	区村			
家庭通讯处及通信人				
何时何地怎样入伍		1939 年于本地入伍自动来		
何时何地负伤或病		病		
入院年月日		1940 年于柏崖入院		
何时何地牺牲		1940 年牺牲于柏崖村		
死亡原因		因病太重		
埋葬情形及地点		用棺木埋于阜平柏崖村		
遗嘱物		无		
是否党员		否		
备考				

牺牲表

队职别		四团九连饲养员		
姓　名		石清友	年　龄	57
籍贯	省县	河北安平县		
	区村	石家庄		
家庭通讯处及通信人		通本人家收		
何时何地怎样入伍		1939 年于本地自愿入伍		
何时何地负伤或病		不明		
入院年月日		1939 年 12 月入院		
何时何地牺牲		1940 年牺牲于草朵沟		
死亡原因				
埋葬情形及地点		埋于草朵沟		
遗嘱物		无		
是否党员		否		
备考				

牺牲表

队职别		亚五团四连战士		
姓　名		李喜林	年　龄	46
籍贯	省县	河北深县		
	区村	一区		
家庭通讯处及收信人				
何时何地怎样入伍		1939 年于本地自动入伍		
何时何地负伤或病		病		
入院年月日		1939 年 12 月入院		
何时何地牺牲		1940 年牺牲于康台村		
死亡原因		因病重		
埋葬情形及地点		埋于康台子村		
遗嘱物		无		
是否党员		否		
备考				

牺牲表

队职别		抗大学员		
姓　名		张凤停	年　龄	不明
籍贯	省县	不明		
	区村	同		
家庭通讯处及通信人		同		
何时何地怎样入伍		同		
何时何地负伤或病		病		
入院年月日				
何时何地牺牲		1940 年牺牲于桃园村		
死亡原因		因病太重		
埋葬情形及地点		埋于桃园村		
遗嘱物		无		
是否党员		否		
备考				

牺牲表

队职别		一支队×连副班长		
姓　名		张玉勇	年　龄	20
籍贯	省县	河北献县		
	区村	新家庄		
家庭通讯处及通信人		通本人家收		
何时何地怎样入伍		1939 年 5 月于本地入伍		
何时何地负伤或病		1939 年于陈庄镇负伤		
入院年月日		1939 年于段庄入院		
何时何地牺牲		1940 年牺牲于草朵沟		
死亡原因		伤重		
埋葬情形及地点		埋于草朵沟		
遗嘱物		无		
是否党员		否		
备考				

牺牲表

队职别		三五八旅政治部炊事员		
姓　名		王开德	年　龄	53
籍贯	省县	河北大城县		
	区村	新阳村		
家庭通讯处及通信人		交本人家收		
何时何地怎样入伍		1938 年入伍		
何时何地负伤或病		病		
入院年月日		1940 年于桃园入院		
何时何地牺牲		1940 年牺牲于康儿沟		
死亡原因		病重		
埋葬情形及地点		埋于康儿沟		
遗嘱物		无		
是否党员		否		
备考				

牺牲表

队职别		四团三连战士		
姓　名		马永胜	年　龄	19
籍贯	省县	河北安平县		
	区村	三区吴庄		
家庭通讯处及通信人		通本村马永清收		
何时何地怎样入伍		1939 年入伍		
何时何地负伤或病		病		
入院年月日		1939 年于桃园入院		
何时何地牺牲		1940 年牺牲于康儿沟		
死亡原因		病重		
埋葬情形及地点		埋于康儿沟		
遗嘱物		没		
是否党员		否		
备考				

牺牲表

队职别		雁北支队阜平工作团补充连战士		
姓　名		李清运	年　龄	20
籍贯	省县	河南信阳县		
	区村	滩麻村		
家庭通讯处及通信人		同上本人家收		
何时何地怎样入伍		1940 年于阜平县府送来		
何时何地负伤或病		病		
入院年月日		1940 年入院		
何时何地牺牲		1940 年牺牲于阜平柏崖村		
死亡原因		肺炎		
埋葬情形及地点		用棺木埋于柏崖村		
遗嘱物		无		
是否党员		否		
备考				

牺牲表

队职别		亚六团二连通讯员		
姓　名		赵树藩	年　龄	20
籍贯	省县	山西汾阳县		
	区村	一区牧庄村		
家庭通讯处及通信人		无		
何时何地怎样入伍		1937 年于本地自动入伍		
何时何地负伤或病		病		
入院年月日		1939 年 2 月入院		
何时何地牺牲		1940 年牺牲于下店		
死亡原因		病重		
埋葬情形及地点		埋于下店西坡		
遗嘱物		无		
是否党员		党		
备考				

牺牲表

队职别		野战医院三所看护员		
姓　名		费文仲	年　龄	17
籍贯	省县	湖南龙山县		
	区村	费家湾人		
家庭通讯处及通信人		未详		
何时何地怎样入伍		1935 年于本地自动入伍		
何时何地负伤或病		病		
入院年月日		1939 年于段庄入院		
何时何地牺牲		1940 年牺牲于草朵沟		
死亡原因				
埋葬情形及地点		用棺木埋于闵子村		
遗嘱物		无		
是否党员		党		
备考				

牺牲表

队职别		亚六团七连战士		
姓　名		刘洪勋	年　龄	21
籍贯	省县	河北任丘县		
	区村	九区林花村		
家庭通讯处及通信人		义州镇刘洪祥收		
何时何地怎样入伍		1939 年本地入伍		
何时何地负伤或病		1939 年于陈南庄负伤		
入院年月日		1939 年于康儿沟入院		
何时何地牺牲		1940 年牺牲于康儿沟		
死亡原因		负伤过重		
埋葬情形及地点		埋于康儿沟		
遗嘱物		遗留边币一元玖毛		
是否党员		否		
备考				

牺牲表

队职别		三五九旅留守处运输员		
姓　名		毛掂林	年　龄	19
籍贯	省县	山西垣曲县		
	区村	四区高乐镇		
家庭通讯处及通信人		本村		
何时何地怎样入伍		1937 年于本地入伍		
何时何地负伤或病		病		
入院年月日		1940 年 1 月入院		
何时何地牺牲		1940 年牺牲于柏崖村		
死亡原因		病重		
埋葬情形及地点		埋于柏崖村		
遗嘱物		无		
是否党员		否		
备考				

牺牲表

队职别		亚六团四连战士		
姓　名		田关祥	年　龄	23
籍贯	省县	河北博野		
	区村	枣林庄		
家庭通讯处及通信人		通本村田玉林收		
何时何地怎样入伍		1939 年入伍		
何时何地负伤或病		病		
入院年月日		1940 年入院		
何时何地牺牲		1940 年牺牲于草朵沟		
死亡原因		病重		
埋葬情形及地点		埋于草朵沟		
遗嘱物		无		
是否党员		否		
备考				

牺牲表

队职别		师侦察连　侦察员		
姓　名		冯福怀	年　龄	30
籍贯	省县	山西兴县		
	区村	一区下会村		
家庭通讯处及通信人		交本村冯志佑收		
何时何地怎样入伍		1937 年于本地自愿入伍		
何时何地负伤或病		病		
入院年月日		1939 年 12 月入院		
何时何地牺牲		1940 年牺牲于下店村		
死亡原因		病重		
埋葬情形及地点		埋于下店北坡		
遗嘱物		无		
是否党员		否		
备考				

牺牲表

队职别		雁北支队教导队炊事员		
姓　名		蔡泉珍	年　龄	51
籍贯	省县	河北曲阳		
	区村	北乡支坊村		
家庭通讯处及通信人		未详		
何时何地怎样入伍		1939 年于阜平入伍		
何时何地负伤或病		病		
入院年月日		1940 年于柏崖入院		
何时何地牺牲		1940 年 3 月于柏崖牺牲		
死亡原因		心脏衰弱		
埋葬情形及地点		埋于柏崖村		
遗嘱物		无		
是否党员		否		
备考				

牺牲表

队职别		师供给部理发员		
姓　名		朱又喜	年　龄	21
籍贯	省县	河南信阳		
	区村	陈填村		
通讯处				
何时入伍		1938 年 10 月入伍		
何时负伤		1939 年 9 月 8 日病		
何时入院		9 月 13 日入院		
何时牺牲		9 月 25 日新开牺牲		
原因		病重		
埋葬地点		埋本村		
遗物				
备考				

牺牲表

队职别		亚六［团］四连　战士		
姓　名		李四平	年　岁	19
籍贯	省县	山西右玉县		
	区村	老庄王村		
家庭通讯处及收信人				
何时何地怎样入伍		1939 年于本地入伍		
何时何地负伤或病		4 月于冀中负伤		
入院年月日		8 月 31 日入院		
何时何地牺牲		9 月 3 日于大庄牺牲		
死亡原因				
埋葬情形及地点		当日埋于大庄		
遗嘱物				
备考		否		

牺牲表

队职别		教道团五队学员		
姓　名		王玉山	年　岁	
籍贯	省县			
	区村			
家庭通讯处及收信人				
何时何地怎样来的				
何时何地负伤或病				
入院年月日				
何时何地牺牲		1939 年□月 31 日牺牲		
死亡原因				
埋葬情形及地点		当日埋葬于本村		
遗嘱物				
备考		党		

牺牲表

队职别		留守处马兵		
姓　名		郭满堂	年　岁	17
籍贯	省县	陕西阜平		
	区村	郭家堡		
家庭通讯处及收信人				
何时何地怎样入伍		1939 年 1 月 24 日入伍		
何时何地负伤或病		1939 年 8 月 20 日病		
入院年月日		8 月 24 日入院		
何时何地牺牲		8 月 24 日牺牲		
死亡原因				
埋葬情形及地点		当日埋葬于本村		
遗嘱物				
备考		否		

牺牲表

队职别		亚六［团］九连战士		
姓　名		魏生远	年　岁	20
籍贯	省县	河北大城		
	区村	自马村人		
家庭通讯处及收信人		本村		
何时何地入伍怎样来的		1939 年 1 月于本地入伍		
何时何地负伤或病		1939 年 4 月 27 日于河间齐会负伤		
入院年月日		5 月 11 日入院		
何时何地牺牲		8 月 23 日于大庄牺牲		
死亡原因				
埋葬情形及地点		当日埋葬大庄山后		
遗嘱物				
备考		否		

牺牲表

队职别		教团团部管理员		
姓　名		沈秉耀	年　岁	28
籍贯	省县	江西体耀		
	区村	汪家教村		
家庭通讯处及收信人		本村		
何时何地怎样入伍		1939 年在于本地入伍		
何时何地负伤或病		7 月 18 日病		
入院年月日		8 月 4 日入院		
何时何地牺牲		8 月 25 日新开牺牲		
死亡原因				
埋葬情形及地点				
遗嘱物				
备考		党		

牺牲表

队职别		十八团特务营战士		
姓　名		侯广	年　岁	
籍贯	省县			
	区村			
家庭通讯处及收信人				
何时何地入伍怎样来的				
何时何地负伤或病				
入院年月日				
何时何地牺牲		1939 年 8 月 13 日于新开牺牲		
死亡原因				
埋葬情形及地点				
遗嘱物				
备考		此人不明		

牺牲表

队职别		十八团特务营　敌军干事		
姓　名		宋一	年　岁	21
籍贯	省县	辽宁省潘山县		
	区村	西北堆村		
家庭通讯处及收信人		本县本村		
何时何地怎样入伍		1939 年于冀中入伍		
何时何地负伤或病		1939 年 7 月 2 日鳌鱼村病		
入院年月日		7 月 18 日入院		
何时何地牺牲		1939 年 8 月 7 日于新开牺牲		
死亡原因		病重而死		
埋葬情形及地点				
遗嘱物				
备考				

牺牲表

队职别		北供缝工连　工人		
姓　名		张国全	年　岁	58
籍贯	省县	河北霸县		
	区村			
家庭通讯处及收信人				
何时何地入伍怎样来的		1938 年入伍		
何时何地负伤或病		6 月于陈庄病		
入院年月日		6 月 16 日入院		
何时何地牺牲		1939 年 7 月 28 日庄窝病亡		
死亡原因		心脏水肿重		
埋葬情形及地点				
遗嘱物				
备考				

牺牲表

队职别		抗大　学员	
姓　名		于天智	年　岁	23
籍贯	省县	河南信阳	
	区村		
家庭通讯处及收信人			
何时何地怎样入伍		1938 年入伍	
何时何地负伤或病		1939 年 9 月 2 日负伤	
入院年月日		9 月 3 日入院	
何时何地牺牲		1939 年 9 月 12 日牺牲	
死亡原因			
埋葬情形及地点		当日埋了	
遗嘱物			
备考		此人系开小差打的	

牺牲表

队职别		三支队　战士		
姓　名		陈仲田	年　岁	21
籍贯	省县	河北　辛［新］城		
	区村	仰庄		
家庭通讯处及收信人				
何时何地怎样入伍		1939 年 4 月于辛岗入伍		
何时何地负伤或病		6 月 28 日负伤		
入院年月日		7 月 7 日入院		
何时何地牺牲		7 月 17 日于大庄牺牲		
死亡原因				
埋葬情形及地点		埋于大庄山上		
遗嘱物				
备考				

牺牲表

队职别		三团七连　战士		
姓　名		刑开友	年　岁	17
籍贯	省县	河北　魏安		
	区村	城内		
家庭通讯处及收信人				
何时何地入伍怎样来的		1938 年 6 月于本地入伍		
何时何地负伤或病		4 月 26 日于南刘鲁伤		
入院年月日		5 月 11 日		
何时何地牺牲		7 月 14 日拂晓时于新开伤亡		
死亡原因				
埋葬情形及地点				
遗嘱物				
备考				

牺牲表

队职别		三支队　副班长		
姓　名		刑文海	年　岁	24
籍贯	省县	河北雄县		
	区村	七里居铺		
家庭通讯处及收信人		交本村		
何时何地怎样入伍		1938 年于三河岸自愿来的		
何时何地负伤或病		6 月于冀中负伤		
入院年月日		7 月 7 日入院		
何时何地牺牲		7 月 9 日大庄伤亡		
死亡原因				
埋葬情形及地点		埋于本村山上		
遗嘱物				
备考				

牺牲表

队职别		南道　炊事员		
姓　名		陈庆云	年　岁	49
籍贯	省县	河南宣城		
	区村	凡井村		
家庭通讯处及收信人				
何时何地入伍怎样来的		1934年于本地自动来的		
何时何地负伤或病		5月病		
入院年月日		5月26日入院		
何时何地牺牲		7月11日于大庄牺牲		
死亡原因				
埋葬情形及地点		埋于本村后山上		
遗嘱物				
备考				

牺牲表

队职别		五支队政治处　战士		
姓　名		梁万其	年　岁	
籍贯	省县			
	区村			
家庭通讯处及收信人				
何时何地怎样入伍				
何时何地负伤或病				
入院年月日		6月15日入院		
何时何地牺牲		6月17日于大庄牺牲		
死亡原因				
埋葬情形及地点				
遗嘱物				
备考		此人入院时即不能说话		

牺牲表

队职别		亚六团部　通讯班长		
姓　名		马高生	年　岁	22
籍贯	省县	陕西绥德		
	区村	城内		
家庭通讯处及收信人				
何时何地入伍怎样来的		1935 年入伍于本地		
何时何地负伤或病		1939 年 4 月于齐会战斗负伤		
入院年月日		5 月 11 日入院		
何时何地牺牲		6 月 29 日于新开牺牲		
死亡原因				
埋葬情形及地点				
遗嘱物				
备考		党		

牺牲表

队职别		亚六［团］一营机枪连　战士		
姓　名		杨少宾	年　岁	24
籍贯	省县	四川青泉		
	区村	麻村		
家庭通讯处及收信人		不明		
何时何地怎样入伍		1935 年于本地自动入伍		
何时何地负伤或病		6 月于冀中病		
入院年月日		6 月于大庄入院		
何时何地牺牲		7 月 6 日于大庄牺牲		
死亡原因				
埋葬情形及地点		埋于本村后山		
遗嘱物				
备考		党		

牺牲表

队职别		亚六［团］九连班长		
姓　名		曾凡保	年　岁	29
籍贯	省县	湖南桃源		
	区村	平里村		
家庭通讯处及收信人				
何时何地入伍怎样来的		1936 年于陕西入伍		
何时何地负伤或病		4 月 26 日齐会负伤		
入院年月日		5 月 11 日		
何时何地牺牲		6 月 13 日上午十二时于新开牺牲		
死亡原因				
埋葬情形及地点				
遗嘱物				
备考		党		

牺牲表

队职别		东进纵队一团八连　文化教员		
姓　名		王观成	年　岁	32
籍贯	省县	河北宁静		
	区村	青子头		
家庭通讯处及收信人		本村交		
何时何地怎样入伍		1938 年 6 月入伍		
何时何地负伤或病		2 月于融县负伤		
入院年月日		3 月 20 日入院		
何时何地牺牲		3 月 25 日于庄窝牺牲		
死亡原因				
埋葬情形及地点				
遗嘱物				
备考				

队职别		亚六［团］九连　战士		
姓　名		郝秀清	年　岁	20
籍贯	省县	山西岢岚		
	区村	宋家沟		
家庭通讯处及收信人		本村交		
何时何地入伍怎样来的		1938 年 1 月 2 日于本地入伍		
何时何地负伤或病		2 月 2 日于曹庄负伤		
入院年月日		3 月 20 日		
何时何地牺牲		4 月 3 日于庄窝牺牲		
死亡原因				
埋葬情形及地点		埋于本村		
遗嘱物				
备考				

牺牲表

队职别		独立三大队　副班长		
姓　名		刘配先	年　岁	24
籍贯	省县	河北献县		
	区村			
家庭通讯处及收信人				
何时何地怎样入伍		1938 年入伍于本地		
何时何地负伤或病		4 月 10 日于岔头负伤		
入院年月日		4 月 20 日于黄土梁入院		
何时何地牺牲		4 月 20 日于黄土梁牺牲		
死亡原因				
埋葬情形及地点		本日埋葬本村		
遗嘱物				
备考				

牺牲表

队职别		留守处　文化教员		
姓　名		蔡基明	年　岁	23
籍贯	省县	广东中山		
	区村	城内		
家庭通讯处及收信人		城内交		
何时何地入伍怎样来的		1938 年 10 月入伍		
何时何地负伤或病		病		
入院年月日		4 月 23 日		
何时何地牺牲		4 月 29 日牺牲于黄土梁		
死亡原因				
埋葬情形及地点		埋于本村		
遗嘱物				
备考		党		

牺牲表

队职别		亚五［团］政治处　上士		
姓　名		李正山	年　岁	43
籍贯	省县	山西交城		
	区村	古交		
家庭通讯处及收信人				
何时何地入伍怎样来的		1937 年 9 月入伍		
何时何地负伤或病		4 月 22 日跌伤		
入院年月日		5 月 11 日		
何时何地牺牲		5 月 22 日于新开牺牲		
死亡原因				
埋葬情形及地点		埋于本村		
遗嘱物				
备考		党		

牺牲表

队职别		亚六［团］九连　班长		
姓　名		朱满堂	年　岁	32
籍贯	省县	河北饶阳		
	区村	城内		
家庭通讯处及收信人				
何时何地怎样入伍		1938 年入伍		
何时何地负伤或病		3 月 1 日于黑马张庄负伤		
入院年月日		3 月 20 日于庄窝入院		
何时何地牺牲		4 月 20 日于黄土梁牺牲		
死亡原因				
埋葬情形及地点		埋于本村山上		
遗嘱物				
备考		党		

牺牲表

队职别		北供　战士		
姓　名		胡五魁	年　岁	49
籍贯	省县	河南嵩县		
	区村	天府镇胡乐村		
家庭通讯处及收信人				
何时何地入伍怎样来的		1937 年入伍		
何时何地负伤或病		4 月病于石门		
入院年月日		4 月 10 日入院		
何时何地牺牲		4 月 29 日牺牲		
死亡原因				
埋葬情形及地点		埋葬本村		
遗嘱物				
备考				

牺牲表

队职别		三团一连　副班长		
姓　名		郭金才	年　岁	27
籍贯	省县	河北省　霸县		
	区村	马家铺		
家庭通讯处及收信人		本村交		
何时何地怎样入伍		1938 年于温南入伍		
何时何地负伤或病		1939 年于河间负伤		
入院年月日		5 月 11 日入院		
何时何地牺牲		5 月 19 日于大庄牺牲		
死亡原因				
埋葬情形及地点		埋于大庄东南角山上		
遗嘱物				
备考				

牺牲表

队职别		医院一所　事务长		
姓　名		杨玉山	年　岁	28
籍贯	省县	河南泊阳		
	区村	东庄		
家庭通讯处及收信人		本村交杨富荣收		
何时何地入伍怎样来的		1937 年 10 月入伍		
何时何地负伤或病		5 月 18 日病于大庄		
入院年月日				
何时何地牺牲		5 月 25 日牺牲		
死亡原因				
埋葬情形及地点		埋于大庄山上		
遗嘱物				
备考				

牺牲表

队职别		二团二连　战士		
姓　名		刑立泉	年　岁	39
籍贯	省县	河北霸县		
	区村	五区罗香村		
家庭通讯处及收信人				
何时何地怎样入伍		1938 年于本地入伍		
何时何地负伤或病		4 月 20 日于南留鲁负伤		
入院年月日		5 月 11 日		
何时何地牺牲		5 月 16 日于新开牺牲		
死亡原因				
埋葬情形及地点		埋于本村		
遗嘱物				
备考				

牺牲表

队职别		亚五［团］七连　战士		
姓　名		刘玉高	年　岁	25
籍贯	省县	绥远萨县		
	区村	桑家营		
家庭通讯处及收信人				
何时何地入伍怎样来的		1938 年 5 月于本地入伍		
何时何地负伤或病		3 月 20 日于南庄负伤		
入院年月日		5 月 11 日		
何时何地牺牲		5 月 20 日牺牲于新开		
死亡原因				
埋葬情形及地点		埋于本村山上		
遗嘱物				
备考				

43. 八路军第120师独立第1旅第715团阵亡登记表
(1940年7月)

一九三七年十月至一九四〇年四月七一五团阵亡表

一二〇师卫生处填造

一九四〇年四月

陆军一二零师独立第一旅第七一五团				
队别	一营三连	四连	同	同
职别	战士	副班长	战士	副班长
阶级				
姓名	马汗潮	杨志九	杨正才	吴海银
年龄	30	23	26	19
籍贯	山东省	贵州黔西	甘肃康县	贵州黔西
家庭经济状况				
何时何地入伍				
永久通信处				
何时何地阵亡	1937年12月在陵井	1938年1月18日在关口	同	1937年9月23日在元平
负伤部位				
葬埋地点				
是否党员		是	同	同
备考				

陆军一二零师独立第一旅第七一五团				
队别	一营四连	同	同	三营十一连
职别	副班长	同	同	战士
阶级				
姓名	艾路堂	朱万章	龙德海	谷长存
年龄	27	22	28	19
籍贯	河南洛阳	河南昌安	甘肃成县	山西榆次
家庭经济状况				
何时何地入伍				
永久通信处				
何时何地阵亡	1937 年 9 月 14 日在安大村	同	同	同
负伤部位				
葬埋地点				
是否党员	是	同		
备考				

陆军一二零师独立第一旅第七一五团				
队别	三营十一连	二营七连	同	同
职别	战士	政指	支书	班长
阶级				
姓名	赵德才	余光德	王星让	胡海宾
年龄	17	22	23	22
籍贯	甘省宁县	湖北沔阳	四川建州	贵州大定县
家庭经济状况				
何时何地入伍				
永久通信处				
何时何地阵亡	1937 年 10 月 6 日在宁武	1937 年 10 月 24 日在小泉梁	同	同
负伤部位				
葬埋地点				
是否党员		是	同	同
备考				

陆军一二零师独立第一旅第七一五团				
队别	二营七连	同	同	同
职别	副班长	战士	班长	司号员
阶级				
姓名	王子清	杨西娃	郭存昌	李士金
年龄	24	16	35	28
籍贯	湖南保庆府	陕西富平	山东黴县	湖北沔阳
家庭经济状况				
何时何地入伍				
永久通信处				
何时何地阵亡	1937 年 10 月在小泉梁	同	同	同
负伤部位				
葬埋地点				
是否党员	是		是	同
备考				

陆军一二零师独立第一旅第七一五团				
队别	二营营部	同	同	五连
职别	参谋	教导员	通讯员	班长
阶级				
姓名	樊汗清	陈正才	芦之贵	刘成签
年龄	30	32	18	21
籍贯	湖北沔阳	湖北〈南〉茶林〈陵〉	四川通填坝	湖南镇华
家庭经济状况				
何时何地入伍				
永久通信处				
何时何地阵亡	1937 年 10 月 6 日在宁武	1937 年 10 月 11 日在潮霞峪	1937 年 10 月 6 日在宁武	1937 年 10 月 30 日在白庄
负伤部位				
葬埋地点				
是否党员	是	同		同
备考				

陆军一二零师独立第一旅第七一五团				
队别	七连	同	同	同
职别	战士	同	副班长	战士
阶级				
姓名	赵有福	雷新起	彭占元	许子斌
年龄	24	22	26	25
籍贯	陕西富平	同	甘肃大定县	陕西富平
家庭经济状况				
何时何地入伍				
永久通信处				
何时何地阵亡	1937 年 10 月 15 日在南山泉	同	1937 年 11 月 19 日在西峪村	同
负伤部位				
葬埋地点				
是否党员			是	
备考				

陆军一二零师独立第一旅第七一五团				
队别	五连	六连	同	同
职别	战士	排长	战士	同
阶级				
姓名	樊金玉	方善春	李必清	黄金才
年龄	27	32	26	18
籍贯	陕西蓝天	河南光山	湖北士苏	陕西富平
家庭经济状况				
何时何地入伍				
永久通信处				
何时何地阵亡	1937 年 10 月 24 日在潮霞峪	1937 年 10 月 6 日在宁武	1937 年 10 月 24 日在赵家院	同
负伤部位				
葬埋地点				
是否党员		是	同	
备考				

陆军一二零师独立第一旅第七一五团				
队别	六连	同	一营三连	同
职别	战士	副班长	排长	战士
阶级				
姓名	石生昌	彭习山	李光荣	赵进平
年龄	25	20	30	21
籍贯	陕西富平	四川彭水	湖南华容	甘省徽县
家庭经济状况				
何时何地入伍				
永久通信处				
何时何地阵亡	1937 年 10 月 8 日原平	同	同	同
负伤部位				
葬埋地点				
是否党员		是	同	
备考				

陆军一二零师独立第一旅第七一五团				
队别	一营一连	同	二连	同
职别	战士	同	同	同
阶级				
姓名	赵宏起	刘怀思	何落德	李生容
年龄	17	20	29	20
籍贯	陕西富平	贵州沿河	陕西蒲城	同
家庭经济状况				
何时何地入伍				
永久通信处				
何时何地阵亡	1937 年 10 月在原平	同	1937 年 9 月 26 日在原平	1937 年 10 月 18 日在原平
负伤部位				
葬埋地点				
是否党员				
备考				

陆军一二零师独立第一旅第七一五团				
队别	二连	同	三连	同
职别	战士	同	同	同
阶级				
姓名	赵正太	兰万生	刘佐漠	梁鸿信
年龄	23	32	25	35
籍贯	四川成都	陕西富平	山西郭县	山西架安府
家庭经济状况				
何时何地入伍				
永久通信处				
何时何地阵亡	1937 年 11 月在原平	1937 年 12 月在杨家庄	同	同
负伤部位				
葬埋地点				
是否党员	是			
备考				

陆军一二零师独立第一旅第七一五团				
队别	三连	同	同	同
职别	班长	排长	战士	同
阶级				
姓名	郭求个	梁明才	何绍伯	王树宏
年龄	26	23	32	31
籍贯	湖南石门	湖北石首		
家庭经济状况				
何时何地入伍				
永久通信处				
何时何地阵亡	1937 年 10 月在达村	1937 年 11 月在牛家庄	同	同
负伤部位				
葬埋地点				
是否党员	是	同		
备考				

陆军一二零师独立第一旅第七一五团				
队别	三连	三营机枪连	同	同
职别	战士	同	同	同
阶级				
姓名	和顺基	马双桂	马炎桂	王占奎
年龄	17	22	24	24
籍贯	四川通南坝	陕西蒲城	陕西富平	甘省成县
家庭经济状况				
何时何地入伍				
永久通信处				
何时何地阵亡	1937 年 10 月 19 日在邱峪	1937 年 11 月于卫村	同	同
负伤部位				
葬埋地点				
是否党员				
备考				

陆军一二零师独立第一旅第七一五团				
队别	三营机枪连	同	同	同
职别	班长	战士	班长	战士
阶级				
姓名	刘纪五	彭新元	宋志清	宋志云
年龄	29	32	22	24
籍贯	湖南澧县	湖南永顺	湖南大庸	湖南澧县
家庭经济状况				
何时何地入伍				
永久通信处				
何时何地阵亡	1937 年 11 月于卫村	同	同	同
负伤部位				
葬埋地点				
是否党员	是		是	同
备考				

陆军一二零师独立第一旅第七一五团				
队别	三营十连	同	同	同
职别	战士	副班长	战士	同
阶级				
姓名	王清林	何傅炳	魏有山	任番荣
年龄	23	25	17	28
籍贯	甘省成县	四川仓其县	陕西富平	山东曹县
家庭经济状况				
何时何地入伍				
永久通信处				
何时何地阵亡	1937 年 10 月 8 日于卫村	同	同	1937 年 9 月 14 日于南大村
负伤部位				
葬埋地点				
是否党员		是		
备考				

陆军一二零师独立第一旅第七一五团				
队别	十一连	同	同	同
职别	副班长	战士	同	同
阶级				
姓名	胡东生	松振海	严章才	任德才
年龄	19	30	16	28
籍贯	湖南大庸	河南郑州	湖南津市	陕西富平
家庭经济状况				
何时何地入伍				
永久通信处				
何时何地阵亡	1937 年 11 月 8 日于卫村	同	同	同
负伤部位				
葬埋地点				
是否党员	是		同	
备考				

陆军一二零师独立第一旅第七一五团				
队别	十一连	同	同	同
职别	连长	战士	班长	同
阶级				
姓名	杨丕祥	朱锡银	李振琪	叶保君
年龄	31	21	22	29
籍贯	湖北沔阳	河南许昌	甘省文安	甘省岷县
家庭经济状况				
何时何地入伍				
永久通信处				
何时何地阵亡	1937 年 11 月 8 日于卫村	同	同	同
负伤部位				
葬埋地点				
是否党员	是		同	
备考				

陆军一二零师独立第一旅第七一五团				
队别	十一连	三营十连	同	同
职别	副班长	连长	排长	机枪班长
阶级				
姓名	丁保清	罗春廷	何庆云	陈本双
年龄	26	25	23	21
籍贯	湖南大庸	四川青山县	湖北潜江县	湖南澧县
家庭经济状况				
何时何地入伍				
永久通信处				
何时何地阵亡	1937 年 11 月 8 日于卫村	同	同	同
负伤部位				
葬埋地点				
是否党员	是	同	同	同
备考				

陆军一二零师独立第一旅第七一五团				
队别	三营十二连	十连	西一四连	同
职别	班长	副班长	班长	战士
阶级				
姓名	曹可林	吴开发	谭明义	张建公
年龄	28	22	28	20
籍贯	西安山阳县	陕西淳任县	湖北公安县	山西郭县
家庭经济状况				
何时何地入伍				
永久通信处				
何时何地阵亡	1938 年 2 月 27 日于阳曲	同	1938 年 2 月 28 日于河庄村	同
负伤部位				
葬埋地点				
是否党员	是	同	同	
备考				

陆军一二零师独立第一旅第七一五团				
队别	炮兵连	二营五连	同	八连
职别	连长	副班长	战士	同
阶级				
姓名	刘少前	谢少宣	刘振森	萧得才
年龄	27	19	26	20
籍贯	湖北沔阳	贵州	山西寿阳	陕西富平
家庭经济状况				
何时何地入伍				
永久通信处				
何时何地阵亡	1938 年 3 月 12 日于武寨	同	同	同
负伤部位				
葬埋地点				
是否党员	是	同		
备考				

陆军一二零师独立第一旅第七一五团				
队别	八连	一营三连	同	同
职别	战士	战士	同	同
阶级				
姓名	陈炎林	杜福庆	李德成	张士好
年龄	20	22	29	36
籍贯	陕西蒲城	河北南宫	河北江台	湖南底〈辰〉溪县
家庭经济状况				
何时何地入伍				
永久通信处				
何时何地阵亡	1938 年 2 月 19 日于五寨	同	同	同
负伤部位				
葬埋地点				
是否党员				
备考				

陆军一二零师独立第一旅第七一五团				
队别	一营一连	同	同	同
职别	班长	同	战士	班长
阶级				
姓名	王成炳	刘少华	杨国荣	刘起连
年龄	27	27	28	20
籍贯	湖北易成〈宜城〉	湖南辰溪	四川平五〈武〉县	甘省街县
家庭经济状况				
何时何地入伍				
永久通信处				
何时何地阵亡	1938 年 2 月 18 日于五寨	同	同	同
负伤部位				
葬埋地点				
是否党员	是			是
备考				

陆军一二零师独立第一旅第七一五团				
队别	一连	同	同	同
职别	班长	战士	副班长	战士
阶级				
姓名	陈方炎	王正华	钟德山	曹宜亭
年龄	24	20	42	28
籍贯	湖南澧县	四川齐江	陕西汗江	绥远包头
家庭经济状况				
何时何地入伍				
永久通信处				
何时何地阵亡	1938 年 2 月 19 日在五寨	同	同	同
负伤部位				
葬埋地点				
是否党员	是		同	
备考				

陆军一二零师独立第一旅第七一五团				
队别	一营二连	同	同	同
职别	通讯员	战士	同	排长
阶级				
姓名	郭永兴	梁万保	陶福生	黄昌友
年龄	19	25	20	34
籍贯	陕西北同〈潼〉关	陕西富平	湖北成人	湖北恩施
家庭经济状况				
何时何地入伍				
永久通信处				
何时何地阵亡	1938 年 2 月 19 日于黄岭	同	同	同
负伤部位				
葬埋地点				
是否党员				是
备考				

陆军一二零师独立第一旅第七一五团				
队别	一营一连	同	同	二连
职别	通讯员	战士	同	排长
阶级				
姓名	刘春和	郭本二	张春喜	陈子龙
年龄	23	17	34	29
籍贯	湖南于县	陕西三元县	河南间井	湖北天门
家庭经济状况				
何时何地入伍				
永久通信处				
何时何地阵亡	1938 年 2 月 18 日于黄岭	同	同	同
负伤部位				
葬埋地点				
是否党员				是
备考				

陆军一二零师独立第一旅第七一五团				
队别	一营三连	同	同	同
职别	连长	支书	排长	班长
阶级				
姓名	杨立早	王章早	曾国才	王兴福
年龄	23	24	36	26
籍贯	湖南〈北〉建立〈监利〉	湖南安福	湖〈河〉南落〈洛〉阳	陕西西乡
家庭经济状况				
何时何地入伍				
永久通信处				
何时何地阵亡	1938 年 2 月 18 日于黄岭	同	同	同
负伤部位				
葬埋地点				
是否党员	是	同	同	同
备考				

陆军一二零师独立第一旅第七一五团				
队别	侦察排	同	二营营部	五连
职别	战士	炊食员	副营长	连长
阶级				
姓名	杨介堂	王海保	潘有毕	黄文宣
年龄	21	33	30	25
籍贯	四川通江	山西阳曲	湖北建立〈监利〉	湖北汗〈汉〉川县
家庭经济状况				
何时何地入伍				
永久通信处				
何时何地阵亡	1938年3月17日于虎北	同	同	同
负伤部位				
葬埋地点				
是否党员			是	同
备考				

陆军一二零师独立第一旅第七一五团				
队别	五连	同	同	同
职别	副班长	战士	同	同
阶级				
姓名	丑志信	王占发	马吉山	张万福
年龄	21	22	27	27
籍贯	陕西富平	山西寿阳	山西静乐	四川东河厂
家庭经济状况				
何时何地入伍				
永久通信处				
何时何地阵亡	1938年3月19日于虎北	同	同	同
负伤部位				
葬埋地点				
是否党员	是			同
备考				

陆军一二零师独立第一旅第七一五团				
队别	二营八连	三营十连	同	九连
职别	战士	连长	班长	战士
阶级				
姓名	王成有	晏廷海	胡少清	郝学德
年龄	23	29	30	25
籍贯	山西静乐	湖南容县	贵州钱喜〈黔西〉	山西阳曲
家庭经济状况				
何时何地入伍				
永久通信处				
何时何地阵亡	1938 年 3 月 17 日于虎北	同	同	同
负伤部位				
葬埋地点				
是否党员		同	同	
备考				

陆军一二零师独立第一旅第七一五团				
队别	三营十二连	二营七连	同	八连
职别	战士	班长	排长	班长
阶级				
姓名	李洪才	钟协堂	宋承宣	田清宪
年龄	37	27	26	21
籍贯	陕西昌武	湖南桑梓〈植〉	湖南刺〈慈〉利	湖南来举县
家庭经济状况				
何时何地入伍				
永久通信处				
何时何地阵亡	1938 年 3 月 17 日于虎北	同	同	同
负伤部位				
葬埋地点				
是否党员		是	同	同
备考				

陆军一二零师独立第一旅第七一五团				
队别	八连	五连	同	同
职别	战士	同	同	同
阶级				
姓名	赵存根	杨五昌	吴治平	李英奎
年龄	23	21	26	27
籍贯	山西寿阳	贵州立间县	河北尧山	山西岢岚
家庭经济状况				
何时何地入伍				
永久通信处				
何时何地阵亡	1938 年 3 月 17 日于虎北	同	同	同
负伤部位				
葬埋地点				
是否党员				
备考				

陆军一二零师独立第一旅第七一五团				
队别	二营五连	六连	七连	同
职别	战士	班长	战士	同
阶级				
姓名	刘国毕	韩广生	路子成	王子章
年龄	27	37	25	20
籍贯	山西寿阳	山西太原	陕西蒲城	贵州大定
家庭经济状况				
何时何地入伍				
永久通信处				
何时何地阵亡	1938 年 3 月 17 日于虎北	同	同	同
负伤部位				
葬埋地点				
是否党员				
备考				

陆军一二零师独立第一旅第七一五团				
队别	二营七连	三营营部	二营八连	同
职别	战士	通信员	班长	战士
阶级				
姓名	周作华	王春新	王文忠	刘志元
年龄	25	18	19	25
籍贯	陕西翠岚	陕西富平	山西岳县	山西静乐
家庭经济状况				
何时何地入伍				
永久通信处				
何时何地阵亡	1938 年 3 月 17 日于虎北	同	同	同
负伤部位				
葬埋地点				
是否党员			是	
备考				

陆军一二零师独立第一旅第七一五团				
队别	二营八连	同	同	同
职别	战士	同	同	同
阶级				
姓名	杨占元	高槐维	李德林	郭子英
年龄	37	25	19	35
籍贯	山西寿阳	山西静乐	湖北暮河县	陕西商州
家庭经济状况				
何时何地入伍				
永久通信处				
何时何地阵亡	1938 年 3 月 25 日于马峪村	同	同	同
负伤部位				
葬埋地点				
是否党员				
备考				

陆军一二零师独立第一旅第七一五团				
队别	二营八连	同	同	同
职别	战士	同	同	同
阶级				
姓名	刘士有	王汗西	赵玉新	刘永顺
年龄	23	25	25	25
籍贯	陕西白水县	四川广汉县	陕西富平	山西大同府
家庭经济状况				
何时何地入伍				
永久通信处				
何时何地阵亡	1938 年 3 月 25 日于马峪村	同	同	同
负伤部位				
葬埋地点				
是否党员				
备考				

陆军一二零师独立第一旅第七一五团				
队别	一营一连	同	同	西一二连
职别	战士	同	同	同
阶级				
姓名	李桂和	段起发	李贵清	董千顺
年龄	27	22	23	27
籍贯	湖北武昌	贵州永和	湖南神〈辰〉溪	山西鲁万府
家庭经济状况				
何时何地入伍				
永久通信处				
何时何地阵亡	1938 年 3 月 25 日于马峪村	同	同	1938 年 3 月 30 日于碌弯
负伤部位				
葬埋地点				
是否党员				
备考				

陆军一二零师独立第一旅第七一五团				
队别	三营十二连	西一四连	西一营部	一营一连
职别	班长	战士	通讯员	班长
阶级				
姓名	胡安明	王山和	马玉功	张永祥
年龄	23	25	21	22
籍贯	山西耀县	山西阳曲	湖北大兴县	贵州沿河
家庭经济状况				
何时何地入伍				
永久通信处				
何时何地阵亡	1938 年 3 月 30 日于碌弯	同	同	1938 年 3 月 30 日于后乐山
负伤部位				
葬埋地点				
是否党员	是			是
备考				

陆军一二零师独立第一旅第七一五团				
队别	一营一连	三营十二连	一营部	同
职别	战士	排长	教导员	通讯员
阶级				
姓名	刘齐喜	许子井	刘肇煊	姚先德
年龄	22	28	23	23
籍贯	陕西蓝天	湖南刺〈慈〉利	江西太和县	湖南〈北〉鹤峰县
家庭经济状况				
何时何地入伍				
永久通信处				
何时何地阵亡	1938 年 3 月 30 日于后乐山	同	1938 年 2 月 18 日黄岭村	同
负伤部位				
葬埋地点				
是否党员	同	是	同	同
备考				

陆军一二零师独立第一旅第七一五团	
队别	一营一连
职别	战士
阶级	
姓名	杨贵本
年龄	28
籍贯	四川平武县
家庭经济状况	
何时何地入伍	
永久通信处	
何时何地阵亡	1938 年 2 月 18 日黄岭村
负伤部位	
葬埋地点	
是否党员	
备考	

陆军一二零师独立第一旅第七一五团				
队别	一营二连	一营二连	一营二连	一营四连
职别	四班长	战士	战士	战士
阶级	中士	一等兵	一等兵	上等兵
姓名	周风才	闫广清	庞二虎	韩秀
年龄	25	25	34	27
籍贯	甘肃礼县	山西交城县	山西阳曲县	山西省神池
家庭经济状况				
何时何地入伍	1938 年在本地入伍	1938 年在古交入伍	1938 年 2 月在本地入伍	1938 年 6 月在五寨县入伍
永久通信处	礼县铁锁桥周家沟	交城县古交陈景曲村	阳曲县扫峪西坨村	交神池县陈家沟村
何时何地阵亡	1938 年 8 月 3 日在陈家岭	1938 年 8 月 3 日在陈家岭	1938 年 8 月 3 日在陈家岭	1938 年 8 月 3 日在陈家岭
负伤部位	头部	腰部	小腹部	胸部
葬埋地点				
是否党员	党员	群众	群众	群众
备考				

陆军一二零师独立第一旅第七一五团				
队别	三营九连	三营九连	三营九连	一营一连
职别	战士	战士	战士	连长
阶级	一等兵	一等兵	上等兵	上尉
姓名	范根良	殷海民	孙耀南	罗显祯
年龄	21	20	25	25
籍贯	山西省五寨县	山西交城县	山西省神池县	湖北省汉川县
家庭经济状况				
何时何地入伍	1938年4月在本地入伍	1938年2月在古交入伍	1938年5月在陈村入伍	1930年在南河区入伍
永久通信处	交五寨县石庙村	交城县阴子村	交神池县双井村	汉川县南河区速马口
何时何地阵亡	1938年8月25日天城村	同	同	1938年9月4日在平绥路
负伤部位	腰部	胸部	腰部	头部
葬埋地点				
是否党员	党员	群众	同	党员
备考				

陆军一二零师独立第一旅第七一五团				
队别	一营一连	一营二连	一营一连	一营一连
职别	政指	一排长	战士	三排长
阶级	中尉	中尉	上等兵	少尉
姓名	刘子汉	刘玉才	李玉龙	吴海金
年龄	23	21	28	29
籍贯	陕西省还川县	湖南省礼〈澧〉县	山西五寨县	陕西长安县
家庭经济状况				
何时何地入伍	1935年在本地入伍	1935年8月本县入伍	1937年10月在本县入伍	1935年在本县入伍
永久通信处	还川县刘家区村公所转	礼〈澧〉县石马桥	交车芝一	长安县郭织锁
何时何地阵亡	1938年9月5日在平绥路	同	同	1938年9月4日在平绥路
负伤部位	头部	同	同	胸部
葬埋地点				
是否党员	党员	党员	党员	党员
备考				

陆军一二零师独立第一旅第七一五团				
队别	一营一连	一营一连	一营一连	一营二连
职别	战士	战士	战士	二排长
阶级	一等兵	上等兵	一等兵	少尉
姓名	邵昭成	杨成福	陈忠其	田九龙
年龄	26	21	17	
籍贯	河北省元氏县	山西寿阳县	四川省中江县	湖南龙江〈山〉县
家庭经济状况				
何时何地入伍	1937年在古交入伍	1937年在本县入伍	1937年在本县入伍	1935年在本地入伍
永久通信处	交元氏城内四号	寿阳县水南村	中江县元镇	龙山县
何时何地阵亡	1938年9月4日在平绥路	同	同	同
负伤部位	胸部	胸部	脑部	头部
葬埋地点				
是否党员	党员	党员	党员	党员
备考				

陆军一二零师独立第一旅第七一五团				
队别	一营二连	一营二连	一营二连	一营二连
职别	战士	战士	战士	战士
阶级	上等兵	一等兵	上等兵	一等兵
姓名	王老〈志〉国	张士福	袁子谦	李国仕
年龄	25	23	32	18
籍贯	河南省安邑县	山西省五寨县	江苏沛县	山西朔县
家庭经济状况				
何时何地入伍	1937年在山西古交入伍	1937年在忻州入伍	1937年在忻州入伍	1937年在本地入伍
永久通信处	安邑县巩村	五寨县北墙子	沛县大屯	朔县尖山
何时何地阵亡	1938年9月4日在平绥路	同	同	同
负伤部位	胸部	腰部	小腹	胸部
葬埋地点				
是否党员	党员	党员	群众	群众
备考				

陆军一二零师独立第一旅第七一五团				
队别	一营机枪［连］	二营五连	二营五连	二营五连
职别	战士	战士	战士	战士
阶级	一等兵	一等兵	一等兵	一等兵
姓名	李发	刘秋子	郭振元	郭凤昌
年龄	24	25	28	24
籍贯	山西阳曲县	山西忻县	山西寿阳县	山西平绥县
家庭经济状况				
何时何地入伍	1937 年在本地入伍	1937 年在本地入伍	1937 年在本县入伍	1938 年在乌兰花入伍
永久通信处	阳曲县河头村	忻县北会村	平绥县子瓜村	寿阳县正街
何时何地阵亡	1938 年 9 月 4 日在平绥路	1938 年 9 月 6 日在乌兰花	同	同
负伤部位	腰部	腰部	咽喉	头部
葬埋地点				
是否党员	党员	党员	党员	党员
备考				

陆军一二零师独立第一旅第七一五团				
队别	二营五连	二营五连	二营七连	二营七连
职别	战士	二排长	班长	五班长
阶级	一等兵	中尉	中士	下士
姓名	张全	陈长有	李文明	邱传富
年龄	21	27	24	19
籍贯	山西省五寨县	贵州省北亟县	四川省江平县	湖南省礼〈澧〉县
家庭经济状况				
何时何地入伍	1938 年 4 月在本地入伍	1935 年在本地入伍	1934 年在本地入伍	1935 年在本地入伍
永久通信处	五寨县南关	贵州北亟城	四川江明县	礼〈澧〉县王家厂
何时何地阵亡	1938 年 9 月 6 日乌兰花	1938 年 9 月 6 日在乌兰花	同	同
负伤部位	头部	头部	胸部	头部
葬埋地点				
是否党员	党员	党员	党员	党员
备考				

陆军一二零师独立第一旅第七一五团				
队别	二营八连	二营八连	游击队	同
职别	战士	战士	战士	战士
阶级	一等兵	一等兵	一等兵	一等兵
姓名	马二全	王明德	张虎	李长海
年龄	26	24	19	31
籍贯	山西五寨县	湖南省大庸县	绥远武川县	山西省陆安
家庭经济状况				
何时何地入伍	1937年在寿阳县入伍	1935年在本地入伍	1938年在本地入伍	1938年在贾家堡入伍
永久通信处	五寨县关沟村	大庸县城内	武川县胜帝	交陆安冯村
何时何地阵亡	1938年9月6日在乌兰花	同	1938年9月10日在苏坡盖	同
负伤部位	头部	胸部	腰部	头部
葬埋地点				
是否党员	党员	党员	群众	同
备考				

陆军一二零师独立第一旅第七一五团				
队别	游击队	同	同	同
职别	战士	战士	战士	战士
阶级	一等兵	一等兵	上等兵	一等兵
姓名	孙继发	马万礼	赵忠元	赵广生
年龄	29	27	34	19
籍贯	山西怀仁县	山西右玉县	绥远凉城县	山西右玉县
家庭经济状况				
何时何地入伍	1938年8月在家堡入伍	1938年在本地入伍	1938年在本地入伍	1938年在本地入伍
永久通信处	怀仁县西关	右玉县内恒原号	凉城县内	右玉县王老营
何时何地阵亡	1938年10月在坡盖	同	同	同
负伤部位	腹部	头部	口部	腹部
葬埋地点				
是否党员	群众	群众	群众	群众
备考				

陆军一二零师独立第一旅第七一五团				
队别	一营一连	一营一连	一营一连	一营一连
职别	连长	一排长	政指	支书
阶级	上尉	中尉	中尉	少尉
姓名	李海全	侯万宝	王得胜	王光典
年龄	29	31	26	25
籍贯	湖北省汉川县	陕西长安县	四川省江明	湖南龙县
家庭经济状况				
何时何地入伍	1931 年在本地入伍	1934 年在本地入伍	1935 年在本地入伍	1938 年入伍
永久通信处	汉川县内元庆栈	长安县郭头村	江明县王山口	城内
何时何地阵亡	1938 年 9 月 11 日满汉山	同	同	同
负伤部位	腰部	咽喉	胸部	胸部
葬埋地点				
是否党员	党员	党员	党员	党员
备考				

陆军一二零师独立第一旅第七一五团				
队别	一营一连	一营一连	一营一连	一营一连
职别	战士	排长	战士	战士
阶级	上等兵	少尉	一等兵	一等兵
姓名	甄光典	赵成忠	马保善	荣有文
年龄	22	31	34	27
籍贯	山西五寨县	湖南长沙	绥远武川县	山西五寨县
家庭经济状况				
何时何地入伍	1937 年在本地入伍	1935 年在本地入伍	1938 年在本地入伍	1937 年在本地入伍
永久通信处	五寨县内	长沙县沙石	城内	五寨县城内
何时何地阵亡	1938 年 9 月 11 日在满汉山	同	同	同
负伤部位	头部	腰部	胸部	小腹
葬埋地点				
是否党员	党员	党员	党员	党员
备考				

陆军一二零师独立第一旅第七一五团				
队别	一营一连	一营一连	一营一连	一营一连
职别	一排长	班长	战士	一等兵
阶级	少尉	下士	中士	
姓名	唐宝忠	赵怀友	何禄基	向怀德
年龄	29	21	30	22
籍贯	贵州北济县	陕西省翠岚县	云南省理江县	陕西省富平县
家庭经济状况				
何时何地入伍	1934 年在本地入伍	1935 年在本地入伍	1934 年在本村入伍	1935 年在本地入伍
永久通信处	北济县城内本宅	翠岚县陈家村	理［江］县老王村	富平县北裹镇
何时何地阵亡	1938 年 9 月 10 日满汉山	同	同	同
负伤部位	左右两胯	前心膀	头部	头部
葬埋地点				
是否党员	党员	党员	党员	党员
备考				

陆军一二零师独立第一旅第七一五团				
队别	一营一连	一营一连	一营一连	一营一连
职别	战士	战士	战士	战士
阶级	一等兵	同	同	同
姓名	甄自江	周庆堂	曹满堂	白义明
年龄	40	27	17	20
籍贯	河南夏邑县	陕西蒲城县	山西右玉县	山西怀仁县
家庭经济状况				
何时何地入伍	1936 年在陕西入伍	1936 年在本地入伍	1936 年在本地入伍	1938 年在本地入伍
永久通信处	夏邑县甄永罗本宅	蒲城县南乡村	右玉县小吏村	怀仁县彭沟村
何时何地阵亡	1938 年 9 月 11 日在满汉山	同	同	同
负伤部位	腰部	腰部	两膀上	头部
葬埋地点				
是否党员	群众	群众	党员	党员
备考				

陆军一二零师独立第一旅第七一五团				
队别	一营一连	一营一连	一营一连	一营一连
职别	战士	战士	战士	战士
阶级	上等兵	上等兵	一等兵	一等兵
姓名	赵作星	罗常生	李长桂	董德祥
年龄	34	28	33	31
籍贯	甘省西安县	湖南龙山县	河北定县	山西省神池县
家庭经济状况				
何时何地入伍	1936 年在本地入伍	1934 年在本地入伍	1938 年山西杀虎口入伍	1938 年 4 月在本地入伍
永久通信处	西安县人河村	龙山县大王坪	交定县怀德村	神池县大保寨
何时何地阵亡	1938 年 9 月 10 日在满汉山	同	同	同
负伤部位	胸部	头部	腹部	头部
葬埋地点				
是否党员	党员	群众	党员	党员
备考				

陆军一二零师独立第一旅第七一五团				
队别	一营机枪连	同	同	同
职别	战士	战士	战士	战士
阶级	上等兵	上等兵	一等兵	上等兵
姓名	冯天忠	陈化东	钟在训	祁照明
年龄	28	24	29	30
籍贯	陕西陈县	甘省徽县	山东泰安县	河北宛平县
家庭经济状况				
何时何地入伍	1936 年在本地入伍	1936 年在本县入伍	1937 年在山西宁武县入伍	1937 年在山西五寨县入伍
永久通信处	陈县冯村	徽县城内天祥成转	泰安县大佛寺	宛平县东寺郭村
何时何地阵亡	1938 年 9 月 11 日在满汉山	同	同	同
负伤部位	头部	头部	腰部	腰部
葬埋地点				
是否党员	群众	同	党员	党员
备考				

陆军一二零师独立第一旅第七一五团				
队别	一营机枪连	一营机枪连	一营机枪连	一营机枪连
职别	战士	战士	战士	战士
阶级	一等兵	上等兵	上等兵	一等兵
姓名	孙良	庞凤台	孙来成	郝凤先
年龄	19	21	25	30
籍贯	山西五寨县	山西寿阳县	陕西蒲城县	陕西蒲城
家庭经济状况				
何时何地入伍	1938 年在本地入伍	1937 年在本地入伍	1936 年在本地入伍	1935 年在本地入伍
永久通信处	五寨县南张村	寿阳县南关永和店转	蒲城县	蒲城县东关
何时何地阵亡	1938 年 9 月 11 日在满汉山	同	同	同
负伤部位	胸部	腰部	头部	咽喉
葬埋地点				
是否党员	党员	群众	党员	党员
备考				

陆军一二零师独立第一旅第七一五团				
队别	一营二连	一营二连	一营二连	一营二连
职别	排长	战士	战士	战士
阶级	少尉	一等兵	一等兵	一等兵
姓名	秦耀南	张文儒	郝自雄	徐长海
年龄	27	25	28	25
籍贯	山东曹州府	山西忻县	江苏铜山县	四川宣汉县
家庭经济状况				
何时何地入伍	1935 年在陕西入伍	1937 年在本地入伍	1934 年在四川江明县入伍	1935 年在本地入伍
永久通信处	曹州府大朱村	忻县银厂镇	铜山县城内高发奎转	宣汉县王家山
何时何地阵亡	1938 年 9 月 11 日在满汗山	同	同	同
负伤部位	头部	头部	两大臂	腰部
葬埋地点				
是否党员	群众	党员	党员	群众
备考				

陆军一二零师独立第一旅第七一五团				
队别	一营二连	一营二连	一营二连	一营二连
职别	战士	战士	战士	战士
阶级	一等兵	一等兵	一等兵	上等兵
姓名	唐三虎	祁来宝	褚玉鸿	蒋鸿儒
年龄	22	29	31	23
籍贯	陕西蒲城县	湖北天门县	安徽凤阳县	山西忻县
家庭经济状况				
何时何地入伍	1936 年在本地入伍	1932 年在本地入伍	1935 年在甘肃省入伍	1937 年在本县入伍
永久通信处	蒲城县大红彩村	天门县城内天和堂村	凤阳县东城边王广吉转	忻县汉全峪
何时何地阵亡	1938 年 9 月 11 日在满汉山	同	同	同
负伤部位	腰部	头部	腹部	胸部
葬埋地点				
是否党员	党员	群众	群众	群众
备考				

陆军一二零师独立第一旅第七一五团				
队别	一营二连	同	一营二连	同
职别	战士	同	战士	同
阶级				
姓名	沈鸿昌	徐广纯	李凤昌	蒋凤台
年龄	19	24	24	26
籍贯	山西朔县	江苏丰县	山西五寨	河北南皮
家庭经济状况				
何时何地入伍	1937 年	1937 年于山西	1938 年 4 月	1937 年于古交
永久通信处	朔县光山	丰县大石楼	五寨石所村	南皮杏花店
何时何地阵亡	1938 年 9 月 11 日于满汉山	同	1938 年 9 月 11 日于满汉山	同
负伤部位	头部	同	前胸膛	腰部
葬埋地点				
是否党员	是	否	是	否
备考				

陆军一二零师独立第一旅第七一五团				
队别	一营二连	同	一营二连	同
职别	战士	同	战士	同
阶级				
姓名	朱桂芝	孙文明	甄海金	康有贞
年龄	29	24	31	25
籍贯	四川中江	四川江明	陕西长安	绥远归绥
家庭经济状况				
何时何地入伍	1935 年中江入伍	1935 年入伍	1936 年于长安	1938 年于本地入伍
永久通信处	徐家台	没寄过信	长安东宝庄	本县本人
何时何地阵亡	1938 年 9 月 11 日于满汉	同	1938 年 9 月 11 日于满汉	同
负伤部位	腿部	头部		耳部
葬埋地点				
是否党员	否	是	是	是
备考				

陆军一二零师独立第一旅第七一五团				
队别	一营三连	同	一营三连	同
职别	政指	战士	同	战士
阶级				
姓名	孙光绪	严玉华	郭振标	吕正堂
年龄	40	35	28	38
籍贯	湖南石首	山西五寨	河北沧县	绥远固阳
家庭经济状况				
何时何地入伍	1931 年入伍	1938 年入伍	1937 年于山西古交	1938 年入伍
永久通信处	石首县交本人	山西石玉	沧县兴集镇	固阳交本人
何时何地阵亡	1938 年 9 月 11 日于满汉山	同	同	同
负伤部位				头部
葬埋地点				
是否党员	党员	否	是	否
备考				

陆军一二零师独立第一旅第七一五团				
队别	一营三连	同	一营三连	同
职别	战士	同	战士	同
阶级				
姓名	柳清川	施从章	姬振铎	冉子民
年龄	36	28	24	19
籍贯	山西榆次	河南归德	河南兰封	湖南澧县
家庭经济状况				
何时何地入伍	1936 年于甘省	1937 年于山西河口	1937 年于山西崞县	1934 年于澧县
永久通信处	山西榆次城内	归德府朱毛集长发栈	兰封县德升号	澧县王家厂
何时何地阵亡	1938 年 9 月 11 日于满汉山	同	1938 年 9 月 11 日于满汉山	同
受伤部位	耳部		胸部	小肠部
葬埋地点				
是否党员			是	是
备考				

陆军一二零师独立一旅第七一五团				
队别	三连	同	三连	同
职别	战士	同	战士	同
姓名	禅兴发	张升星	孔庆有	米候洞
年龄	23	24	26	20
籍贯	陕西富平县	山东寿章西罗村	湖南大庸城内	山西忻县罗玉沟
家庭经济状况				
何时何地入伍	1936 年入伍	1938 年于绥远陶林入伍	1933 年于本城入伍	1931〈7〉年于本村入伍
永久通信处	富平县庄里镇	本县本村	城内中合栈	本县本村
何时何地负伤	1938 年 9 月 11 日于满汉山	同	1938 年 9 月 11 日于满汉山	同
受伤部位	头部	腰部	头部	
名称				
是否党员			是	是
备考	亡	亡		

陆军一二零师独立一旅第七一五团				
队别	一营三连	同	一营三连	一营四连
职别	战士	同	战士	三排长
姓名	牛中仁	谢兰思	朗培德	牛振通
年龄	25	30	28	34
籍贯	湖南龙山县	山西河津县	山西忻县城内	河南省彰德大冯庄
家庭经济状况				
何时何地入伍	1935 年于本县入伍	1937 年于本地入伍	同	1935 年于山西入伍
永久通信处	龙山沙平村	河津县兰村交本人	忻县城内东角交本人	彰德城内瑞蚨油坊转本人
何时何地负伤	1938 年 9 月 11 日于满汉山	同	1938 年 9 月 11 日于满汉山	同
受伤部位	耳部			
名称				
是否党员	否	否	是	是
备考				

陆军一二零师独立一旅第七一五团				
队别	一营四连	一营三连	一营四连	一营四连
职别	战士	同	战士	同
姓名	郭七虎	姜学礼	谭培照	巩焕文
年龄	21	19	35	40
籍贯	山西右玉县	山西右玉北郭村	山东东昌府	山西五寨右所村
家庭经济状况				
何时何地入伍	1937 年于本地入伍	1937 年于本村入伍	1937 年于原平县入伍	1937 年于本村入伍
永久通信处	右玉老庄村	右玉北郭村	东昌城内古楼街交本人	五寨右所村
何时何地负伤	1938 年 9 月 11 [日] 于满汉山	同	1938 年 9 月 11 [日] 于满汉山	同
受伤部位			腰部	
名称				
是否党员	是	否	否	是
备考				

陆军一二零师独立一旅第七一五团				
队别	一营四连	一营三连	一营四连	一营四连
职别	战士	同	战士	同
姓名	李国栋	汪培元	姚传宝	白万宝
年龄	35	28	24	29
籍贯	山西右玉县	陕西富平庄里镇	湖北天门城内	河南鹿邑姜屯集
家庭经济状况				
何时何地入伍	1937 年于右玉县入伍	1936 年于本镇入伍	1932 年于本地入伍	1937 年于陕西省入伍
永久通信处	右玉县东关永和店	本镇交本人	天门城内	本县本村交本人
何时何地负伤	1938 年 9 月 11 [日] 于满汉山	同	1938 年 9 月 11 [日] 于满汉山	同
受伤部位				
名称				
是否党员	是	是	是	是
备考				

陆军一二零师独立一旅第七一五团				
队别	一营四连	同	三营九连	同
职别	战士	同	连长	政指
姓名	王建都	曹海元	高显铭	藩福堂
年龄	36	16	29	26
籍贯	山东省肥县东关	山西五寨	湖北汉川县	陕西省延川县高庙店
何时何地入伍	1937 年于宁武入伍	1938 年于本县入伍	1931 年于本县入伍	1936 年于本地入伍
何时何地入伍				
永久通信处	肥城东关	五寨城东角	汉川县南河头宅	本县高庙店
何时何地负伤	1938 年 9 月 11 [日] 于满汉山	同	1938 年 9 月 11 [日] 于满汉山	同
受伤部位				
名称				
是否党员	否	是	是	是
备考				

陆军一二零师独立一旅第七一五团				
队别	三营九连	同	三营九连	同
职别	二排副排长	一排长	战士	战士
姓名	卜好然	司承学	牛振邦	鲍福堂
年龄	26	30	28	24
籍贯	湖南大庸县	湖南澧县石马桥	山西崞县	甘省三县
家庭经济状况				
何时何地入伍		1935 年于石马桥入伍	1937 年于本县入伍	1937 年入伍
永久通信处	大庸县城内	澧县石马桥	本县城内	本省本县
何时何地负伤	1938 年 9 月 21 日	同	1938 年 9 月 21 日	同
受伤部位				
名称				
是否党员	是	是	是	是
备考				

陆军一二零师独立一旅第七一五团				
队别	三营九连	同	三营九连	三营十连
职别	战士	二班班长	政指	支书
姓名	崔方良	张生云	杨占国	张玉峯
年龄	28	29	33	26
籍贯	河北河间	陕西富平沙富〈窝〉村	甘省徽县	湖南石门县
家庭经济状况				
何时何地入伍	1938 年于河间入伍	1938 年于本地入伍	1935 年入伍	1935 年入伍
永久通信处	本县王家庄	富平沙窝村	本县村公所	本县城内
何时何地负伤	1938 年 9 月 21 日	同	1938 年 9 月 21 日	同
受伤部位	胸部			
名称				
是否党员	是	是	是	是
备考				

陆军一二零师独立一旅第七一五团				
队别	三营十连	同	三营十连	同
职别	战士	九班副班长	战士	战士
姓名	刘明山	张万有	刘步宽	司学忠
年龄	28	27	27	29
籍贯	河北霸县	甘省徽县	山西左〈右〉玉县刘庄	陕西长安铁锁岭
家庭经济状况				
何时何地入伍	1938 年于贾宝入伍	1936 年 8 月于望石堡	1938 年于刘庄入伍	1938 年入伍
永久通信处	霸县前峯铺	徽县望石堡	左〈右〉玉刘庄	本县本村
何时何地负伤	1938 年 9 月 21 日	同	1938 年 9 月 21 日	同
受伤部位				
名称				
是否党员	否	是	是	否
备考				

陆军一二零师独立一旅第七一五团				
队别	三营十连	同	三营机枪连	同
职别	战士	战士	班长	三班长
姓名	翟学让	胡大朋	康成拴	孟广林
年龄	35	25	17	20
籍贯	河北沧县南关	四川江明	山西忻县	四川通江昌平
家庭经济状况				
何时何地入伍	1937 年于山西入伍	1935 年于本县入伍	1937 年于忻县入伍	1937 年于昌平入伍
永久通信处	沧县南关	江明大纲村	忻县城内广源号	通江昌平
何时何地负伤	1938 年 9 月 21 日	同	1938 年 9 月 21 日	同
受伤部位	头部			
名称				
是否党员	否	否	是	是
备考				

陆军一二零师独立一旅第七一五团				
队别	三营机枪连	同	三营机枪连	同
职别	战士	同	战士	同
姓名	孔昭动	马闯	满富昆	曹彬
年龄	25	36	31	26
籍贯	山西五寨前所村	山东金乡县董村	山西左〈右〉玉县	山西左〈右〉玉大河堡
家庭经济状况				
何时何地入伍	1938年9月21日	1938年9月21日	1938年于本县	1938年于大河堡村
永久通信处	五寨前所村	金乡县董村	左〈右〉玉李家庄	左〈右〉玉大河庄
何时何地负伤	1938年9月21日	同	1938年9月21日	同
受伤部位	脑部	腰部		
名称				
是否党员	否	是	否	否
备考				

陆军一二零师独立一旅第七一五团				
队别	三营营部	三营十一连	同	三营十一连
职别	战士	一排长	四班长	战士
姓名	万兆远	谢长守	蔚三小	赵壁
年龄	24	25	26	33
籍贯	山西榆次中都	陕西耀县木牛村	山西朔县	山西榆次石马村
家庭经济状况				
何时何地入伍	1937年于本地	1936年于本村	1937年于本县	1937年于本村
永久通信处	榆次中都村	耀县木牛村	朔县瓦头村	榆次石马村
何时何地负伤	1938年9月21日	同	1938年9月21日	同
受伤部位				
名称				
是否党员	否	是	是	否
备考				

陆军一二零师独立一旅第七一五团				
队别	三营十连	同	三营十一连	同
职别	战士	战士	八班班长	战士
姓名	黄三虎	葛天成	马得功	彭顺福
年龄	23	37	40	26
籍贯	陕西蒲城县韩庄村	山西忻县北关	山西五寨南张怀	山西忻县大贤庄
家庭经济状况				
何时何地入伍	1936 年于韩庄村	1937 年于本县	1937 年于本县	1937 年于本地
永久通信处	蒲城韩庄村	忻县瑞泉号	五寨南张怀	忻县大贤庄
何时何地负伤	1938 年 9 月 21 日	同	1938 年 9 月 21 日	同
受伤部位	耳部			
名称				
是否党员	否	否	是	是
备考				

陆军一二零师独立第一旅第七一五团				
队别	三营十一连	同	三营十一连	同
职别	战士	九班副班长	战士	一班班长
阶级				
姓名	邱莱蓬	闫金兰	卢秀石	鲁显铭
年龄	30	28	28	35
籍贯	河北定县城内	山西［寿阳］五里庄	甘省［西河］罗家岭	甘省徽县
家庭经济状况				
何时何地入伍	1937 年于山西	1937 年于本村	1935 年于本地	1937 年于本县
永久通信处	定县城内同仁堂	寿阳五里庄	西河县罗家岭	徽县陈家镇
何时何地阵亡	1938 年 9 月 21 日	同	1938 年 9 月 21 日	同
受伤部位				
葬埋地点				
是否党员	否	是	是	是
备考				

陆军一二零师独立第一旅第七一五团				
队别	三营十一连	同	三营十一连	同
职别	战士	同	战士	同
阶级				
姓名	孟广德	孙光贤	贺得功	强占奎
年龄	40	37	25	21
籍贯	山东［滕县］姜家桥	河南归德府	甘省徽县	云南理江县
家庭经济状况				
何时何地入伍	1937 年于山西忻县	1937 年于宁武	1936 年于本县	1935 年于老石坝
永久通信处	山东滕县姜家桥	归德高升客栈	徽县田家集	理江老石坝
何时何地阵亡	1938 年 9 月 21 日	同	1938 年 9 月 21 日	同
受伤部位				
葬埋地点				
是否党员	否	否	否	是
备考				

陆军一二零师独立第一旅第七一五团				
队别	三营十一连	同	二营七连	同
职别	战士	战士	政指	战士
阶级				
姓名	云占海	杨茂林	党同茂	何祥芝
年龄	24	21	26	23
籍贯	绥远集宁县	陕西翠岚县	贵州北济县	陕西富平县
家庭经济状况				
何时何地入伍	1938 年于填好入伍	1936 年于本县	1934 年于本县	1936 年于本地
永久通信处	集宁县桥东二马路门牌八号	本县城内聚源泰转交	北济城内祥和号转	富平县刘家庄头
何时何地阵亡	1938 年 9 月 21 日	同	1938 年 9 月 28 日于陶林县	同
受伤部位				
葬埋地点				
是否党员	否	否	是	否
备考				

陆军一二零师独立第一旅第七一五团				
队别	二营七连	同	二营七连	同
职别	战士	同	战士	同
阶级				
姓名	佐凤元	苗鸿恩	史振海	刁凤池
年龄	20	42	27	35
籍贯	山西怀仁二区彭沟	山东滕县大刘庄	山西寿阳五封村	山西交城县城内
家庭经济状况				
何时何地入伍	1937 年于本区	1937 年于山西	1937 年于本村	1937 年于本县
永久通信处	怀仁县二区彭沟村	滕县大刘庄	寿阳五封村	交城城内仁寿堂
何时何地阵亡	1938 年 9 月 27 日于陶林县	同	1938 年 9 月 27 日于陶林县	1938 年 9 月 27 日于陶林车站
负伤部位				
葬埋地点				
是否党员	否	是	否	否
备考				

陆军一二零师独立第一旅第七一五团				
队别	二营八连	二营八连	二营八连	二营六连
职别	战士	战士	战士	战士
阶级				
姓名	欧阳庆长	武文成	盖文华	吴学礼
年龄	27	34	25	21
籍贯	陕西富平县	山东菏泽县	山西五台县	山西汾阳县
家庭经济状况				
何时何地入伍	1937 年于本县	1938 年于绥远	1937 年于古交	1937 年于寿阳
永久通信处	富平巩村	菏泽阳官屯	五台兰村	汾阳七仙房
何时何地阵亡	1938 年 11 月 4 日于马家店	同	1938 年 11 月 4 日于马家店	同
负伤部位				
葬埋地点				
是否党员	是	否	否	否
备考				

陆军一二零师独立第一旅第七一五团				
队别	二营八连	同	二营八连	同
职别	连长	三班班长	战士	战士
阶级				
姓名	陈高升	梁世超	王健奎	于德水
年龄	30	26	29	26
籍贯	湖北石首县	湖南龙山县	安徽合肥县	山东沂水县
家庭经济状况				
何时何地入伍	1931 年于本县	1934 年	1937 年于宁武	1938 年 4 月于五寨
永久通信处	石首城内永胜栈	龙山大邢台	合肥东铁桥	沂水县南关涌泉酒店
何时何地阵亡	1938 年 11 月 4 日于马家店	同	1938 年 11 月 4 日于马家店	同
负伤部位	嘴喉			
葬埋地点				
是否党员	是	是	否	否
备考				

陆军一二零师独立第一旅第七一五团				
队别	二营六连	同	二营五连	同
职别	战士	战士	战士	战士
阶级				
姓名	杨山彦	韩凤岐	程小三	王会
年龄	38	26	17	21
籍贯	山西河曲县	绥远武川县	固阳县	固阳县
家庭经济状况				
何时何地入伍	1938 年于绥远	1938 年于本县	1938 年	1938 年
永久通信处	河曲县龙王庙杨泗得	武川城内大德店	裴家油房程仓珠收	固阳麻池村王江
何时何地阵亡	1938 年 11 月 4 日在马家店	同	1938 年 11 月 7 日在毕克齐	同
负伤部位				
葬埋地点				
是否党员	否	否	否	否
备考				

陆军一二零师独立第一旅第七一五团				
队别	二营六连	二营七连	七连	七连
职别	一排长	战士	战士	战士
阶级				
姓名	李二成	王占山	何永生	吴惠仁
年龄	22	23	27	37
籍贯	湖南〈北〉咸末〈丰〉县	湖北孝咸〈感〉县	河北武强县	绥远武川县
家庭经济状况				
何时何地入伍	1935 年	1937 年	1938 年	1937 年
永久通信处				
何时何地阵亡	1938 年在毕克齐	同	1938 年在毕克齐	同
负伤部位	头部	头部	头部	头部
葬埋地点				
是否党员	是	否	否	是
备考				

陆军一二零师独立第一旅第七一五团				
队别	二营八连	八连	三营十连	一营一连
职别	战士	同	战士	同
阶级				
姓名	马如龙	李甫生	白铜	赵明山
年龄	31	24	18	60
籍贯	河北雄县	武强县	山西朔县	山西交城
家庭经济状况				
何时何地入伍	1938 年	1938 年	1937 年	1937 年
永久通信处			王窑头	石家庄
何时何地阵亡	毕克齐	同	11 月 7 日解决黑山子	11 月 23 日在讨速村
负伤部位				头部
葬埋地点				
是否党员	否	否	是	是
备考				

陆军一二零师独立第一旅第七一五团				
队别	一营二连	二营五连	六连	二营营部
职别	五班班长	战士	战士	战士
阶级				
姓名	何云	于业	任德桂	贺先章
年龄	24	21	31	17
籍贯	四川崇千〈庆〉县	山西右玉县	山西平鲁县	贵州黔西县
家庭经济状况				
何时何地入伍	1936 年	1938 年	1938 年	1934 年
永久通信处	慈益村	马河村		本县城内
何时何地阵亡	11 月 23 日于讨速村	同	同	12 月 10 日乌兰花
负伤部位	头部			
葬埋地点				
是否党员	是	是	是	是
备考				

陆军一二零师独立第一旅第七一五团				
队别	二营机枪连	二营五连	五连	五连
职别	三班班长	战士	战士	战士
阶级				
姓名	陈大莫	闫德富	张光德	张俊良
年龄	22	33	25	30
籍贯	湖南石门县	绥远	绥远陶林县	河北霸县
家庭经济状况				
何时何地入伍	1935 年	1937 年	1937 年	1938 年
永久通信处		窑子上		本县城内
何时何地阵亡	12 月 10 日在乌兰花	同	12 月 10 日在乌兰花	同
负伤部位				
葬埋地点				
是否党员	是	否	否	否
备考				

陆军一二零师独立第一旅第七一五团				
队别	一营四连	四连	四连	二营五连
职别	战士	同	战士	同
阶级				
姓名	田三侯	范海山	高俊林	马根喜
年龄	36	33	31	26
籍贯	绥远陶林	同	归绥县	沙县
家庭经济状况				
何时何地入伍	1937 年	同	1937 年	同
永久通信处	黑山子			城内
何时何地阵亡	1938 年在乌兰花	同	1938 年在乌兰花	同
负伤部位				
葬埋地点				
是否党员	否	否	否	否
备考				

一二〇师独立一旅七一五团

二营五连	五连	五连	六连
战士	同	战士	同
张德耀	张连仲	刘永堂	范海山
24	24	26	33
绥远陶林	大兴县	武强县	绥远黄岭
1937 年	同	同	1937 年
		古河村	黄岭
12 月 10 日	同	12 月 10 日	同
乌兰花		乌兰花	
否	党	党	党

一二〇师独立一旅七一五团

一营一连	一连	一连	二连
战士	战士	战士	战士
徐二小	刘金池	侯尚礼	王天生
24	22	32	18
山西五寨	保定清苑	大同县	陕西〈佛坪〉胡平
1938 年	1938 年	1938 年	1938 年

本县三分村			苗头村
12 月 10 日	同	12 月 10 日	同
在厂汗云		在厂汗云	
党	非	非	党
一二〇师独立一旅七一五团			
一营三连	二营五连	五连	五连
战士	政指	支书	一排长
岳宝桂	戴云祥	张福寿	李维成
29	27	28	22
陕西	湖北宣恩县	湖南礼〈澧〉县	湖北咸耒〈丰〉
1937 年	1936 年 12 月	1936 年 12 月	1937 年 10 月
西安城内	李家河	吕家台	咸耒〈丰〉县东门
1938 年 12 月	1939 年 2 月 12 日	同	同
18 日厂汗云	于邢家庄		
党	党	党	党
一二〇师独立一旅七一五团			
二营五连	五连	五连	五连
班长	班长	班长	班长
赵江	李成	周正元	吴仁发
24	31	24	21
四川秀山县	湖北孝感	山西大同	河北完县
1936 年 1 月	1936 年 1 月	1937 年 2 月	1937 年 1 月
	公家港		
2 月 10 日于邢家庄	2 月 10 日于邢家庄	2 月 10 日于邢家庄	2 月 10 日于邢家庄
党	党	党	党
一二〇师独立一旅七一五团			
二营五连	五连	五连	五连
班长	战士	战士	战士
王和升	赵子如	任占奎	何士奎
32	32	28	31
河北定县	河北完县	河北任丘	山西大同
1938 年 12 月于任丘	1937 年在山西	1938 年 12 月	1936 年 1 月
		张各庄	
2 月 10 日于邢家庄	同	2 月 10 日于邢家庄	同
	头部	腰部	

党	党	群众	群
一二〇师独立一旅七一五团			
二营五连	五连	五连	五连
战士	战士	战士	战士
钱诚	王家驹	李果仁	崔小四
34	22	34	18
四川秀山	山西神池	河北束鹿	绥远沙县
1933 年 1 月	1938 年 12 月	1938 年 12 月	1938 年 12 月
王家场	城东门		
2 月 10 日于邢家庄	2 月 10 日于邢家庄	2 月 10 日于邢家庄	2 月 10 日于邢家庄
	头部	腰部	
党	党	群	群
一二〇师独立一旅七一五团			
二营五连	五连	五连	五连
战士	同	战士	同
郑克仁	周长有	吴正发	李立和
28	29	28	18
1937 年 10 月	1936 年 12 月于大同	1936 年 12 月于宣平	1936 年 12 月于咸阳
河南郑州	山西大同	陕西宣平	陕西咸阳
	吴家湾	易门村	田星村
2 月 7 日于邢家庄	2 月 10 日邢家庄	2 月 10 日于邢家庄	2 月 10 日于邢家庄
群	党	党	党
一二〇师独立一旅七一五团			
二营五连	五连	五连	五连
战士	同	战士	同
翟金恒	刘德功	张成汉	任世奎
18	38	24	31
绥远白家河	山西右玉	山西右玉	山西五寨
1938 年 12 月	同	1938 年 12 月	同
白家河	东石仁城	轩杨寨	本县东关
2 月 10 日于邢家庄	同	2 月 10 日于邢家庄	同
群	党	党	党
一二〇师独立一旅七一五团			
二营六连	六连	六连	六连
三排长	班长	班长	班长

王仁	赵永升	李广和	吴兆之
26	29	28	28
甘省徽县	山西太原	湖北省城	山西大同
1936年12月	1936年	1936年	1936年
	太原北大街	北新街	大同交本人
1939年2月10日	同	1939年2月10日	同
于邢家庄		于邢家庄	
	头部		
党	党	党	党
一二〇师独立一旅七一五团			
二营六连	六连	六连	六连
班长	战士	战士	战士
王之和	刘久明	郑玉山	韩明山
32	28	32	28
陕西咸阳	湖北孝感	山西右玉	陕西省城
1937年	1936年1月	1936年1月	1937年1月
东大街德发	城南街		
1939年2月10日	同	1939年2月10日	同
于邢家庄		于邢家庄	
	脚部		
党	党	党	群
一二〇师独立一旅七一五团			
二营六连	七连	七连	七连
战士	班长	班长	班长
崔照仁	吴久明	王玉峯	褚立德
18	28	27	29
绥远武川	山西左〈右〉玉	山西神池	绥远陶林
1938年12月	1938年	1937年	1938年
大庙	城北街	城东门	本县内城
1939年2月10日	同	1939年2月10日	同
于邢家庄		于邢家庄	
头部	同	腰部	同
党	党	党	党
一二〇师独立一旅七一五团			
二营七连	七连	七连	七连

战士	同	战士	同
何子明	冯珠	马钢	贺中志
34	28	19	28
安国	河北文安县	陕西富平	绥远沙县
1938 年	1938 年 12 月	1938 年 12 月	1938 年 12 月
安国东关	黄城村	古城村	太上村
1939 年 2 月 10 日	同	1939 年 2 月 10 日	同
于邢家庄		于邢家庄	
	头部		
党	党	党	群
一二〇师独立一旅七一五团			
二营七连	七连	七连	七连
战士	同	战士	同
陈玉明	钱万贯	孙成	周正
26	28	38	18
山西五寨	山西交城	山西忻县	山西感县
1937 年	1937 年	1937 年	1937 年
本县南关	田家山	孙家台	本县城内
1939 年 2 月 10 日	同	1939 年 2 月 10 日	同
于邢家庄		于邢家庄	
党	党	群	群
一二〇师独立一旅七一五团			
二营七连	同	二营七连	同
战士	同	战士	同
李世发	董琢如	何云生	李世芳
24	29	19	27
安平县	绥远武川	山西右玉	山西交城
1938 年	1937 年	1937 年	1937 年
平各庄	武川城内	王庄	冯家岭
1939 年 2 月 10 日	同	1939 年 2 月 10 日	同
于邢家庄		于邢家庄	
群	党	群	群
一二〇师独立一旅七一五团			
二营七连	七连	七连	七连
战士	战士	战士	战士

王承山	鲍上芝	程志远	黄英
31	36	29	18
陕西三元	绥远武川	绥远武川	山西文水
1936 年	1938 年	1938 年	1937 年
金杨台	本县城内	南花村	古交
1939 年 2 月 10 日	同	1939 年 2 月 10 日	同前
于邢家庄		于邢家庄	
党	群	群	党
一二〇师独立一旅七一五团			
二营七连	七连	七连	七连
战士	战士	战士	战士
何士斌	李香甫	王纪仁	周宗耀
26	32	28	19
山西榆次	山西忻县	山西右玉	绥远沙县
1937 年于太原	1937 年	1938 年	1938 年
本县城内	本县城内	本县城内	云子村
1939 年 2 月 10 日	同前	1939 年 2 月 10 日	同前
于邢家庄		于邢家庄	
群	党	群	群
一二〇师独立一旅七一五团			
二营七连	七连	七连	七连
战士	战士	战士	战士
吴如仁	王芝和	李子如	周和
28	28	32	28
河北任丘	山西右玉	甘省城内	陕西三元
1938 年	1938 年	1937 年	1937 年
	本县东门		周堡子
1939 年 2 月 10 日	同前	1939 年 2 月 10 日	同前
于邢家庄		于邢家庄	
	头部		
群	群	党	党
一二〇师独立一旅七一五团			
二营七连	七连	七连	七连
战士	战士	战士	战士
吴世成	刘福生	蒋兰叶	崔筱谦

27	39	28	28
河北武强	山西阳曲	山西五寨	包府万县
1938年	1937年	1937年	1938年
	扫台村	三山村	庭卜村
1939年2月10日	同前	1939年2月10日	同前
于邢家庄		于邢家庄	
群	党	群	群
一二〇师独立一旅七一五团			
二营七连	八连	八连	八连
战士	班长	班长	班长
郑广德	王兆祥	李玉如	吴大川
38	28	27	22
河南开封	陕西长安	山西大同	陕西富平
1937年	1936年	1937年	1937年
新正县北大街	本县城内	城内	发家远
1939年2月10日	同前	1939年2月10日	同前
于邢家庄		于邢家庄	
	头部	腰部	腿部
党	党	党	党
一二〇师独立一旅七一五团			
二营八连	八连	八连	八连
战士	战士	战士	战士
何中和	吕盛德	王世英	刘文明
18	28	17	17
河北曲阳	陕西蒲城	山西偏关	山西右玉
1938年	1937年	1938年	1938年
湖金村	万家堡	本人	马河村
1939年2月10日	同前	1939年2月10日	同前
于邢家庄		于邢家庄	
群	党	党	群
一二〇师独立一旅七一五团			
二营八连	八连	八连	八连
战士	战士	战士	战士
陆大通	赵生	吴子如	李士仁
21	28	27	26

山西	山西大同	陕西咸阳	山西太原
1938 年	1937 年	1937 年	1937 年
五沟村	大同本街		柏草街
1939 年 2 月 10 日	同前	1939 年 2 月 10 日	同前
于邢家庄		于邢家庄	
群	党		
一二〇师独立一旅七一五团			
二营八连	八连	八连	八连
战士	战士	战士	战士
刘大兴	周应钦	殷士发	施行仁
25	20	21	31
湖北孝感	陕西强〈绥〉德	山西右玉	山西静乐
1937 年	1937 年	1937 年	1938 年
本县城内	周村	药仓村	曹家庄
1939 年 2 月 10 日	同前	1939 年 2 月 10 日	同前
于邢家庄		于邢家庄	
群	党	群	群
一二〇师独立一旅七一五团			
二营八连	八连	八连	八连
战士	战士	战士	战士
张文利	刘大用	李五	吴芝香
31	18	27	27
山西静乐	静乐	绥远归化	河北安国
1938 年	1937 年	1938 年	1937 年
曹家庄	罗玉庄		李家庄
1939 年 2 月 10 日	同前	1939 年 2 月 10 日	同前
于邢家庄		于邢家庄	
群	党	群	群
一二〇师独立一旅七一五团			
二营八连	八连	二营五连	五连
战士	战士	班长	战士
王信	冯和	吴如孩	吴如福
19	20	29	17
山西朔县	绥远武川	山西静乐	湖南慈利
1937 年	1938 年	1937 年	1938 年

赵山村	武川城内	东店山	本县城内
1939 年 2 月 10 日	同前	1939 年 3 月 10 日	同前
于邢家庄		于代城	
	头部	腿部	腰部
群	群	党	群
一二〇师独立一旅七一五团			
二营五连	五连	一营二连	二连
战士	文书	排长	班长
李令香	王程远	钟孩泉	徐六元
28	19	26	28
山西寿阳	河北任丘	山东张城	河北文安
1938 年	1937 年	1936 年	1937 年
寿阳城内	任丘城内	张城郭村钟老七	胡家屯徐士英
1939 年 3 月 10 日	同前	1939 年 3 月 25 日	同前
于代城		于北张村	
头部	头部	头部	
群	群	党	党
一二〇师独立一旅七一五团			
一营二连	二连	一营二连	三连
班长	战士	战士	战士
李文玉	向德才	杨玉泉	马文亮
27	22	31	36
山西景罗〈静乐〉	河北清苑	河北雄县	陕西泾阳
1939 年 7 月	1939 年 2 月	1938 年	1936 年
胡洼沟	李家屯	大堤村	老堡子
李长久	向香九		
1939 年 3 月 25 日	同前	1939 年 3 月 25 日	同前
于张村		在北张村	
腹部	头部		头部
党	群	群	党
一二〇师独立一旅七一五团			
二营七连	七连	二营八连	八连
班长	战士	战士	战士
刘□哀	孟维琴	温常在	舒凤岐
29	27	37	21

山东培德	河北保府	任丘	河南漳德
1936 年	1939 年	1938 年	1937 年
	保府南关孟广廷		
1939 年 3 月 27 日	同前	1939 年 3 月 27 日	同前
于米各庄		于米各庄	
头部	头部	腹部	腰部
党	群	群	党
一二〇师独立一旅七一五团			
二营八连	五连	二营五连	五连
战士	政指	支书	班长
戈振兴	关子春	张海秋	于树春
39	28	24	35
文安县	贵州毕节	四川彭德	湖北宣恩
1937 年在本县	1936 年	1936 年	1936 年
	四区关文敏	本县本人	
1939 年 3 月 27 日	1939 年 3 月 30 日	同前	同前
于米各庄	在南北魏		
头部	头部	头部	头部
群	党	党	党
一二〇师独立一旅七一五团			
二营五连	五连	二营五连	五连
战士	战士	战士	战士
周福生	鲁保钧	姜老渭	胡景敖
28	38	39	24
陕西花衣〈华阴〉	河北固安	陕西普城	山西五寨
1937 年于本县	1939 年	1939 年	1938 年
西成子村	固安鲁光雄	本城姜五子	本县本人
1939 年 3 月 30 日	同前	1939 年 3 月 30 日	同前
于南北魏		于南北魏	
腹部	头部	腰部	腰部
党	党	群	群
一二〇师独立一旅七一五团			
二营五连	五连	二营五连	五连
战士	战士	战士	战士
王子义	纪马	邓云	宋文喜

26	34	28	29
山西景罗〈静乐〉	任丘	山西洪针〈洞〉	四川崔巢
1937 年于本县	1938 年于本县	1938 年于本地	1936 年
本县王老七	本县纪四	本县邓老黑	宋春喜
1939 年 3 月 30 日	同前	1939 年 3 月 30 日	同前
于北魏		于北魏	
腹部	头部	腹部	头部
群	群	群	党
一二〇师独立一旅七一五团			
二营五连	五连	二营五连	五连
战士	战士	战士	战士
甄洪年	李文州	马七	何小
40	39	23	28
四川	河北文安	山西洪铜〈洞〉	陕西泾县
1936 年	1937 年	1936 年	1936 年
雀巢村甄洛年	胡成屯李子尚	本人	本人
1939 年 3 月 30 日	同前	1939 年 3 月 30 日	同前
于北魏		于北魏	
头部	面部	腹部	头部
党	党	党	群
一二〇师独立一旅七一五团			
二营五连	七连	二营七连	七连
战士	班长	战士	战士
魏海中	姜介仁	李子春	马子松
29	29	35	38
陕西印〈宁〉强	河南内黄	绥远凉城	山西朔县
1937 年	1936 年	1937 年	1938 年
陈子村魏景仁	吴介义	朱家庄李老江	麻子口马保双
1939 年 3 月 30 日	同前	1939 年 3 月 30 日	同前
在北魏		在北魏	
腹部	头部	头部	面部
党	党	群	群
一二〇师独立一旅七一五团			
二营七连	七连	七连	七连
战士	战士	战士	战士

高炳耀	朱万琴	万芝义	支加皮
39	37	27	38
山西太原	绥远凉城	山西洪铜〈洞〉	绥远武川
1937 年	1938 年	1937 年	1938 年
太原石家村	朱佩仁	万中吉	和龙村本人
1939 年 3 月 30 日	同前	1939 年 3 月 30 日	同前
在北魏		在北魏	
腹部	头部	头部	腹部
党	群	群	党
一二〇师独立一旅七一五团			
二营七连	七连	二营七连	七连
战士	战士	战士	战士
陈芝连	白巨才	钱金融	冯守通
28	38	26	38
四川八〈巴〉州	山西忻县	河北河间	河南内黄
1937 年	1939 年	1938 年	1939 年
本人	城内白芳	交本人	本县本人
1939 年 3 月 30 日	同	同	1939 年 3 月 30 日
北魏			在北魏
腹部	头部	头部	腰部
群	群	群	群
一二〇师独立一旅七一五团			
二营七连	七连	七连	七连
战士	战士	战士	战士
任起义	郭文亮	田万佩	丰风子
38	28	28	38
河南内黄县西关	河北文安县	河北深县寺头村	河北任丘南申易村
1938 年	1938 年	1938 年	1938 年
本人	胜芳郭保	本村本人	本人
1939 年 3 月 30 日	同前	1939 年 3 月 30 日	同前
在北魏		于北魏	
头部	腰部	腹部	头部
群	群	群	党
一二〇师独立一旅七一五团			
二营七连	八连	八连	八连

战士	战士	战士	战士
赵长生	郑明	杨保堂	杨保善
26	28	40	34
任丘芦家庄	任丘张村	河北子牙	河北省胜芳镇
1937 年	1939 年	1939 年	1939 年
本村赵根成	本村	本人	本镇本人
1939 年 3 月 30 日	同前	1939 年 3 月 30 日	同前
在北魏		在北魏	
党	群	群	党
一二〇师独立一旅七一五团			
二营八连	八连	八连	八连
战士	战士	战士	战士
吴远志	张意留	吴有仁	单七
28	28	26	29
湖南佩德	河北省安平	山东历城	任丘吕公堡
	马江村	陈家村	
1937 年	1939 年	1937 年	1937 年
大铜沟本人收	本村	本人	本村单汝桐
1939 年 3 月 30 日	同前	1939 年 3 月 30 日	同前
在北魏		在北魏	
	头部	腹部	头部
群	群	党	党
一二〇师独立一旅七一五团			
二营八连	五连	二营八连	八连
战士	战士	战士	战士
曹振廷	许荫奎	杨兰元	贺先章
38	25	38	37
河北清苑东关	贵州黔西城内	同前	湖南石门县
1938 年	1938 年	1938 年	1935 年
本人	许洪生	本人	本人
1939 年 3 月 30 日	同前	1939 年 3 月 30 日	同前
在北魏		在北魏	
	腹部	头部	腹部
群	群	群	党
一二〇师独立一旅七一五团			

二营八连	八连	二营八连	八连
战士	战士	战士	战士
陈大莫	朱德义	柯福昇	贺保珍
35	35	25	27
湖南石门麻市区	湖南直宜九集镇	绥远桃林里山子	河北霸县城内
1936 年	1936 年	1936 年	1936 年
	本人	本村	本人
1939 年 3 月 30 日	同前	1939 年 3 月 30 日	同前
在北魏		在北魏	
头部	头部	腹部	头部
党	党	群	党

一二〇师独立一旅七一五团

二营八连	三营九连	三营九连	三营九连
战士	战士	战士	战士
黄振泉	陶立拴	叶维琴	张绍宗
35	25	35	35
四川广安	山西静乐	陕西富平	陕西富平
1938 年	1937 年	1936 年	1936 年
黄家祠堂	柴村	老堡子	张六生
1939 年 3 月 30 日	同前	1939 年 3 月 30 日	同前
在北魏		在北魏	
头部	头部	头部	腰部
党	党	群	群

一二〇师独立一旅七一五团

三营九连	九连	三营九连	九连
战士	战士	战士	战士
张景贤	奚春泽	孙成有	贾世卿
20	37	38	28
绥远黄岭	山西阳曲	徐州杨家营	山西阳曲
1937 年	1937 年	1937 年	1937 年
黄岭张云生	松树村	本人	本县城内
1939 年 3 月 30 日	同前	1939 年 3 月 30 日	同前
在北魏		在北魏	
眼部	头部	头部	腹部
群	党	党	党

一二〇师独立一旅七一五团

三营九连	九连	九连	九连
战士	战士	战士	战士
徐世英	赵景春	张振池	张树清
35	25	16	28
河北任丘	河北任丘	山西文水	河北饶阳
1938 年入伍	1938 年	1938 年	1938 年
小征村徐世勋	三塚村赵洛起	本县城内	张岗村张波云
1939 年 3 月 30 日	同前	1939 年 3 月 30 日	同前
在北魏		在北魏	
腹部	头部	脑部	
群	党	党	党

一二〇师独立一旅七一五团

三营九连	九连	三营九连	九连
战士	战士	战士	战士
魏元起	李立山	赵瑞祥	闰建章
15	15	20	25
绥远武川	山西武寨	河南叶月〈县〉	绥远凉城
1938 年在本地	1938 年	1937 年	1938 年在本地
本县大车庙	本县黄岭山李左双	本县本人	凉城前窑子闰玉成
1939 年 3 月 30 日	同前	1939 年 3 月 30 日	同前
在北魏		在北魏	
脑部	腹部	胸部	胸部
党	党	党	党

一二〇师独立一旅七一五团

三营九连	十连	三营十连	十连
战士	战士	战士	战士
李造拴	靳鹤松	苗成章	周治祥
30	32	23	36
山西兴县	河北任丘	任丘	任丘
1937 年	1938 年	1938 年	1939 年
兴县槐村	本县靳海	本人	台庄村周洪福
1939 年 3 月 30 日	同前	1939 年 3 月 30 日	同前
在北魏		在北魏	
	头部	腹部	腹部

党	群	党	群
一二〇师独立一旅七一五团			
三营十连	十连	十连	十连
战士	战士	战士	战士
耿松茂	路慎修	芦德义	齐中秋
39	28	37	34
山西静乐	绥远沙县	山西阳曲	绥远丰镇
1937 年	1938 年	1938 年	1937 年
本县柴村	本县本人	松村	本县江沙村
1939 年 3 月 30 日	同前	1939 年 3 月 30 日	同前
在北魏		在北魏	
头部	头部	胸部	胸部
党	群	党	党
一二〇师独立一旅七一五团			
三营十连	十连	三营十连	十连
战士	战士	战士	战士
骆鸿恩	靳僧群	李恒昌	李树萱
24	25	28	30
河北任丘	绥远凉城	河北元士〈氏〉	山西静乐
1939 年	1937 年	1938 年	1939 年
边家庄本人	凉城红沙村	本县李家庄	楼炊镇本人
1939 年 3 月 30 日	同前	1939 年 3 月 30 日	同前
在北魏		在北魏	
头部	胸部		腿部
群	党	群	党
一二〇师独立一旅七一五团			
三营十连	十连	三营十连	十连
战士	战士	战士	战士
马标	刘墨庄	宿恒珍	赵贺充
31	18	23	19
山西平月	绥远淙县	河北河间	河北定县
1937 年	1937 年	1939 年	1938 年
本县圪驼村马小范	草城村刘老贵	挂东村村公所	本县城内
1939 年 3 月 30 日	同前	1939 年 3 月 30 日	同前
在北魏		在北魏	

	腹部		头部
党	党	群	群
一二〇师独立一旅七一五团			
三营十连	十一连	三营十一连	十一连
战士	战士	战士	战士
谷同川	张利本	徐二小	刘万清
27	35	35	35
绥远沙县	绥远桃林	山西兴县	河北任丘
1938 年	1937 年	1938 年	1937 年
本县本人	波耳湾张秋利	本县蒋家胡同	本县五里铺本人
1939 年 3 月 30 日	同前	1939 年 3 月 30 日	同前
在北魏		在北魏	
头部	头部	胸部	胸部
群	群	党	党
一二〇师独立一旅七一五团			
三营十一连	十一连	三营十一连	十一连
战士	战士	战士	战士
李德胜	张德功	白朝举	王世安
35	28	29	31
河北任丘香庄铺	陕西岐山	河北任丘白家庄	陕西富平县
1937 年	1937 年	1939 年	1937 年
本村李长久	本县城内	本村本人	本县牛马村
1939 年 3 月 30 日	同前	1939 年 3 月 30 日	同前
在北魏		在北魏	
头部	头部	头部	头部
党	党	群	党
一二〇师独立一旅七一五团			
三营十一连	十一连	三营十一连	十一连
何小年	李树芳	张丰来	王福来
战士	战士	战士	战士
35	20	19	19
河北任丘柳家庄	绥远陶林县	河北霸县城内	河北武强县
1939 年	1937 年	1938 年	1938 年
本县何二章	陶林县黑子山李波有	霸县城内	武强刘古村王些其

1939 年 3 月 30 日	同前	1939 年 3 月 30 日	同前
在北魏		在北魏	
头部	腹部		头部
群	党	党	党
一二〇师独立一旅七一五团			
三营十一连	十一连	三营十一连	十一连
战士	战士	战士	战士
敬奎武	周新海	杨九皋	王树楷
25	20	28	21
绥远沙县陶尔浩	甘省宁县城内	山西朔县	河北任丘步店村
1938 年在本县	1937 年	1938 年	1938 年在本县
本村敬奎益	城内军装局	书岸村交本人	本村村公所
1939 年 3 月 30 日	同前	1939 年 3 月 30 日	同前
在北魏		在北魏	
头部	脑部		头部
群	党	群	群
一二〇师独立一旅七一五团			
司令部政治处	司令部通讯连	一营二连	二连
总支书	指导员	班长	班长
曾衍芳	戴祥云	张德才	王寿山
31	27	22	25
江西太和县古和村	湖北宣恩县	陕西花衣〈华阴〉县	陕西蒲城县
1930 年	1933 年	1936 年	1937 年
本县本村	本县李家河	本县西城子张道	本县兴石镇王更明
1939 年 4 月 25 日	同前	1939 年 4 月 25 日	同前
在南留路		在南北留路	
党	党	党	党
一二〇师独立一旅七一五团			
一营二连	二连	一营二连	二连
班长	班长	战士	战士
张凤武	吴洪忠	郝得胜	郭天才
20	19	30	26
山西五寨	山西太原	绥远清水	山西洪铜〈洞〉
1938 年在本县	1937 年	1938 年	1938 年在本县
本县见元村张成五	本县石家村吴九成	本县史家庄郝永祥	本县古见村郭和平

1939年4月24日	同前	1939年4月24日	同前
在南北留路		在南北留路	
党	党	党	党
一二〇师独立一旅七一五团			
一营二连	二连	一营二连	二连
班长	班长	战士	战士
高炳南	车占道	李德	李三
32	23	22	22
河南	河南内黄	山西朔县	山西右玉
1938年	1937年	1938年	1938年
内黄前民村	本县朱家庄	本县麻孔村	本县东庄村
1939年4月24日	同前	1939年4月24日	同前
在南北留路		在南北留路	
党	党	党	党
一二〇师独立一旅七一五团			
一营四连	四连	一营一连	一连
战士	战士	战士	战士
王春德	黄锡福	姚玉昇	武喜智
27	23	26	30
河北文安	河北永清	绥远武川	山西交城
1939年	1939年	1938年	1937年
本县王庄村	本县大王村	本县义和村本人	本县安定村
1939年4月24日	同前	1939年4月24日	同前
在南北留路		在南北留路	
群	群	群	群
一二〇师独立一旅七一五团			
二营七连	七连	二营七连	七连
连长	班长	战士	战士
向荣华	张顶茂	邱富有	王有臣
25	20	25	25
四川南川县	陕西阜平县	山东徽明县	山西榆次县
1937年	1937年	1937年	1937年
本县石林村本人	本县流这村	本县韭寨村	本县明前村
1939年4月24日	同前	1939年4月24日	同前
齐会村		在齐会	

腰部		头部	
党	党	群	群
一二〇师独立一旅七一五团			
二营五连	五连	二营五连	五连
战士	战士	战士	排长
白臣才	曾长根	王有公	马思礼
22	17	28	28
山西朔县	绥远隆县	山西交平	四川巴州
1939 年	1938 年	1937 年	1932 年
本县三区下山村	本县城内永和村	本县开栅镇	本县城内三元成
1939 年 4 月 23 日	同前	1939 年 4 月 23 日	同前
在南北留路		在南北留路	
党	党	党	党
一二〇师独立一旅七一五团			
二营五连	五连	二营五连	五连
战士	战士	战士	战士
郑玉新	王成	崔小四	陆如平
18	27	17	18
绥远清河	绥远陶林	河南叶乐	河北安平
1938 年	1938 年	1938 年	1938 年
本县城内西街	本县三道沟	本县泊庄子	本县城内南街
1939 年 4 月 23 日	同前	1939 年 4 月 23 日	同前
在齐会		在齐会	
头部	头部	腰部	肋部
群	群	党	群
一二〇师独立一旅七一五团			
二营五连	五连	二营五连	五连
战士	战士	战士	战士
鲁东明	陈三立	闫东生	陈子明
27	19	17	29
山西丁乡	山西五寨	河北束鹿	山西刑〈隰〉县
1938 年 12 月	1938 年 12 月	1938 年 12 月	1938 年 12 月
本县城内东大街	本县南关	本县本人	本县东大街
1939 年 4 月 23 日	同前	1939 年 4 月 23 日	同前
于齐会		在齐会	

头部	肋部	肋部	腰部
党	党	群	党
一二〇师独立一旅七一五团			
二营五连	五连	二营五连	五连
副排长	支书	文书	班长
赵成仁	孙六合	李文斌	周大祥
22	20	19	29
任丘	河南荣县	河北完县	任丘
1939 年 1 月	1939 年 12 月	1939 年 1 月	1939 年 1 月在苟各庄
本县八方村	本县城内	本县本人	大苟各庄
1939 年 4 月 24 日	同前	1939 年 4 月 23 日	同前
在齐会		在齐会	
腰部	头部	腰部	腿部
群	党	群	群
一二〇师独立一旅七一五团			
二营五连	五连	二营五连	五连
班长	战士	战士	战士
吴芝如	王必大	冯子珍	陈寿同
25	26	27	31
甘省徽县	山西太原	山西右玉	绥远凉城
1937 年	1937 年	1937 年	1937 年
本县麻黄咀	本县城内	本县盘石岭	本县前线子
1939 年 4 月 23 日	同前	1939 年 4 月 23 日	同前
在齐会		在齐会	
脚部	头部	腿部	头部
党	党	群	群
一二〇师独立一旅七一五团			
二营五连	六连	二营六连	六连
战士	宣传员	战士	战士
何天生	赵辰	陈六合	鲍石平
18	20	22	24
山西武寨	绥远凉城	绥远武川	山西忻县
1938 年	1937 年	1937 年	1937 年
本县黄家山	本县城内	本县南关六桥堂	本县江沙村
1939 年 4 月 23 日	同前	1939 年 4 月 23 日	同前

于齐会		于齐会	
头部	脚部	头部	头部
党	党	群	群
一二〇师独立一旅七一五团			
二营六连	六连	二营六连	六连
战士	战士	战士	战士
刘天官	陈仁	伍武	朱洪
19	19	19	19
河北束鹿	山西静乐	山西寿阳	山西榆次
1938 年	1937 年	1937 年	1937 年
本县北大街	本县东营村	本县南庄头	本县小庄
1939 年 4 月 23 日	同前	1939 年 4 月 23 日	同前
于齐会		于齐会	
头部	头部	头部	头部
群	党	党	群
一二〇师独立一旅七一五团			
二营七连	七连	二营七连	七连
战士	战士	战士	战士
王成	李甲	张立秋	王海
23	29	27	28
山西朔县	山西寿阳	保定城内	河北文安
1938 年	1937 年	1939 年	1939 年 2 月
本县城内	本县本人	城内张立顺	本县本人
1939 年 4 月 23 日	同前	1939 年 4 月 23 日	同前
于齐会		于齐会	
头	腹	头	头
党	党	党	党
一二〇师独立一旅七一五团			
二营八连	八连	二营八连	八连
班长	战士	战士	战士
程志忠	陈信之	刘大升	李文浩
27	27	27	28
绥远沙县	山西静乐	山西交城	河北任丘
1938 年 2 月	1938 年 12 月	1938 年 12 月	1938 年 12 月
本县城西大街	本县白家村	本县安定村	本县城内

1939 年 4 月 23 日	同前	1939 年 4 月 24 日	同前
在齐会		在齐会	
足	头	头	头
党	群	群	群
一二〇师独立一旅七一五团			
二营八连	八连	二营八连	八连
战士	战士	战士	战士
何之洪	何少英	李常有	王绍芝
27	28	29	40
河北献县	绥远武川	永年县	束鹿县
1938 年 2 月	1938 年 2 月	1938 年 2 月	1938 年 2 月
本县小台寺	本县城内	本县城内西街	本县西大街
1939 年 4 月 23 日	同前	1939 年 4 月 23 日	同前
于齐会		于齐会	
头	头	头	头
群	群	群	群
一二〇师独立一旅七一五团			
三营九连	九连	三营九连	九连
支书	班长	战士	战士
刘增禄	郭志兴	赵树池	赵绍辰
30	20	23	31
河北献县	绥远凉城	山西朔县	山西五寨
1939 年 2 月	1937 年	1939 年	1937 年
本县张庄村	本县陶林村	本县小合村赵宝安	本城西街
1939 年 4 月 23 日	同前	1939 年 4 月 23 日	同前
于北留路		于北留路	
党	党	党	群
一二〇师独立一旅七一五团			
三营十连	十一连	三营十一连	十一连
战士	文化教员	班长	战士
岳振岭	崔国振	韩西真	王楷员
20	19	25	30
河北武强	河北安平	河北安平	山西定香〈襄〉
1938 年	1938 年	1938 年	1938 年
本县东街永和成	良仁村村公所	本县本人	本县敬仁村

1939 年 4 月 23 日	同	1939 年 4 月 23 日	同
于南北留路		于南北留路	
	头		
群	党	党	党
一二〇师独立一旅七一五团			
三营十一连	十一连	三营十二连	十二连
战士	战士	指导员	战士
王清	周树	王林	李济江
20	25	27	19
河北深县	山西朔县	绥远凉城	绥远凉城
1938 年	1938 年	1938 年	1938 年
东步町交本人	古城角本人	陶林村本人收	本县城内本人
1939 年 4 月 23 日	同	同	同前
在南北留路			
	头		
群	党	党	党
一二〇师独立一旅七一五团			
二营五连	五连	五连	五连
战士	战士	班长	战士
张玉昇	裴合章	杨生云	李保山
31	26	39	25
河南叶月〈县〉	山西兴县	山西五寨	河北文安
1937 年	1937 年	1937 年	1939 年
本县城	本县草庄子	本县小合村	本县社南村
1939 年 5 月 13 日	同前	同前	同前
在找子营			
	头		腿部
党	党	党	群
一二〇师独立一旅七一五团			
二营	二营五连	五连	五连
营长	连长	战士	战士
刘光权	苗金	胡明德	杨青山
28	24	21	21
湖北荆门	绥远青河	绥远陶林	绥远武川
1932 年 2 月本县	1938 年	1938 年	1938 年

本县本人	本县韭菜沟	本县三道沟	本县城内三合成
1938 年 5 月 13 日	1939 年 5 月 13 日	同前	1938 年 5 月 13 日
在孙刘庄	在找子营		在孙刘庄
脑		腹部	胸部
党	党	党	群
一二〇师独立一旅七一五团			
二营五连	五连	二营五连	五连
战士	战士	战士	战士
杨茂云	王宝莲	梁维	李柱万
32	21	18	34
山西定香〈襄〉	山西金县	山西五寨	河北任丘
1937 年	1937 年	1937 年	1939 年
本县江山村	本县尧玉村	本县东王村	本县城内本人
1938 年 5 月 13 日	1939 年 5 月 13 日	同前	1938 年 5 月 13 日
在孙刘庄	在找子营		在孙刘庄
党	党	党	群
一二〇师独立一旅七一五团			
二营五连	五连	二营五连	五连
战士	战士	支书	战士
郭梦折	宋吉林	田成达	赵天奎
31	18	25	31
河北大名	河北定县	山西兴县	河北文安
1938 年	1939 年	1938 年	1939 年
本县郭光荣	本县宋锦昌	本县田正玉	常家村赵德元
1939 年 5 月 13 日	同前	1939 年 5 月 13 日	同前
在找子营		在找子营	
群	群	党	党
一二〇师独立一旅七一五团			
二营五连	五连	二营六连	六连
战士	战士	班长	战士
贾维柱	胡西古	王生成	张文武
32	34	19	27
河北文安	甘省徽县	河北文安	河北文安
1939 年在本地	1935 年	1939 年	1939 年在本县
本县常家庄	本县黄村	本县史家庄	本县李各庄

1938 年 5 月 13 日	同前	1939 年 3 月 13 日	同前
于孙刘庄		在找子营	
群	党	群	群
一二〇师独立一旅七一五团			
二营六连	六连	二营六连	六连
战士	战士	战士	战士
李德化	巨连芝	伍国礼	赵星昌
34	24	23	30
绥远陶林	河北文安	山西右玉	四川孝咸
1939 年入伍	同前	1938 年	1937 年
本县城内邮局转	本县顺生村	本县盘石岭	本县毛巴城
1939 年 5 月 13 日	1938 年 5 月 13 日	同前	同前
于孙刘庄	在找子营		
党	群	党	党
一二〇师独立一旅七一五团			
二营六连	六连	二营七连	七连
战士	战士	排长	班长
杨玉祥	杨玉山	王平安	马三小
24	30	24	29
山西凌庆	绥远凉城	贵州盘县	山西五寨
1937 年	1938 年	1935 年	1938 年
本县城内	本县前窑子	本县水唐子	本县黄家山
1935［9］年 5 月 13 日			
在河北找子营	同前	同前	同前
党	党	党	党
一二〇师独立一旅七一五团			
二营七连	七连	二营七连	七连
战士	战士	战士	战士
张五子	赵荣明	刘六小	刘玉堂
25	18	17	21
绥远武川	绥远城县	山西五寨	山西兴县
1938 年入伍	同前	1937 年入伍	同前
本县大车庙	本县红沙镇	本县本人	本县南关刘桥堂
1939 年 5 月 13			
日在河北找子营	同前	同前	同前

群	党	党	党
一二〇师独立一旅七一五团			
二营七连	七连	二营七连	七连
战士	战士	战士	战士
王福林	赵书其	李合成	王英顺
22	37	21	39
山西寿阳	绥远凉城	河北元氏	山西静乐
1938 年入伍	同前	1939 年	1938 年
本县坪头镇王义	本县赵子明	本县李家庄	本县本人
1939 年 5 月 13 日			
在孙刘庄	同前	同前	同前
群	群	群	群
一二〇师独立一旅七一五团			
二营七连	七连	二营七连	七连
战士	战士	战士	战士
于德喜	杜得胜	弓士杰	王山
37	27	38	25
山西寿阳	山西榆次	山西榆次	山西朔县
1938 年入伍	同前	1938 年入伍	同前
本县于万全	本县杜有奎	本村弓定席	本县本人
1939 年 5 月 13 日			
在孙刘庄	同前	同前	同前
群	党	党	群
一二〇师独立一旅七一五团			
二营七连	七连	二营八连	八连
战士	战士	班长	战士
任登科	找银顺	苗怀来	王得胜
17	34	30	27
山西朔县	山西朔县	河北河间	绥远淙县
1938 年入伍	同前	1939 年入伍	同前
本县五区本人	同前	本县史村	本县城西段村
1939 年 5 月 13 日			
在河北找子营	同前	同前	同前
党	党	群	群
一二〇师独立一旅七一五团			

二营八连	八连	二营八连	八连
战士	战士	战士	战士
白玉衍	张逢春	王富有	贾培叶
29	17	36	21
山西静乐	山西平定	绥远武川	河北河间
1938 年在本地	1939 年在本地	1938 年 12 月	同前
		在本县入伍	
本县本村	本县黑水城	本县上门凹	本县留寺村
1938 年 5 月 13 日	同前	1939 年 5 月 13 日	1938 年 5 月 13 日
在孙刘庄		在找子营	在孙刘庄
党	党	群	群
一二〇师独立一旅七一五团			
三营九连	九连	三营九连	九连
支书	班长	战士	战士
孙占同	郭西九	王儒甫	米景春
53	29	29	35
陕西阜平	河北清苑	山西交城	河北任丘
1937 年 10 月入伍	同前	1939 年 2 月入伍	同前
本县三区孙大雪	本县李八庄	本县安定村	本县三节坊
1938 年 5 月 13 日	同前	1939 年 5 月 13 日	同前
在孙刘庄		在河间找子营	
	腰		腹部
党	党	群	群
一二〇师独立一旅七一五团			
三营九连	九连	三营九连	九连
战士	战士	战士	战士
高青山	胡江	王大永	马运通
22	27	29	18
绥远武川	山西太原	文安城内	任丘青塔
1938 年在本县入伍	同前	同前	同前
1938 年在孙刘庄	1939 年	同前	1938 年在孙刘庄
	在河间找子营		
胸部	腿部	腹部	头部
党	党	群	群
一二〇师独立一旅七一五团			

三营九连	九连	三营九连	九连
战士	战士	战士	战士
马志清	马志通	马成功	李九江
21	32	37	24
河北文安	文安	河北雄县	雄县
1937 年在常家村	1938 年在胜芳	同前	1939 年在胜芳
1938 年 5 月 13 日	同前	1939 年 5 月 13 日	同前
在孙刘庄		在河间找子营	
党	群	群	群

一二〇师独立一旅七一五团

三营九连	十连	三营十一连	十一连
战士	文书	战士	战士
王树林	李续清	律少卿	赵根长
19	25	17	25
河北肃宁	山西忻县	河北深县	河北任丘
1939 年	1938 年入伍	同前	1937 年
本县边都村	本县古城角	本县城内本人	本县曹家口
1938 年 5 月 13 日	同前	1939 年 5 月 13 日	同前
在孙刘庄		在河间找子营	
群	党	党	党

一二〇师独立一旅七一五团

三营九连	十连	三营十连	十连
战士	战士	战士	战士
杜根宝	史崇贤	李中叶	李广才
25	19	27	35
河北深泽	河北保定	深县	雄县
1938 年	1937 年	1938 年	1937 年
本县城内	本县石家庄	本县杜家庄	城内
1939 年 5 月 13 日	同前	同前	同前
在河间找子营			
群	党	群	党

一二〇师独立一旅七一五团

三营十连	十连	三营十连	十连
战士	战士	班长	战士
李树	白宽岭	李庄志	王金亮

21	19	21	25
河北博野	河间	河北献县	霸县
1938 年入伍	同前	1937 年	1938 年
本县杨村	本县二十里铺	本县张庄	本县城内
1939 年 5 月 13 日	同前	1938 年 5 月 13 日	同前
在找子营		在孙刘庄	
群	群	党	群
一二〇师独立一旅七一五团			
三营十连	十连	三营十连	十连
排长	排长	排长	排长
杨立元	白运峯	孙英奎	杨文炳
25	17	18	32
河北保定	深县	河北安平	任丘
1938 年在本地	1937 年在本地	1937 年在町村	1939 年在本县
1938 年在孙刘庄	同前	1939 年在找子营	同前
腹部		腰部	
群	党	党	群
一二〇师独立一旅七一五团			
三营十一连	十一连	三营十一连	十一连
战士	战士	战士	战士
张士卿	赵顺兴	赵英才	靳吉林
40	32	30	19
河北饶阳	陶林	山西朔县	任丘
1938 年在本县入伍	同前	同前	同前
本县郭村	本县红沙村	本县城内	本县城内靳恒
头	脑	腹	胸
1939 年 5 月 13 日	同前	同前	同前
在找子营			
群	群	群	群
一二〇师独立一旅七一五团			
三营十一连	十一连	三营十一连	十一连
战士	战士	战士	战士
岳洪增	商贺身	商新存	赵贺廷
18	28	31	18
河北任丘	朔县	河北安平	五寨

1938 年 7 月在青塔	1937 年在本村	1939 年 2 月	1938 年入伍
本县八步店	本县临分村	本县侯町村	本县小合村
1938 年 5 月 13 日	同前	1939 年 5 月 13 日	同前
在孙刘庄		在河间找子营	
头		胸	
党	党	群	党
一二〇师独立一旅七一五团			
三营十连	十连	三营十连	十连
战士	战士	战士	战士
赵增来	马运田	孟兰普	程希白
25	20	31	25
河北任丘	任丘	武强	文安
1938 年在本地	同前	1938 年在本地	同前
本县曹庄	本县伍仁桥	本县城内	本县胜芳
1939 年 5 月 13 日	同前	同前	同前
在找子营			
腿		头	
党	群	群	群
一二〇师独立一旅七一五团			
三营十连	十连	三营十连	十连
战士	战士	战士	战士
郭募芳	陈次侯	谭锡宁	高铁英
29	30	31	25
河北任丘	河北高阳	山西兴县	河北文安
1938 年	1938 年	1938 年	1939 年
本县南曹口	本县本人	本县曹庄	本县林南村
1939 年 5 月 13 日	同前	同前	同前
在孙刘家庄			
头	腹	胸	腰
群	群	群	群
一二〇师独立一旅七一五团			
三营十二连	十二连	三营十二连	十二连
班长	战士	副班长	战士
杨左才	赵洪增	李志和	赵运初
25	35	34	20

河北任丘	河北文安	山西朔县	河北深县
1938 年	1938 年	1938 年	1938 年
本县城内	本县胜芳	本县寨子村	本县麻家桥
1939 年 5 月 13 日在河间找子营	同前	同前	同前
腹部	腹部	胸部	胸部
党	群	党	党

陆军一二零师独立第一旅第五团

队别	二连	三连	同	通信连
职别	战士	战士	同	通信员
姓名	刘明山	张万有	刘步宽	江占海
年龄	28	27	同	21
籍贯	河北霸县	甘省徽县	山西右玉县	四川间县
家庭经济状况	人 4 口房 2 间田无	人 4 口房田无	人 4 口田二十亩房无	人 4 口田房无
何时何地入伍	1939 年入伍	1936 年入伍	1938 年入伍	1932 年入伍
永久通信处				
何时何地阵亡	1939. 6. 28 在马庄阵亡	同	同	1939. 6. 23 在张石曹阵亡
负伤部位	头部	头部	头部	同
葬埋地点				
是否党员		党员	党员	党员
备考				

一二〇师独立第一旅第七一五团

二连七连	同	同	同
战士	战士	同	副班长
刘海泉	王兰祯	郝福祥	王成章
33	23	39	31
山西静乐雷家庄	冀饶阳宣店村	冀束鹿王家口村	冀束鹿三区北里朔
人 2 口田房无	人 3 口田 10 亩房 3 间	人 4 口房 2 间田无	人 5 口房 5 间田一亩
1937 年本地入伍	1939 年本地入伍	同	1937 年本地入伍
1939. 10. 4 山西灵丘野窠窝阵亡	同	同	同

嘴	头部	头部	头
是	否	否	否
重			
一二〇师独立第一旅第七一五团			
二营七连	同	同	同
通讯员	排长	战士	同
孙恩恩	田重武	尹敬林	安银祥
17	27	42	46
绥远萍县祝米村	湖南慈利西辛乡	冀晋县西曹村	冀东鹿西枣营
人 2 口房 10 间地 60 亩	人 3 口房 3 间	人 2 口田	人 4 口田
	田收六石谷	无房 3 间	无房 3 间
1938 年本地入伍	1935 年本地入伍	1939 年本地入伍	1937 年本地入伍
1939. 10. 4 山西灵	同	同	同
丘野窠窝阵亡			
头部	头部	头部	头
是	是	否	否
一二〇师独立第一旅第七一五团			
二营七连	同	同	同
战士	同	同	同
张苦望	朱林森	李金水	尹心浣
34	23	17	30
冀深泽张屯	冀深泽东关	冀任丘茂洲	冀深县影子村
人 7 口房 6 间	人 8 口房 3 间	人 3 口田	人 5 口房 5 间
田 10 亩	田 4 亩	房无	田 3 亩
1939 年本地入伍	1939 年本地入伍	1939 年本地入伍	1939 年本地入伍
1939 年山西	同	同	同
野窠窝阵亡			
头部	头部	头部	头部
否	否	否	否
一二〇师独立第一旅第七一五团			
二营七连	同	同	同
战士	同	同	同
王根立	李玉花	王树起	萧振迎
39	25	34	20
河北束鹿小张村	冀灵寿南合村	冀束鹿三西	冀深县得朝村

		巨家庄	
人2口房2间田10亩	人4口房2间田10亩	人2口田房无	人3口房4间田3亩
1939年本地入伍	1939年本地入伍	1939年本地入伍	1939年本地入伍
1939年山西灵丘野窠窝阵亡	同	同	同

一二〇师独立第一旅第七一五团

二营七连

副班长

王占奎

35

山西朔县三区范王寺村

人3口房2间田无

1938年本地入伍

1939年山西灵丘野窠窝阵亡

陆军一二零师独立一旅七一五团			
队别	一营三连	同	
职别	战士	同	
姓名	胡喜树	牛治国	
年龄	20	33	
籍贯	河北束鹿二区朱家庄	河北武邑牛村	
家庭经济状况	人3口田2亩房无	人4口田房无	
何时何地入伍	1939年在本地入伍	同	
永久通信处	本村交本人	同	
何时何地阵亡	1939年10月18日河北涞源马庄	同	
负伤部位		头部	
葬埋地点			
是否党员	是	否	
备考			

陆军一二零师独立一旅七一五团				
队别	通迅连	同	同	一营
职别	电话排长	侦察员	同	营长
姓名	刘井生	韩玉连	刘泽明	曾庆云
年龄	24	35	20	32
籍贯	江西赣县睦村	山西盂县辛通村	黔省潘〈盘〉县海子村	蜀新翻县
家庭经济状况	人2口田2亩房四间	人6口房9间田5亩	人5口房三间田无	人7口田7亩房3间
何时何地入伍	1931年在本地入伍	1937年在本地入伍	同	1937年在本地入伍
永久通信处				
何时何地阵亡	1939年10月24日在下关	同	同	1939年10月24日在灵丘站上
负伤部位	头部	右前胸	同	头肚部
葬埋地点				
是否党员	是	是	是	是
备考				

陆军一二零师独立一旅七一五团				
队别	一营二连	二营五连	七连	八连
职别	战士	支书	战士	战士
姓名	赵光芦	陈起和	刘英全	侯振海
年龄	36	28	20	21
籍贯	河北文安县	贵州庆平县西区陈家水村	绥远陶林八岔沟	河北深县北落龙
家庭经济状况	人3口房3间地无	人6口田10亩房无	人8口房无地30亩	人5口房5间地3亩
何时何地入伍	1939年在本地入伍	1933年9月在六河入伍	1938年在本地入伍	1939年在本地入伍
永久通信处				
何时何地阵亡	1939年10月25日灵丘下关	1939年10月24日灵丘上寨	1939年10月24日灵丘下关	同
负伤部位	头部	同	左右腿	头部
葬埋地点				
是否党员	否	是	是	否
备考			被敌捉去撕杀了	

陆军一二零师独立一旅七一五团			
队别	团部	二营八连	七连
职别	一参谋	排长	战士
姓名	崔光海	张华光	朱春刚
年龄	25	23	32
籍贯	湖北石首县交子洞	黔潘〈盘〉县上填村	冀东鹿天富村
家庭经济状况	人8口房无田20亩	人4口房3间地无	人4口房2间地2亩
何时何地入伍	1930年在本地入伍	1933年在本地入伍	1939年在本地入伍
永久通信处			
何时何地阵亡	1939年10月24日灵丘下关	同	同
负伤部位	头肚部	同	右腿
葬埋地点			
是否党员	是	同	否
备考			以后牺牲

陆军一二零师独立第一旅第七一五团				
队别	三营部	同	同	十连
职别	理发员	通讯员	同	排长
阶级				
姓名	刘振坤	张兆禄	吕文明	孙九余
年龄	29	21	27	25
籍贯	冀省深县	冀省任丘	冀省雄县	川隆汉五区双庙
家庭经济状况				
何时何地入伍				
永久通信处				
何时何地阵亡	1939年10月29日南石府	同	同	1939年12月关中苒
负伤部位				
葬埋地点				
是否党员				是
备考				

陆军一二零师独立第一旅第七一五团				
队别	十连	同	同	十一连
职别	战士	同	同	通信员
阶级				
姓名	马学仁	杨间林	高英科	郑中苓
年龄	26	21	28	15
籍贯	冀省任丘	冀省深县	同	同
家庭经济状况				
何时何地入伍				
永久通信处				
何时何地阵亡	1939 年 12 月南石府	同	同	1939 年 11 月关庄沟
负伤部位				
葬埋地点				
是否党员				
备考				

陆军一二零师独立第一旅第七一五团				
队别	十一连	同	同	同
职别	战士	班长	战士	同
阶级				
姓名	赵振江	郑学义	武秃小	何顺兴
年龄	27	39	29	24
籍贯	冀省束鹿	苏肃县	冀省束鹿	冀省深泽
家庭经济状况				
何时何地入伍				
永久通信处				
何时何地阵亡	1939 年 11 月关庄沟	同	同	同
负伤部位				
葬埋地点				
是否党员		是		
备考				

陆军一二零师独立第一旅第七一五团				
队别	十一连	同	同	同
职别	战士	同	同	同
阶级				
姓名	赵广生	赵长发	邓九如	刘书篆
年龄	43	35	40	16
籍贯	冀省雄县	冀省安平	冀省任丘	冀省深县
家庭经济状况				
何时何地入伍				
永久通信处				
何时何地阵亡	1939 年 11 月关庄沟	同	1939 年 10 月 2 日关庄沟	同
负伤部位				
葬埋地点				
是否党员				
备考				

陆军一二零师独立第一旅第七一五团				
队别	十一连	同	同	一营三连
职别	战士	班长	战士	战士
阶级				
姓名	郝出头	张秉元	李书林	牛治国
年龄	24	29	24	33
籍贯	冀省深县	山西阳曲	冀省束鹿	冀省深县
家庭经济状况				
何时何地入伍				
永久通信处				
何时何地阵亡	1939 年 10 月 2 日关庄沟	1939 年 10 月 29 日南石府	同	1939 年 11 月 18 日西马庄
负伤部位				
葬埋地点				
是否党员		是		
备考				

陆军一二零师独立第一旅第七一五团	
队别	三连
职别	副班长
阶级	
姓名	胡树春
年龄	20
籍贯	冀省束鹿
家庭经济状况	
何时何地入伍	
永久通信处	
何时何地阵亡	1939 年 11 月 18 日西马庄
负伤部位	
葬埋地点	
是否党员	
备考	

陆军一二零师独立一旅第七一五团				
队别	二营五连	同	同	同
职别	战士	同	同	同
姓名	周福生	鲁保钧	姜洛卫	杨开敖
年龄	28	38	39	24
籍贯	陕西华阴	冀固县	陕西蒲城	山西五寨
家庭经济状况				
何时何地入伍				
永久通信处				
何时何地阵亡	1939 年 3 月 30 日	同	同	同
阵亡何地	在南北卫	同	同	同
名称				
是否党员				
备考				

陆军一二零师独立一旅第七一五团				
队别	同	同	同	同
职别	同	同	同	同
姓名	王子义	纪马	邓云	宋文喜
年龄	26	34	28	29
籍贯	山西井罗〈静乐〉	冀任丘	同	山西洪洞
家庭经济状况				
何时何地入伍				
永久通信处				
何时何地阵亡	同	同	同	同
阵亡何地	同	同	同	同
名称				
是否党员				
备考				

陆军一二零师独立一旅第七一五团				
队别	二营五连	同	同	同
职别	战士	同	同	同
姓名	甄洪年	李文州	马七	何小
年龄	40		23	28
籍贯	四川崔窠	冀文安	山西洪洞	陕西井〈泾〉阳
家庭经济状况				
何时何地入伍				
永久通信处				
何时何地阵亡	1939 年 3 月 30 日	同	同	同
阵亡何地	南北卫	同	同	同
名称				
是否党员				
备考				

陆军一二零师独立一旅七一五团				
队别	五连	二营七连	同	同
职别	战士	班长	战士	同
姓名	卫海中	吴介仁	李子寿	马子松
年龄	29	同	35	38
籍贯	陕西印潘	河南内黄	绥远凉城	山西朔县
家庭经济状况				
何时何地入伍				
永久通信处				
何时何地阵亡	同	同	同	同
阵亡地点	同	同	同	同
名称				
是否党员		党员		
备考				

陆军一二零师独立一旅七一五团				
队别	二营七连	同	同	同
职别	战士	同	同	同
姓名	高丙耀	朱万勤	万芝义	支加皮
年龄	39	37	28	38
籍贯	山西太原	绥远清水	山西洪洞	绥远武川
家庭经济状况				
何时何地入伍				
永久通信处				
何时何地阵亡	1939年3月30日	同	同	同
阵亡地点	在南北卫	同	同	同
名称				
是否党员				
备考				

陆军一二零师独立一旅七一五团				
队别	七连	同	同	同
职别	战士	同	同	同
姓名	陈之逢	白巨才	钱金荣	冯守通
年龄	28	38	26	
籍贯	绥远武川	山西新县	冀河间	同
家庭经济状况				
何时何地入伍				
永久通信处				
何时何地阵亡	同	同	同	同
阵亡地点	同	同	同	同
名称				
是否党员				
备考				

陆军一二零师独立一旅七一五团				
队别	二营七连	同	同	同
职别	战士	同	同	同
姓名	任起义	郭文亮	田万佩	年丰子
年龄	38	28	同	38
籍贯	河南内黄	冀深县	冀任丘	冀文安
家庭经济状况				
何时何地入伍				
永久通信处				
何时何地阵亡	同	同	同	同
阵亡地点	同	同	同	同
名称				
是否党员				
备考				

陆军一二零师独立一旅第七一五团				
队别	同	八连	同	同
职别	同	同	同	同
姓名	赵常生	郑明	杨保堂	杨保新
年龄	26	28	40	34
籍贯	冀任丘	同	河北子牙	河北胜芳
家庭经济状况				
何时何地入伍				
永久通信处				
何时何地阵亡	同	同	同	同
阵亡地点	同	同	同	同
名称				
是否党员				
备考				

陆军一二零师独立一旅七一五团				
队别	二营八连	同	同	同
职别	战士	同	同	同
姓名	吴远志	张文剑	吴有仁	单七
年龄	28	38	26	29
籍贯	湖南佩德	冀安平	山东历城	冀任丘
家庭经济状况				
何时何地入伍				
永久通信处				
何时何地阵亡	1939 年 3 月 30 日	同	同	同
阵亡地点	南北卫	同	同	同
名称				
是否党员				
备考				

陆军一二零师独立一旅七一五团				
队别	同	同	同	同
职别	同	同	同	同
姓名	曹振廷	许印奎	杨立元	贺先章
年龄	38	25	38	37
籍贯	河北清苑	绥远武巨窑	贵州黔西	河北清苑
家庭经济状况				
何时何地入伍				
永久通信处				
何时何地阵亡	同	同	同	同
阵亡地点	同	同	同	同
名称				
是否党员				
备考				

陆军一二零师独立一旅七一五团				
队别	二营八连	同	同	同
职别	战士	同	同	同
姓名	陈大谟	朱德文	柯福生	贺保珍
年龄	35	同	28	27
籍贯	湖南石门	湖南直宜	绥远陶林	河北霸县
家庭经济状况				
何时何地入伍				
永久通信处				
何时何地阵亡	1939 年 3 月 30 日	同	同	同
阵亡地点	南北卫	同	同	同
名称				
是否党员				
备考				

陆军一二零师独立一旅第七一五团				
队别	同	三营九连	同	同
职别	同	同	同	同
姓名	黄振元	陶立栓	叶为勤	张少宗
年龄	35	25	35	37
籍贯	四川广坝	山西静乐	陕西富平	同
家庭经济状况				
何时何地入伍				
永久通信处				
何时何地阵亡	同	同	同	同
阵亡地点	同	同	同	同
名称				
是否党员				
备考				

陆军一二零师独立一旅七一五团				
队别	三营九连	同	同	同
职别	战士	同	同	同
姓名	张开贤	吴春泽	孙成有	贾世清
年龄	20	37	38	22
籍贯	绥远黄岭	徐家姚	山西阳曲	河北任丘
家庭经济状况				
何时何地入伍				
永久通信处				
何时何地阵亡	1939 年 3 月 30 日	同	同	同
阵亡何地	南北卫	同	同	同
名称				
是否党员				
备考				

陆军一二零师独立一旅七一五团				
队别	同	同	同	同
职别	同	同	同	同
姓名	徐世英	赵开奉	张振池	张书青
年龄	35	25	15	28
籍贯	河北任丘	同	山西文家城	河北饶阳
家庭经济状况				
何时何地入伍				
永久通信处				
何时何地阵亡	同	同	同	同
阵亡地点	同	同	同	同
名称				
是否党员				
备考				

陆军一二零师独立一旅七一五团				
队别	三营九连	同	同	同
职别	战士	同	同	同
姓名	李立山	魏元起	赵瑞祥	闫见章
年龄	15	同	20	25
籍贯	山西五寨	绥远武川	河南叶县	绥远凉城
家庭经济状况				
何时何地入伍				
永久通信处				
何时何地阵亡	同	同	同	同
阵亡地点	同	同	同	同
名称				
是否党员				
备考				

陆军一二零师独立一旅七一五团				
队别	同	十连	同	同
职别	同	同	同	同
姓名	李造栓	靳洪松	苗成章	周造祥
年龄	30	32	23	36
籍贯	山西兴县	河北灵丘	河北任丘	同
家庭经济状况				
何时何地入伍				
永久通信处				
何时何地阵亡	同	同	同	同
阵亡地点	同	同	同	同
名称				
是否党员				
备考				

陆军一二零师独立一旅七一五团				
队别	三营十一连	同	同	同
职别	战士	同	同	同
姓名	耿宏茂	路慎冬	芦德义	齐中秋
年龄	38	28	37	34
籍贯	山西静乐	绥远沙县	山西阳曲	山西丰镇
家庭经济状况				
何时何地入伍				
永久通信处				
何时何地阵亡	同	同	同	同
阵亡地点	同	同	同	同
名称				
是否党员				
备考				

陆军一二零师独立一旅七一五团				
队别	同	十连	同	同
职别	同	同	同	同
姓名	骆宏恩	靳曾必	李恒山	李树宣
年龄	24	25	28	30
籍贯	河北任丘	绥远凉城	河北元氏	山西静乐
家庭经济状况				
何时何地入伍				
永久通信处				
何时何地阵亡	同	同	同	同
阵亡地点	同	同	同	同
名称				
是否党员				
备考				

陆军一二零师独立一旅七一五团				
队别	二营六连	同	七连	同
职别	战士	同	班长	排长
阶级				
姓名	杨喜群	杨玉山	高三小	王平安
年龄	24	30	29	24
籍贯	山东陵庆〈临清〉	绥远凉城	山西五寨	贵州兰县
家庭经济状况				
何时何地入伍				
永久通信处				
何时何地阵亡	1939 年在找子营	1939 年孙刘庄	同	同
负伤部位				
葬埋地点				
是否党员			是	同
备考				

陆军一二零师独立一旅七一五团				
队别	三营十一连	十二连	三营营部	
职别	一排长	战士	特派员	
姓名	李子高	芦魁章	瞿甫然	
年龄	35	16	25	
籍贯	河南长葛县	河北深县	河南沁阳林村	
家庭经济状况	人 1 口田房无	人 13 口田 10 亩房 13 间	人 1 口田房无	
何时何地入伍	1937 年在本地入伍	1939 年本地入伍	1936 年金阳县入伍	
永久通信处				
何时何地阵亡	1939 年 11 月 2 日关庄沟	1939 年 10 月 24 日在下关	1939 年 11 月 2 日在山西浑源南石府	
负伤部位	腰部	胸部	同	
葬埋地点				
是否党员	是	否	是	
备考				

陆军一二零师独立一旅七一五团				
队别	通讯连	二营五连	同	同
职别	侦察员	班长	同	副班长
姓名	李玉清	白德深	韩廷栋	王英奎
年龄	27	24	34	35
籍贯	冀省定县	绥远武川	冀省蒙城	冀省饶阳
家庭经济状况	人 6 口房 3 间地无	人 2 口房地无	人 8 口房 5 间地 17 亩	人 3 口房 2 间地无
何时何地入伍	1939 年 2 月入伍	1938 年 9 月本地入伍	1939 年 8 月入伍	同
永久通信处				
何时何地阵亡	1940 年 3 月 28 日临县	1940 年 3 月 28 日临县暖泉会	同	同
负伤部位				
名称				
是否党员	是	同	同	否
备考	被敌捉去	同	同	同

陆军一二零师独立一旅七一五团				
队别	二营五连	同	同	同
职别	战士	同	同	同
姓名	杨开祯	张之赐	张喜山	郑真虎
年龄	17	40	34	22
籍贯	冀省深县	冀省饶阳	冀省晋县北王村	冀省深县
家庭经济状况	人4口房4间地8亩	人4口房5间地4亩	人4口房3间地5亩	人2口房3间地无
何时何地入伍	1939年7月入伍	1939年11月入伍	1939年6月入伍	1939年10月本地入伍
永久通信处				
何时何地阵亡	1940年3月28日暖泉会	同	同	同
负伤部位				
名称				
是否党员	否	同	同	同
备考	被敌捉去	同	同	同

陆军一二零师独立一旅七一五团		
队别	二营五连	
职别	战士	
姓名	刘来翁	
年龄	16	
籍贯	人4口房2间地2亩	
家庭经济状况	晋省临县	
何时何地入伍	1940年2月本地入伍	
永久通信处		
何时何地阵亡	1940年3月28日暖泉会	
负伤部位		
名称		
是否党员	否	
备考	被敌捉走	

44. 八路军第120师第358旅第4团烈士芳名登记表
(1940年8月2日)

烈士登记表

队别		四团一营一连		
职别		一排长	一班长	九班长
姓名		王维忠	刘振海	许明
年龄		28	38	30
籍贯	省	河北省	山东省	河北省
	县	武清县	堂邑县	永清县
	区乡			
	村	溢沽港	王庄	信安镇
家庭通信处及收信人姓名		溢沽港收信人王书元	王庄本人	本镇许连山
家庭经济地位			贫农	贫农
入伍年月		1938.3	1938.3	1938.3
任过什么工作				
亡故经过		阵亡	阵亡	阵亡
亡故地点		陈庄东边山上	同上	同上
亡故月日		1939.9.28	同上	同上
是否党员		正式党员	候补党员	正式党员
备考				

队别				
职别		战士	同	同
姓名		林省三	史有海	王永臣
年龄		22	46	32
籍贯	省	河北省	同	同
	县	安平县	安次县	文安县
	区乡			
	村	林家庄	褚河港镇	信安镇
家庭通信处及收信人姓名		林庄本人	本镇本人	本镇周之海
家庭经济地位		贫农	贫农	贫农
入伍年月		1939. 6	1938. 3	1938. 4
任过什么工作				
亡故经过		阵亡	阵亡	阵亡
亡故地点		同上	同上	同上
亡故月日		同上	同上	同上
是否党员		候补党员	否	否
备考				

烈士芳名登记册

队别		特种兵连		一营二连
职别		机枪排长	班长	战斗员
姓名		宋振林	康有才	翟世奎
籍贯	省县	河北文安县	河北安次县	河北大城
	区	特别区	六区	
	乡			
	村	胜芳镇	崔家堡	台头
家庭通信处及收信人姓名		胜芳镇小河西杨宝珍	崔家堡康云来	
本人出身成分		农	农	商
家庭经济地位		房无地 3 亩	房 3 间地 4 亩	房 4［间］地 7［亩］人 9［口］
入伍年月		1938 年 2 月	1938 年 5 月	1938. 4
来历		自动参加	自行参加	自动
受过什么教育		重机枪	干训班毕业	

续表

文化程度	小学二年	小学三年	
作战及伤残			作战三次
任过什么工作			任过班长
受何奖惩			
亡故原因	被炮炸阵亡	被炮炸伤亡	阵亡
亡故年月/日	1939 年 7 月 19 日	1939 年 7 月 19 日	39. 7. 19
亡故地点	深县大峯营村	深县大峯营村	同
埋葬地点	同上	同上	同
是否党员			否
其它			

队别		第二营	
职别		营长	通讯员
姓名		张仁成	萧明德
籍贯	省县	湖北房县	山东禹城
	区		
	乡	青举镇	田家庄
	村		
家庭通信处及收信人姓名		青举镇交张永宽	田家庄肖明远
本人出身成分		贫农	中农
家庭经济地位		房 3 间地 2 亩人 3 口	地 20 亩人 8 口
入伍年月		1931 年	1937. 11
来历		自	自
受过什么教育		教导团	
文化程度			
作战及伤残			
任过什么工作		连排长	
受何奖惩			
亡故原因		炮火猛烈	同
亡故年月/日		1939. 7. 19	1939. 7. 19
亡故地点		深县大冯营	同
埋葬地点		大冯营	同
是否党员		党员	同
其它			

烈士芳名登记册

队别		第二营第五连			
职别		一班副班长	五班长	战斗员	战斗员
姓名		庞振国	郭长清	孙德营	尹玉林
籍贯	省县	河北霸县	河北饶阳	河北饶阳	河北饶阳
	区				
	乡				
	村	孟家柳子	大送驾村	北京堂村	尹村
家庭通信处及收信人姓名		本村庞万海	本村郭正	本村孙老昆	自己收信
本人出身成分		务农	务农	务农	务农
家庭经济地位		房3间地20亩父妻2口	房5间地13亩兄嫂妻子7口	房2间地3亩父妻2口	房2间母妻子女5口
入伍年月		1938.3.22 在本村入伍	1939.7.4 在张家庄入伍	1939.7.4 在张家庄入伍	1939.7.3 在张家庄入伍
来历		自行参加	自行参加	自行参加	自行参加
受过什么教育					
文化程度		初级一年			
作战及伤残		炸后心而亡	头部被炸	被炮炸亡	被炮炸亡
任过什么工作					
受何奖惩					
亡故原因		战役	同	同	同
亡故年月/日		1939.7.19	同	同	同
亡故地点		深县大冯营作战			
埋葬地点		大冯营	同	同	同
是否党员					
其它					

队别		第六连
职别		战斗员
姓名		李同科
籍贯	省县	饶阳县
	区	
	乡	
	村	王同岳村
家庭通信处及收信人姓名		王同岳李永深
本人出身成分		农
家庭经济地位		
入伍年月		1939. 7. 12
来历		自
受过什么教育		
文化程度		上学五年
作战及伤残		
任过什么工作		
受何奖惩		
亡故原因		因阵地敌火太猛
亡故年月/日		1939. 7. 19
亡故地点		大冯营
埋葬地点		
是否党员		
其它		

烈士芳名登记册

队别		第七连	
职别		机枪班副班长	战斗员
姓名		霍光信	焦玉顺
籍贯	省县	河北永清	河北饶阳
	区	四区	二区
	乡	裡朗城	
	村		屯里
家庭通信处及收信人姓名		永清裡朗城霍万成	饶阳屯里焦元伍
本人出身成分		贫农	小商
家庭经济地位		地1亩房2间欠外[债]100元	人7口房6间
入伍年月		1938.7	1939.7
来历		自投	自入
受过什么教育			小学一年
文化程度		能识200字	能看最简单书信
作战及伤残		胸部受伤	
任过什么工作			
受何奖惩			
亡故原因		在大冯营作战山炮弹轰炸	在大冯营作战受伤
亡故年月/日		1939.7.19	1939.7.19
亡故地点		谢村	大冯营
埋葬地点		谢村	
是否党员		正式党员	
其它			未见尸首

烈士芳名登记册

队别		第九连	
职别		新战士	
姓名		崔振武	杨根岭
籍贯	省县	河北饶阳	同
	区		
	乡		
	村	崔路口	杨家池
家庭通信处及收信人姓名		崔起山	自收
本人出身成分		农	同
家庭经济地位		房无地一亩人 4 口	房四间地五亩人 3 口
入伍年月		1939. 7	同
来历		扩大	同
受过什么教育			
文化程度		司书〈私塾〉四年	初级一年
作战及伤残			
任过什么工作			
受何奖惩			
亡故原因		与日战斗	同
亡故年月/日		1939. 7. 19	同
亡故地点		大冯营	同
埋葬地点			
是否党员			
其它			

烈士芳名登记册

队别		第三营十连			
职别		三班长	战斗员		
姓名		郭有义	高万生	王乐祥	李迎洲
籍贯	省县				
	区				
	乡				
	村				
家庭通信处及收信人姓名					
本人出身成分					
家庭经济地位					
入伍年月					
来历					
受过什么教育					
文化程度					
作战及伤残					
任过什么工作					
受何奖惩					
亡故原因		前线阵亡	奉令退却亡	同	同
亡故年月/日		1939.7.19 日	同	同	同
亡故地点		大冯营	同	同	同
埋葬地点		大冯营	同	同	同
是否党员		是党员			
其它		履历焚烧调查不清			

烈士芳名登记册

队别		三营十连
职别		战斗员
姓名		刘松林
籍贯	省县	河北饶县
	区	第二区
	乡	
	村	北许司马村
家庭通信处及收信人姓名		北许司马村刘松筠
本人出身成分		
家庭经济地位		贫农
入伍年月		1939 年 6 月
来历		自动
受过什么教育		
文化程度		初小四年
作战及伤残		
任过什么工作		
受何奖惩		
亡故原因		头部受伤阵亡
亡故年月/日		1939 年 7 月 19 日
亡故地点		深县大冯营
埋葬地点		
是否党员		不是
其它		

队别		骑兵连		
职别		指导员	副指导	二排长
姓名		肖惜勤	吴坚	赵全魁
年龄		24岁	30岁	24岁
籍贯	省	湖南	江苏	湖南
	县	茶陵县	吴县	桑利县
	区乡			
	村	见江	凤经乡	江亚镇
家庭通信处及收信人姓名		湖南月坡长源堂	苏州外镇塘吴于浜吴凤鸣	本县本镇
入伍年月		1930年	1938年	1934年
任过什么工作		总支委员	支部书记	排长
亡故经过		伤重	同	同
亡故地点		新乐华皮	同	同
亡故月日		1939年12月16日	同	同
是否党员		党员	同	同
备考				

烈士登记表

队别				
职别		副班长	战士	同
姓名		祝义亭	赵文胜	李秀国
年龄		35岁	16岁	23岁
籍贯	省	河北	同	同
	县	永清	雄县	永清县
	区乡			
	村	大刘庄	南关	土楼村
家庭通信处及收信人姓名		本县本村刘二肥收	本县南关赵文升收	李家口转交本村李秀成收
入伍年月		1937年	1938年	1938年
任过什么工作		战士	通讯员	班长

续表

亡故经过	同	同	同
亡故地点	同	同	同
亡故月日	同	同	同
是否党员	同	不	不
备考			

队别		骑兵连		
职别		战士	同	炊事员
姓名		李树香	张建勋	扈振和
年龄		34 岁	25 岁	41 岁
籍贯	省	河北	河北	山东
	县	武强	静海县	齐河县
	区乡			
	村	五里屯	清南河村	元叶村
家庭通信处及收信人姓名		本村交本人	本村交本人	本县本村交扈振乾
入伍年月		1939 年	1937 年	1938 年
任过什么工作		战士	通讯员	战士
亡故经过		伤重	同	同
亡故地点		新乐华皮	同	同
亡故月日		1939 年 12 月 16 日	同	同
是否党员		不是	同	同
备考				

队别		里持二连		
职别		战士	同	同
姓名		王春生	李顺	宋治华
年龄		40	21	20
籍贯	省	河北省	河北省	河北省
	县	蠡县	蠡县	安国县
	区乡	三区	七区	四区
	村	齐家庄	野陈佐	北马村

续表

家庭通信处及收信人姓名	同上杨魏氏	李老孟	宋槐芝
家庭经济地位	人1口房1间	人6口地10亩房3间	人2口房2间
入伍年月	1939.6	1939.6	1939.7
任过什么工作	没	没	没
亡故经过	炮弹炸死	同左	在路病死
亡故地点	排树沟	同左	同
亡故月日	1939.11.24	1939.11.24	1939.11.24
是否党员	群众	群众	群众
备考			

烈士登记表

队别		里持三连	同	同
职别		三排长	九班长	通讯员
姓名		李春全	刘丙荣	张贵
年龄		37	22	19
籍贯	省	陕西省	河北	河北
	县	北同官	大城县	河间县
	区乡	东区	一区	一区
	村	周家岭	北李村	许家庄
家庭通信处及收信人姓名		周家岭本名收	北李村本名收	许家庄张书田
家庭经济地位		人5口房地没	人6口房2间地60亩	人1口房没地12亩
入伍年月		1937年本地入伍	1939年8月入伍	1939年5月入伍
任过什么工作		任班长排长	任副班长	任战士
亡故经过		亡故头部	亡故心口	亡故腿部
亡故地点		阜平县中白岔	同	同
亡故月日		1939年11月24日	同	同
是否党员		党员	同	同
备考				

烈士登记表

队别		三连	三连
职别		战斗员	同
姓名		李银	孙吉星
年龄		26	22
籍贯	省	河北	河北
	县	高阳县	任丘县
	区乡	三区	九区
	村	六河庄	林河村
家庭通信处及收信人姓名		六河庄李培仁	林河村孙见祥
家庭经济地位		人9口房3间地9亩	人7口房6间地3亩
入伍年月		1939年9月入伍	1939年8月入伍
任过什么工作		战士	战士
亡故经过		亡故心口	亡故头部
亡故地点		阜平县中白岔	同
亡故月日		1939年11月24日	同
是否党员		群众	同
备考			

烈士登记表

队别		四连	同	同
职别		政指	战士	同
姓名		刘治铭	王明显	吴松林
年龄		26	24	28
籍贯	省	陕西省	河北省	同
	县	商洲	博野县	同
	区乡			
	村	东关	东城召村	田小王村
家庭通信处及收信人姓名		东关本人收	东城召本人收	田小王本人收
家庭经济地位		人5口房地没有	人6口房4间	人2口房1间

续表

入伍年月	1937. 1 入伍	1939. 9 入伍	同
任过什么工作	班长及支书	战士	同
亡故经过	退却时敌机枪射死	同	同
亡故地点	东白塔	同	同
亡故月日	1939. 11. 24	同	同
是否党员	党员	群众	同
备考	没有抢下来	同	同

队别		四连	同
职别		战士	同
姓名		李志曾	王云田
年龄		23	33
籍贯	省	河北省	同
	县	安国县	任丘县
	区乡		茂洲
	村	刘各庄	韩村
家庭通信处及收信人姓名		刘各庄李九和收	韩村王全收
家庭经济地位		人 8 口地 10 亩房子 4 间	人 3 口地 5 亩房 3 间
入伍年月		1939. 9 入伍	1939. 10 入伍
任过什么工作		战士	同
亡故经过		退却下山来机枪射杀	同
亡故地点		东白塔	同
亡故月日		1939. 11. 24	同
是否党员		群众	同
备考		同	同

烈士登记表

队别		七连		
职别		一排长	班长	战士
姓名		侯德胜	王屯屯	何金
年龄		30	19	15
籍贯	省	山西	河北	河北
	县	翼城县		代城县
	区乡			六区
	村	西唐村	郭屯村	大营村
家庭通信处及收信人姓名		本村交本人	本村交本人	本村交本人
家庭经济地位		人7口地4亩	人6口地4亩	人1口
入伍年月		1937年入伍	1939年入伍	1939年来
任过什么工作		任过班排长	任副班长	战士
亡故经过		身中数弹	同	同
亡故地点		上白查山地	同	同
亡故月日		1939.11.24	同	同
是否党员		党员	党员	非
备考				

烈士登记表

队别				
职别		战士	战士	战士
姓名		闫金贵	李全有	李景章
年龄		28	42	24
籍贯	省	河北	河北	河北
	县	蠡县	河间	景县
	区乡	一区	十区	井区
	村	南庄	郭家庄	杜科庄
家庭通信处及收信人姓名		本村交本人	本村交本人	本村交本人
家庭经济地位		人2口地6亩	人2口地6亩	人4口地1亩

续表

入伍年月	1939 年来	1939 年来	1939 年来
任过什么工作	战士	战士	战士
亡故经过	身受重伤	同	同
亡故地点	同上	同	同
亡故月日	1939. 11. 24	同	同
是否党员	非	非	非
备考			

队别			同
职别		战士	同
姓名		韩士秋	国正开
年龄		32	28
籍贯	省	河北	河北
	县	定县	安平
	区乡	小辛庄	二区
	村		孝林村
家庭通信处及收信人姓名		小辛庄韩法	
家庭经济地位		人四口地三亩	人 6 口地 5 亩房 3 间
入伍年月		1939. 11 来	1939. 11
任过什么工作		战士	战士
亡故经过		同	病故
亡故地点		同	陈庄
亡故月日		同	1939. 11. 31
是否党员		非	党员
备考			自加入我军以来工作努力表现很好作战勇敢带病参加投弹班

队别		八连		
职别		支书	班长	副班长
姓名		吴国秀	高怀	王二只
年龄		24	25	30
籍贯	省	山西	同	同
	县	崞县	同	交城县
	区乡	三区	四区	二区
	村	茹庄村	马圈村	王友村
家庭通信处及收信人姓名			本村高荣炳收	本村王展杰收
家庭经济地位		人自己房9间地7亩欠债200元	人4口地9亩房3间欠债30元	人4口地10亩房5间
入伍年月		1937.9入伍	同	1937.4入伍
任过什么工作		任过文书司务长文教	任过副班长	
亡故经过		冲锋	同	同
亡故地点		城南庄附近山上	同	同
亡故月日		11月24日	同	同
是否党员		党员	非	党员
备考				

烈士登记表

队别				
职别		战士	同	同
姓名		边彦卿	宋福海	邓洪斌
年龄		37	23	29
籍贯	省	河北省	同	同
	县	安平县	同	同
	区乡	五区	二区	三区
	村	王六村	张家店村	邓家庄村
家庭通信处及收信人姓名		本村边万收	本村宋庆华收	本村邓小虎收
家庭经济地位		人3口地10亩房2间欠债50元	人5口地4亩半房2间欠债120元	人7口地12亩房4间欠债10元

续表

入伍年月	1939. 9 入伍	1939. 8 入伍	同
任过什么工作			
亡故经过	冲锋	同	同
亡故地点	城南庄附近山上	同	同
亡故月日	11 月 24 日	同	同
是否党员	非	同	党员
备考		抬到卫生队当日逝世	

烈士登记表

队别		六三十连	
职别		六班副	战士
姓名		贾来全	吴小立
年龄		33	19
籍贯	省	河北	河北
	县	肃宁	蠡县
	区乡	二区	
	村	大石堤	北刘院
家庭通信处及收信人姓名		大石堤村郭桂林	北刘院吴小五
家庭经济地位		人 4 口地无佃房 3 间	人 4 ［口］ 地 8 亩房 3 间
入伍年月		39 年 5 月入伍	39 年 8 月 19 日入伍
任过什么工作		任战士	任战士
亡故经过		敌枪弹射杀	敌枪弹射杀
亡故地点		井沟附近	井沟村附近
亡故月日		39 年 11 月 24 日	39 年 11 月 24 日
是否党员		39 年 10 月入党	群众
备考			

烈士登记表

队别		一营机枪连	三连	同
职别		三班长	连长	四班长
姓名		高思安	商大寿	薛大海
年龄		27	28	27
籍贯	省	山西	湖南	湖北
	县	太原	桃源	滠洲
	区乡	二区东南乡		
	村	辛村	商家坪	洋水沟
家庭通信处及收信人姓名		辛村交高栓喜收	本人收信	昇立柱收信
家庭经济地位		人3口房地均无	人3口房地无	一概俱无
入伍年月		1938年在娄烦入伍	1934年在本地入伍	1937年在吴城入伍
任过什么工作		战士	任班排长	小组长班长
亡故经过		因射击致死	指挥冲锋而死	从命冲锋
亡故地点		灵寿思家庄村东	灵寿彭口村	同
亡故月日		1939.9.28	1939.9.29	同
是否党员		党员	党员	党员
备考				

烈士登记表

队别		三连	同	四连
职别		五班长	七班长	二排长
姓名		巩相彭	郭进斗	郭云初
年龄		29	25	19
籍贯	省	山西	山西	湖南
	县	平遥	寿阳	大庸
	区乡			
	村	光抗村	郭家沟	石寺村
家庭通信处及收信人姓名		巩玉春收信	本人家中收信	石寺村本人收
家庭经济地位		人4口房4间地30亩	人4口房3间地5亩	3口人3间房

续表

入伍年月	1938 年在娄烦入伍	1938 年在本地入伍	1933 年 3 月入伍
任过什么工作	副班长	班长	通信班长
亡故经过	坚决冲锋杀敌	勇敢冲锋	
亡故地点	灵寿彭口村	同	东思家庄
亡故月日	1939. 9. 29	同	1939. 9. 28
是否党员	党员	党员	党员
备考			

烈士登记表

队别		五连	八连	三营
职别		六班长	四班长	通信班长
姓名		陈庆瑞	李鹏林	李志明
年龄		36	25	23
籍贯	省	河北	山西	贵州
	县	饶阳	平遥	黔西
	区乡	四区	四区	
	村	小堤	刘家庄	东门
家庭通信处及收信人姓名		本村村公所收信	村公所收信	黔西东泽路李士德收
家庭经济地位		贫农	本人房地皆无	人 5 口房 1 间
入伍年月		1939 年 1 月入伍	1938 年 6 月入伍	1935 年入伍
任过什么工作				通信班长
亡故经过		在阵地上未找见尸首	被敌机枪射死	台头庄被敌射死
亡故地点		雨北齐同	破门口村东	台头附近山上
亡故月日		1939. 9. 27	1939. 9. 29	1939. 9. 28
是否党员		党员	党员	党员
备考				

烈士登记表

队别		十二连	同	政治处
职别		班长	同	特派干事
姓名		韩建态	李凤明	王士祺
年龄		32	34	19
籍贯	省	山西	山西	山西
	县	芮城	怀仁	汾阳
	区乡	一区	二区	三区
	村	西至村	窑家村	沅头村
家庭通信处及收信人姓名		西至村韩万安收	村公所收信	三全镇义顺魁
家庭经济地位		人 17 口房 13 间无地	人 15 口房 5 间地 30 亩	人 7 口房 3 间地 7 亩
入伍年月		1938 年入伍	1937 年 7 月入伍	1937 年入伍
任过什么工作		班长	同	
亡故经过		被敌机枪射死	被敌射死	拦阻在刺刀班反冲锋致死
亡故地点		鲁班山	同	高瓦庄
亡故月日		1939. 9. 29	1939. 9. 29	1939. 9. 27
是否党员		群众	党员	党员
备考				

45. 八路军第120师第358旅烈士芳名册
(1940年8月21日)

烈士登记表

队别	职别	姓名	年龄	籍贯	入伍年月日	家庭经济地位	党内外任过什么工作	阵亡日期	阵亡地点	是否党员
四团一连	排长	王维忠	28	冀武清	1938. 3. 23	人8口房6间地50亩	小组长班长	1939. 9	陈庄战斗	39. 4 入党
六连	排长	朴秀峰	20	冀蓟县	1938. 4	人15口房14间地120亩	小组长支委班排长	39. 12. 30	雁北浑源寺儿庄	38. 12 入党
同	同	贾贵永	34	晋崞县	1937. 8	人9口房10间地30亩	小组长班排长	同	同	35年入党
七连	连长	方占奎	31	冀固安	1938. 2	人5口房1间地7亩	支委排长	1939. 9	陈庄战斗	39. 1月
通信连	连副	马鼎元	24	同任丘	1937	人10口房7间地35亩	支委指导员	1940. 6. 17	米峪战斗	39 入党
同	排长	易善国	25	湖北思石〈恩施〉	1932	欠债30元	班排长	同	同	34 入党
政治处	特派员	郑协元	30	湖南华岭	1930	人2口地四亩	支委	40. 6. 18	同	32 入党
同	组干	苑采惠	23	冀高阳	37年	人10口房7间地27亩	组干	40. 6. 19	同	38. 9 入党
同	副青干	宋生贵	19	湖南橘杨	1935年	人4口房1间地无	青干	40. 7. 2	周家沟	38 入党
二连	政指	邢秀俊	27	冀文安	1938	人11口房3间	小组长支书总支委班长	1940. 6. 18	米峪镇	38 入党
备考	七连长曾经大冯营、宋村、卧佛堂、后于行、藏桥等战斗最后陈庄战斗因固守阵地而亡；特派员参加土地革命曾负伤三次									

注：连级以上干部须在备考内叙明其斗争简史。

烈士登记表

队别	职别	姓名	年龄	籍贯	入伍年月日	家庭经济地位	党内外任过什么工作	阵亡日期	阵亡地点	是否党员
四团一连	连长	田有芝	29	湖南大庸	1934.10	人3口外债2000吊	支委支书班排连长	1940.6.22	兴县辛庄东头	35入党
二连	排长	刘兴利	26	川仓奇	1933	人5口	副支书	40.6.18	米峪镇	1938
九连	排长	张殿发	24	湖南龙山	1934	人6口房1间地5亩	小组长支委班排长	40.6.18	同	36入党
旅直侦察连	支书	白玉旺	23	陕西横山	1937.10	人2口房没地3亩	班长	40.6.19	同	党员
七一六政治处	政指	闻玉堂	36	湖北宣恩	1935	人2口地3亩房2间	政指	40.11.23	介桥	党员
旅直司令部	见习参谋	马世禄	18	河北完县	1939	人8口地4亩房8间	在抗大入党任过小组长	40.3	在白文被飞机炸死	1938入党
司令部	收发	齐学孟	21	河北文安	1938	中农	抗大毕业(初中)	同上	同	39入党
同	见习参谋	孙学策	23	山西孝义	1938	人7口地100亩房10间	无（抗大高中三年）	同上	同	同
同	同	孙耀先	25	山西崞[县]	1937			同上	同	同
电台	管理员	狄强	23	河北安次	1937	人11口地150亩房17间	副官	同上	同	非
备考										

注：连级以上干部须在备考内叙明其斗争简史。

烈士登记表

队别	职别	姓名	年龄	籍贯	入伍年月日	家庭经济地位	党内外任过什么工作	阵亡日期	阵亡地点	是否党员
旅直政	组干	杜星	24	山西新绛	1938 入抗大 40 入[伍]	富农	科员（队列）支委小组长	1940.2 月间病亡	白文郝家坡	党员
同上	统干	李祖林	19	广西隆川	1938.9	房 10 间人 16 口	小组长	1940.3 月间在方山扩兵亡	方山城内	38.11 入党
七一六政治处	组干	杨家驳	20	山西浮山	1937.11	人 8 口地 70 亩房 2 间	支书支委 文书文教	40.6.18	米峪镇	党员 37.12
二营六连	排长	杨发祥	21	陕西蒲城	1936		侦察员支委	同上	同	37 入党
七连	排长	闫芳	24	陕东升	1938.3	人 14 口打铁为生	小组长班排长	同上	同	38.5 入党
八连	排长	韩玉才	25	晋浑源	1937.10	人 8 口地 24 亩房 8 间	侦察员班长小组长	同上	同	38.4 入党
同	排长	元登华	22	山西崞县	1937.10	人 4 口地 30 亩房 5 间	班长小组长	同上	同	党员
九连	排长	王胜德	23	山西汾阳	1937.10	人 4 口佃田 10 亩	班排长小组长支委	40.6.19	同	党员
十一连	排长	乔登科	27	河北巨鹿	37.10	人 6 口房 5 间地 10 亩	同上	同	同	同
七一六一连	排长	雷世银	24	湖北天门	1933	人 5 口地六亩		1937.10.2	雁门关	党员
备考										

注：连级以上干部须在备考内叙明其斗争历史。

烈士登记表

队别	职别	姓名	年龄	籍贯	入伍年月日	家庭经济地位	党内外任过什么工作	阵亡日期	阵亡地点	是否党员
七一六一连	排副	王明清		贵州什仟	1935	人4口地2亩		1937.10.22日	雁门关	党员
四连	排副	吴树海	31	湖北天门	1932	人6口		同	同	同
同	排长	秦振银	21	湖北公安	1931	人9口	班长	同	同	同
十一连	政指	陈觉山	30	湖北天门	1932	田4亩	同	同	同	同
同	排长	曹子云	21	湖南慈利	1935	雇农		同	同	党
同	文书	刘德卿	28	湖南石门	同	地1亩欠债50元		1937.10.17	同	党
十二连	排长	李炳道	24	湖北沔阳	1932	4亩田		同	同	党
七一六司令部	参谋	邹棋作	23	湖北石首	1931	地7亩房3间均归人付	宣传员通讯员文书	1938.8.4	泥河	党
一连	排长	陈文光	22	福建上杭	同	人3口房3间地4亩	通讯员特务员	同	同	党
同	支书	向青山	31	湖南澧县	1935	人3口房一间	排长	同	同	党
备考										

注：连级以上干部须在备考内叙明其斗争历史。

烈士登记表

队别	职别	姓名	年龄	籍贯	入伍年月日	家庭经济地位	党内外任过什么工作	阵亡日期	阵亡地点	是否党员
七一六三连	连长	蒋富清	24	湖南祁阳	1935	人4口	班排连长	1938. 8. 4	泥河	党
同	排长	刘化龙	20	湖南大庸	1934	人3口	班排长	同	同	党
三连	政指	杨益之								
四连	政指	龙以德	26	江西吉安	1932	人4口田40射	班长	同	同	党
同	排长	云永甲	25	湖南澧县	1935	人3口	同	同	同	党
七连	政工人员	向汉初	28	湖南宜	1934	人5口房3间地5亩		同	同	党
一连	连长	贺发林	29	湖北江陵	1933			1938. 11. 3	滑石片	党
同	政指	吴选清	28	湖南澧县	1935			11. 4	同	党
九连	政指	夏道喜	27	湖北监利	1932			同	同	党
四连	排长	覃士政	21	湖南石门	1935			同	同	党
备考										

注：连级以上干部须在备考内叙明其斗争历史。

烈士登记表

队别	职别	姓名	年龄	籍贯	入伍年月日	家庭经济地位	党内外任过什么工作	阵亡日期	阵亡地点	是否党员
七一六七连	文教	刘效轩	22	山西忻县	1937			1939. 2. 4	大曹村	党
同	排长	张吉堂	21	山西崞县	1938			同	同	党
政治处	特干	王士其	22	山西汾阳	1937. 9	人 4 口房 4 间地 37 亩	班长	1939. 9. 28	陈庄	党
三连	连长	商大寿	28	湖〈河〉南桃园	1934	人 3 口	班、队长	1939. 9. 29	彭口	党
一连	排副	庄子山	25	湖〈河〉南络〈洛〉阳	1937	人 7 口房 5 间地 10 亩		1939. 3. 22	石马庄	党
九连	排长	郑金魁	24	陕西北同〈潼〉关	1936	人 1 口	班排长	3. 23	同	党
六一三部	排长	李良文	26	湖南长阳				1939. 9. 22	中蒲村	
十连	排长	李树青	22	贵州潜〈黔〉西				同	同	
十二分队	连长	侯民和	28	山西宁武				1939. 2	曹村	
同	政指	杨昌洪	34	湖北潜江				同	同	
备考										

注：连级以上干部须在备考内叙明其斗争历史。

烈士登记册

队别	职别	姓名	年龄	籍贯	家庭经济地位	入伍年月日	党内外任过什么工作	阵亡日期	阵亡地点	是否党员
七一六一二分队	连副	黄业江	21	四川石柱				1939. 2	曹村	
二连	排长	方凤山	30	河南洛阳				1939. 5. 18	河家庄	
七连	排长	何秀云	20	四川拦重〈南充〉	人1口	1932		1939. 3. 1	黑马庄	党
机连	政指	李云青	33	湖南石门	人3口田1石	1935		同	同	党
同	排长	舒应全	23	湖南溆浦	人5口地18亩	1935	班长通讯员	同	同	党
一连	连长	汪玉清	27	湖北天门	人5口地20亩	1937		1938. 5. 19	同	党
十一连	支书	陈守忠	20	贵州沅河	人4口地2亩	1934		1938. 5. 22	石岩湾	党
七连	政指	詹焱卿	24	河南固始	人6口	1932	支委支书	1938. 5. 22	马安山	党
一连	排副	舍海清	29	湖南桑植	田7石谷	1934	宣传员班长	5. 22	同	党
二连	排长	朱训忠	31	湖南慈利	田10石房8间	同		同	同	党
备考										

注：连级以上干部须在备考内叙明其斗争历史。

烈士登记册

队别	职别	姓名	年龄	籍贯	家庭经济地位	入伍年月日	党内外任过什么工作	阵亡日期	阵亡地点	是否党员
七一六三连	排长	龚其良	26	湖南慈利	人2口房2间	1934		1938. 5. 14	北周庄	党
同	排副	温贻昌	26	江西吉安	人3口田5亩	1932		5. 23	陶口窝	党
同	政指	周深发	36	江西永新	人4口田10石			6. 2	老营堡	党
	政指	黄良明	22	陕西绥德				38. 9. 29		党
九连	排长	胡定耀	27	湖南澧县		1935		38	田庄	党
十连	政指	李泮香	32	湖南华容	人4口佃田1石	1931		38. 2. 27	河庄	党
同	排长	李春茂	23	陕西潼关	人7口地20亩			同	同	党
十一连	支书	董发寿	35	四川南江	人5口地80亩	1933		1938	朔石湾	党
一连	排长	张松青		湖南辰〈郴〉州		1934		37. 10	雁门关	党
四连	排长	秦振良	21	湖北公安	人9口	1931		同	同	党
备考										

注：连级以上干部须在备考内叙明其斗争历史。

烈士登记册

队别	职别	姓名	年龄	籍贯	家庭经济地位	入伍年月日	党内外任过什么工作	阵亡日期	阵亡地点	是否党员
七一六四连	排副	吴树海	31	湖北天门	人4口	1932		37.10	雁门关	党
一连	排副	王明清		贵石阡		1935	班长	同	同	党
十一连	连长	覃玉阶	25	湖北鹤峯	人2口佃种	1930		38.5.20	云圪台	党
五连	排长	梁学仁	26	山西平遥		1938		39.11.24	下白岔	党
三连	政指	张秀言	26	四川通江		1932		9.24	过平汉路	党
同	文教	李汉昌	20	河北晋县		1939		同	同	非
机连	连长	刘东海	26	陕西潼关		1936		39.4.28	任村齐会	党
八连	排长	邹顺清	25	湖北英〈应〉城				1939.4.28	任村	党
同	支书	李学德	25	四川巴州				同	同	党
里特三连	排长	李春全	37	陕西北同〈潼关〉	人5口	1937	班排长	39.11.24	阜平中白岔	党
备考										

注：连级以上干部须在备考内叙明其斗争历史。

烈士登记册

队别	职别	姓名	年龄	籍贯	家庭经济地位	入伍年月日	党内外任过什么工作	阵亡日期	阵亡地点	是否党员
七一六[团]四连	政指	刘治铭	26	陕西商州	人5口	37.1	班长及支书	39.11.24	东白头	党
七连	排长	侯得胜	30	山西翼城	人7口地4亩	1937	班排长	同	上白岔	党
八连	支书	吴国秀	24	山西崞县	人1口房9间地7亩	37.9	文教文书司务长	39.11.24	城南庄	党
四连	排长	郭云初	19	湖南大庸	人3口房2间	33.3	通信班长	39.9.25	东思家庄	党
四团	营长	张仁成		湖北房县	人3口房3间地2亩	1931	排连长	39.7.19	大冯营	党
四团特种兵连	机排长	宋振林		河北文安	地3亩	38.2		39.7.29	同	
四团政治部	敌干	靳大云	26	河北博野	地15亩房5间	39. 入伍		1940.11	在静乐以东工作被敌包围	党
七一六[团]三连	连长	李树清						40.6.22	康文村	
二支九连	连长	贺文香								
同	排长	王永顺								
备考										

注：连级以上干部须在备考内叙明其斗争历史。

烈士登记册

队别	职别	姓名	年龄	籍贯	家庭经济地位	入伍年月日	党内外任过什么工作	亡故地点	亡故日期	是否党员
三支一连	连长	徐海鸳								
二连	连副	刘玉辉								
同	排长	李瑞清								
同	同	石秀峯								
九连	同	郝占山								
同	同	奚宝德								
八连	同	李善发								
四团三连	政指	吕振杰	19	河北清苑保定城内	人5口地无贫农	1938. 5	青干民干小组长	雁北浑源寺儿底	39. 12	党员
四团	通讯参谋	吴怀芝	30	冀武清	富农	1938. 2	大队副参谋小组长	同	同	同
旅直	青年干事	霍子毅	18	冀文安胜芳	贫农	1938. 6	宣传员、支委、总支委	灵寿西石门	39. 11	同
备考										

注：连级以上干部须在备考内叙明其斗争历史。

烈士登记册

队别	职别	姓名	年龄	籍贯	家庭经济地位	入伍年月日	党内外任过什么工作	亡故地点	亡故日期	是否党员
七一三团十一连	政指	胡作仁	30	湖南石门		1935		雁门关战斗	1937.10	党
六团五连	排长	杨海青	23	湖南大庸		1933			1938.4.8 岱东石平沟	党员
六团七连	政指	向汉初	28	湖南宜县		1934		朔县泥河战斗	1938.8.4	党员
六团一营机连	排长	胡绍南	28	湖南漳河				静乐砚湾战斗	40.8.21	37 入党
六团四连二排长	排长	贾钱禄	23	山西忻县		38		同上	同上	38
六团十连	排长	王瑞生	23	河北通州		38 年		静乐砚湾战斗	40.8.21	38 入党
六团十二连连长	连长	秦学良	24	贵州凤群		34 年		静乐丰润战斗头部伤亡	40.8.25	35 年
六团十二连	支书	侯天明	26	山西宁武		37 年		同上脑部受伤阵亡	同上	38 年
六团九连	三排长	邢有良	22	山西崞县		37 年		同上头部中弹而亡	同上	37 年
备考										

注：连级以上干部须在备考内将斗争历史说明。

烈士登记表

队别	职别	姓名	年龄	籍贯	家庭经济地位	入伍年月日	党内外任过什么工作	亡故地点	亡故日期	是否党员
六团政治处	特派干事	杨友胜	24	四川泥龙		33 年		静乐丰润战斗战亡	40. 8. 25	33 年
同上	文书	仲崇山	19	河北博野		39 年		同上飞机炸死	同上	40 年
同上	支书	郭积文	22	陕西潼关		37 年		同上胸部伤而亡	同上	党
六团一营	副营长	谢家泉						静三元村战死	41. 2	党
六团三营	副营长	何腊光		河〈湖〉北沔阳				阳曲被敌射死	42 年 9 月	党
六团二营	副营长	陈树香						晋察冀陈南庄战死	39. 12	党
六团一营	政教	魏广智						静乐砚湾战死	40 年百团大战	党
六团三营	副政教	张曙		陕西				岚县敦原战死	43 年 9 月	党
六团供给处	供给主任	李国文		湖北监利				兴县孙家庄战死	41 年 2 月	党
六团步一连	排长	黄天祖	23	山西大同				临县杨峪会坠死	40. 6. 6	
备考										

注：连以上干部须在备考内将斗争历史说明。

烈士登记表

队别	职别	姓名	年龄	籍贯	家庭经济地位	入伍年月日	党内外任过什么工作	亡故地点	亡故日期	是否党员
六团二营	教育干事	聂瑞林	30	辽宁锦县				冀灵寿王家庄病死	40. 1. 12	党
六团二连	司务长	徐金田	33	河南				静乐新梁庄病死	40. 12. 7	
三支队特务营	连长	李寿山	38	山西汾阳				静乐新梁庄病死	40. 12. 30	
六团通讯队	司务长	杨德安	40	安徽				静乐白道病死	41. 1. 15	
六团特务连	司务长	丁春海	25	云南祥云县				兴县明通沟病死	42. 7. 9	
六团四连	政指	卓明现	36	湖南				静乐第二角病死	41. 7. 3	党
六团训练队	学员	杜海明	30	河北新城				同上	41. 1. 5	
六团二营	青干	高云	21	山西五寨				岚县会里病死	42. 6. 25	党
备考										

注：连级以上干部须在备考内将斗争历史说明。

46. 八路军第120师第358旅第716团、第4团烈士名册
(1940年8月)

连排干部烈士纪念册

队别	七一六团政治处	政治处
职别	特派干事	文书
姓名	杨友胜	仲崇山
年岁	24	19
籍贯	四川泥垅〈仪陇〉	河北博野
何时何地	1933年本地入伍	1939年本地入伍
何役阵亡病故	山西静乐丰润阵亡 1940. 8. 25	1940年在山西静乐丰润战斗阵亡
是否党员	党员	党员
备考	副支书	

说明：1. 此表自抗战以来阵亡病故之干部应一律填上。

2. 填此表时由各团政治机关寻找屡次战斗阵亡和病故的干部名册照抄，不周到处采访部队中老的同志询问填明，不应发到连队去。

连排干部烈士纪念册

队别	七一六团政治处	炮兵连
职别	文书班学员	通信员
姓名	郭积文	李会来
年岁	22	22
籍贯	陕西北潼关	河北安平第二区刘各庄
是否党员	党员	党员
何时何地	1937年本地入伍	1939年入伍
何役阵亡病故	1940. 8. 25在山西静乐丰润战斗阵亡	同
备考		

说明：同前。

烈士纪念册

队别	四团五连	同
职别	战士	同
姓名	刘大志	李殿玺
年岁	21	36
籍贯	河北深泽	河北深县
何时何地	1940. 1. 15	1940 年 1 月
何役阵亡病故	康家会阵亡于 1940. 8. 20	同上
是否党员	党员	群众
备考	收信人刘光辉人 2 口	收信人刘庄卢俊杰

说明：同前。

干部烈士纪念册

队别	二营六连	同
职别	一排长	班长
姓名	田志明	刘德方
年岁	20	24
籍贯	湖南大容〈庸〉	江苏丰县
是否党员	党员	党员
何时何地	1940. 8. 20 于康家会	1938 年入伍
何役阵亡病故	因抢碉堡阵亡	于 1940. 8. 25 丰润战斗被敌机炸死
备考	1934 年入伍曾任过班排长收信本村本人	收信本县二区王庄刘二翠收

说明：同前。

烈士纪念册

队别	六连	同
职别	战士	副班长
姓名	孙风池	尤成为
年岁	20	23
籍贯	河北深县二区东牛村	河北行唐县五区艾家窑村
何时何地	1940 年 2 月入伍	1939 年 4 月入伍
何役阵亡病故	在砚湾战斗冲锋被敌致命	同
是否党员	1940 年 7 月入党正式党员	1939 年 9 月入党正式党员
备考		

说明：同前。

烈士纪念册

队别	六连	同
职别	战士	班长
姓名	王常胜	张广义
年岁	30	25
籍贯	山西临县四区王家坪	河北献县六区牛眼村
何时何地	1940 年 3 月入伍	1939 年 8 月入伍
何役阵亡病故	在砚湾战斗冲锋被敌致命	同
是否党员	非	1939 年 11 月入党正式党员
备考		

说明：同前。

烈士纪念册

队别	六连	同
职别	战士	战士
姓名	张大海	骆洪顺
年岁	41	25
籍贯	山西阳曲县三区水台村	河北深县濠庄
何时何地	1940 年 4 月入伍	1939 年 7 月入伍
何役阵亡病故	在砚湾战斗冲锋被敌致命	同
是否党员	非	1939 年 12 月入党正式党员
备考		

说明：同前。

烈士纪念册

队别	四连	六团三营机连
职别	二排长	战士
姓名	贾不禄	程忠信
年岁	24	28
籍贯	山西崞［县］神山村	山西完县二区东王村
是否党员	党员	群众
何时何地	1938 入伍	1938. 1 入伍
何役阵亡病故	在康家会阵亡	1940. 8. 25 在丰润阵亡
备考	人 5 口地 5 亩房 8 间	收信人程能干地 200 亩房 27 间人 8 口

说明：同前。

烈士纪念册

队别	一营三连	一营三连
职别	班长	战士
姓名	李德胜	薛忠信
年岁	24	29
籍贯	山西大同	山西岚县
何时何地	1938.9 入伍	1940.3 入伍
何役阵亡病故	固守阵地在砚湾阵亡	同
是否党员	党员	群众
备考	收信本县三区积家村李恒瑞	二区宫家坡石东车收

说明：同前。

烈士纪念册

队别	机连	六团三营机连
职别	一排长	战士
姓名	胡绍南	赵武
年岁	28	37
籍贯	湖南漳河县	山西朔县一区大士皋
是否党员	党员	群众
何时何地	1935.7 入伍	1938.2 入伍
何役阵亡病故	1940.8.20 在康家会被敌掷筒炸死	1940.8.25 在丰润战亡
备考		收信人赵得全

说明：同前。

烈士纪念册

队别	炮兵连	卫生队
职别	副班长	运输班长
姓名	曹根亮	陈耀山
年岁	32	40
籍贯	河北定县大辛庄	安徽省零毕〈灵壁〉四区陈家滩
何时何地	1940 在山西静乐县	同
何役阵亡病故	丰润战役阵亡	同
是否党员	党员	非
备考	小组长	

说明：同前。

烈士纪念册

队别	六团九连	同
职别	排长	班长
姓名	邢友冠	亚希仲
年岁	22	32
籍贯	山西崞县三区望山	河北曲周城北关
是否党员	党员	群众
何时何地	1937.10当地入伍	1940.1无明入伍
何役阵亡病故	1940.8.25丰润战斗阵亡	同上
备考	收信人邢玉球田11亩房7间人13口曾任过班长小组长支委	收信本人曾任过班长副班长

说明：同前。

烈士纪念册

队别	六团九连	同
职别	副班长	战士
姓名	马俊峰	张瑞全
年岁	20	24
籍贯	河北蠡县七区鲍坪里	山西临县王郝庄
何时何地	1939年6月入伍	1940年3月入伍
何役阵亡病故	1940.8.25于丰润战斗	同
是否党员	党员	群众
备考	收信人母宋氏房4间地4亩人2口	收信人张东山

说明：同前。

烈士纪念册

队别	六团九连	同
职别	战士	同
姓名	周喜才	李侯喜
年岁	20	20
籍贯	陕三元城西街	山西岚县四一区西沟
是否党员	党员	群众
何时何地	1940.3入伍	1940.2入伍
何役阵亡病故	1940.8.25丰润阵亡	同
备考		收信人李存四

说明：同前。

烈士纪念册

队别	六团九连	同
职别	战士	同
姓名	聂锦福	牛海龙
年岁	32	28
籍贯	山西临县二区吴家堡	山西阳曲五区西赵
何时何地	1940.3 入伍	1940.7 入伍
何役阵亡病故	1940.8.25 于丰润阵亡	1940.8.25 于丰润阵亡
是否党员	群众	同
备考	收信人三区永茂成转关家崖聂武元	收信人牛得良

说明：同前。

烈士纪念册

队别	十连	同
职别	战士	同
姓名	潘安明	张希元
年岁	27	22
籍贯	山西静乐一区下马城	山西静乐一区羊圈坪
是否党员	否	否
何时何地	1940.5 入伍	同
何役阵亡病故	1940.8.25 于丰润冲碉堡	同
备考	收信人交兄潘友富	收信人张讣洋

说明：同前。

烈士纪念册

队别	六团十连	同
职别	战士	同
姓名	郝成山	李从福
年岁	26	20
籍贯	山西岚县一区四沟	山西岚县四区东土塔
何时何地	1940.3 入伍	同
何役阵亡病故	1940.8.25 于丰润冲碉堡	同
是否党员	党员	同
备考	收信人郝会	收信人母营氏收

说明：同前。

烈士纪念册

队别	六团十连	同
职别	战士	同
姓名	韩布维	尹吉福
年岁	27	24
籍贯	山西阳曲三区大山	山西宁武二区谢家坪
是否党员	否	否
何时何地	1940. 7 入伍	1940. 3 入伍
何役阵亡病故	1940. 8. 28 于丰润阵亡冲堡	同
备考	收信人母谢氏收	收信人母李氏

说明：同前。

烈士纪念册

队别	六团十连	同
职别	战士	同
姓名	郝来海	吕常山
年岁	38	40
籍贯	山西静乐一区阳坡	河北任丘六区老各庄
何时何地	1940. 7 入伍	1939. 8 入伍
何役阵亡病故	1940. 8. 25 丰润冲堡子阵亡	同
是否党员	否	否
备考	收信人交兄郝来仲	收信人岳父郑桃生

说明：同前。

烈士纪念册

队别	六团九连	同
职别	战士	同
姓名	张计祥	李四海
年岁	20	30
籍贯	静乐一区羊圈坪	静乐一区范家窊
是否党员	否	否
何时何地	1940. 8 入伍	1940. 5 入伍
何役阵亡病故	1940. 8. 25 丰润冲堡子阵亡	同
备考	收信人张富义收	收信人李三芝收

说明：同前。

烈士纪念册

队别	三营十连	同
职别	一排长	五班长
姓名	王瑞生	陈四海
年岁	24	44
籍贯	河北通州维庄	河北曲州一区城
何时何地	1938. 10 入伍	1937. 1 入伍
何役阵亡病故	40. 8. 25 于丰润冲堡子阵亡	同上
是否党员	党员	同上
备考	收信人交兄王金生	收信人城内义和家交陈和收

说明：同前。

烈士纪念册

队别	同	同
职别	六班长	战士
姓名	徐贯三	高桂芝
年岁	26	22
籍贯	河北博野二区	山西临县一区四家塔
是否党员	党员	否
何时何地	1939. 7 入伍	1940. 3 入伍
何役阵亡病故	40. 8. 28 于丰润冲堡阵亡	同
备考	通讯处本县二区南田村兄徐见勋收	通讯处交高仲营收

说明：同前。

烈士纪念册

<table>
<tr><th>队别</th><th>三营十连</th><th></th></tr>
<tr><td>职别</td><td colspan="2">战士</td></tr>
<tr><td>姓名</td><td>张光才</td><td>陈芦子</td></tr>
<tr><td>年岁</td><td>26</td><td>32</td></tr>
<tr><td>籍贯</td><td>晋临县二区任家山</td><td>晋岚二区郝家沟</td></tr>
<tr><td>何时何地</td><td colspan="2">1940. 3 入伍</td></tr>
<tr><td>何役阵亡病故</td><td colspan="2">1940. 8. 25 丰润阵亡</td></tr>
<tr><td>是否党员</td><td>党员</td><td>群众</td></tr>
<tr><td>备考</td><td>通讯处交父张登福</td><td>通讯处交兄陈交起</td></tr>
</table>

说明：同前。

烈士纪念册

队别	六团三营十二连	六团三营十二连
职别	连长	支书
姓名	秦学良	侯天明
年岁	24	26
籍贯	贵州凤群县一区南门	山西宁武二区豆家庄
是否党员	党	党
何时何地	1934 年 10 月入伍	1937. 11 入伍
何役阵亡病故	40. 8. 25 于丰润战斗冲锋	同
备考	人 4 口房 3 间地 5 亩 通讯处本县苏荣昌转申记堂秦文台收 曾任过班排长	人 3 口房 2 间地 10 亩 通讯处本村侯建邦收 曾任过支委小组长

说明：同前。

烈士纪念册

队别	六团三营十二连		
职别	班长	战士	战士
姓名	侯根年	陈子亮	李金生
年岁	19	21	36
籍贯	山西宁武二区跑泉沟	河北完县二区李家庄	河北蠡县七区王各庄
何时何地	1937. 11	1939. 8	1939. 8
何役阵亡病故	1940. 8. 25 于丰润战斗冲锋阵亡		
是否党员	均系正式党员		
通讯处 备考 曾任过何职	本村侯志国人 6 口房 7 间地 15 亩支委小组长	东亭镇陈志会人 9 口房 3 间地 5 亩战士	李海存人 8 口房 5 间地五亩战士

说明：同前。

47. 八路军第120师抗战以来上校以上干部阵亡统计报告
（1940年9月1日）

朱彭左罗毛王①：

抗战以来上校以上干部阵亡事功及殉难经过。

一、郭征，独一旅参谋长，江西泰和人。一九三三年入伍，共产党员。郭征同志抗战以来身经数十战，尤以一九三九年齐会战斗，郭同志协助一旅首长指挥有功，配合它部消灭敌一千余。河间找子营战斗血战一昼夜，督战有功，将敌击溃。一九三九年冬敌人进攻冀察晋边区之陈庄，战斗五昼夜，该同志与一旅首长亲自督战，正在最紧张时候，亲自率部向敌人进攻，将敌全部消灭，不幸中弹殉国光荣牺牲。

二、赖香宏，三五八旅独立一团政治委员，江西上饶人。一九三三年入伍，共产党员。一九三七年参加同蒲路北段阳武战斗，配合忻口战役以英勇精神。一九三八年夏天，敌对晋西北大举进攻的战役中，赖同志曾参加多次战斗，屡建奇功，于一九三九年收复岚县战斗中英勇杀敌光荣殉国。

三、刘礼年，三五九旅七一七团政治委员，江西莲花人。一九三一年入伍，共产党员。一九三八年春天，我师在同蒲路北段反攻时，刘同志率领部队向敌猛攻，占领平社高村车站。一九三八年夏天于反敌人对晋西北战役围攻，在收复岢岚战斗中率部冲入城内，杀敌甚多，乘胜追击，因三井敌挣扎顽抗，不幸中弹，为民族流尽量后一滴血。

四、刘理明，三五九旅七一七团政治主任，湖南人。一九三二年入伍，共产党员。一九三八年春季在进攻同蒲路北段战斗中，该同志以艰苦的政治工作鼓励士气，并组织地方群众参战，颇著功绩。一九三八年夏天晋北反敌围攻战役中，在收复岢岚战斗亲率部队星夜爬城，将残敌追至三井时，刘同志攻入敌人炮兵阵地，夺获山炮一门，身受数伤而壮烈殉国。

五、王邦秀，师政治部民运部部长，江西吉安［人］，一九三四年入伍，共产党员。该同志以艰苦模范的工作作风随部队转移，部队所到之处均能团结群众，组织与领导群众做各种参战工作，树立军队与群众亲密关系。一九四〇年六月，敌人对晋西北战役扫荡时，该同志深入敌占区，在文水、交城、汾阳一带组

---

① 朱彭左罗毛王：指朱德、彭德怀、左权、罗瑞卿、毛泽东、王稼祥。

织民众，协同地方政权及地方游击队打敌人，不幸六月三十日与交城之敌遭遇，经过三时战斗，以众寡不敌而英勇牺牲。

六、陈文彬，津南支队政治委员，湖南茶陵人。一九三〇年入伍，共产党员。抗战以来身经百战，在岱岳田家庄战斗战功卓著。一九三八年八月间转战冀察晋边区，上下细腰战斗六天英勇将敌全部消灭，陈庄战斗血战七昼夜箝制敌一千余，使我主力歼灭敌人一千五百多，于一九四〇年该部队转战冀中，于一月在灭石泽州与敌激战，不幸殉国。

七、彭德大，大青山骑兵支队政治主任，江西泰和［人］。一九三〇年入伍，共产党员。该同志于一九三八年率部队开赴大青山，是大青山游击根据地创造者之一。以不断的残酷战斗坚持与开展晋绥边区的游击战争，收复了失去领土，恢复了抗日政权，均有功勋与威信，于一九四〇年一月在大青山满汗山与敌激战，英勇牺牲。

八、朱吉坤，独立一旅三团政治委员，湖南西陵［人］。一九三〇年入伍，共产党员。一九三九年冀中河间齐会战斗时，该同志亲率部队对敌突击，将敌消灭。又在□□宫冶留路线战斗中率部队与敌冲搏及冲锋十余次，身伤三处仍与敌周旋，仍〈终〉因负伤过重而壮烈牺牲，使战斗获得胜利。

九、魏大光，独立二旅长，河北霸县［人］，共产党员。该同志以民族义愤在大清河岸高举民族抗日义旗，领导当地民众抗日，手〈首〉创五支队，与敌人进行多次残酷战斗，坚持大清河流域的游击战争，于一九三九年七月在大清河与敌遭遇阵亡。

十、张荣，一旅二团参谋长，江西永丰县人。一九三一年入伍，共产党员。该同志于一九三九年九月间在陈庄战斗中英勇殉国。

十一、高尚风，师政锄奸部科长，陕北人，共产党员。该同志于一九三九年在河北饶阳大尹附近郊与敌激战，英勇牺牲。

贺关甘①

九月一日

---

① 贺关甘：贺龙、关向应、甘泗淇。

48. 八路军第129师新1旅参加百团大战伤亡人员履历表
（1940年9月12日）

旅长　韦杰

政委　唐天际

参加百团大战受伤人员职名表										
部别	一团一营	一连	同	同	三连	三连	同	同	同	同
职别	副班长	排长	战士	战士	副排	班长	同	战士	战士	战士
姓名	赵芝	李金堂	孔范堂	李瑞林	邓金开	张国栋	梁耀琛	王国治	康三毛	王元廷
受伤日期	1940.8.21	同	同	同	同	同	同	同	同	同
受伤地点	安阳巩光村	同	同	同	同	同	同	同	同	同
伤名	枪伤	同	同	同	同	同	炸伤	枪伤	炸伤	枪伤
部位	左腿	头部	两腿	腿部	手部	背部	腿部	背部	腿部	腿部
入院日期	8.21入院		8.21入院	同						8.21入院
备考		随队休养			随队休养	同	同	同	同	

同	同	同	同	四连	四连	四连	四连	四连	一营三连	三连
战士	战士	战士	班长	战士	战士	战士	战士	战士	班长	战士
郎成守	庞海渠	李起	魏非子	樊桂生	程恒发	郑俊	牛有富	李东法	高凤君	左德光
同	同	同	同	同	同	同	同	同	1940. 8. 24	同
同	同	同	同	同	同	同	同	同	安阳东水村	同
枪伤	枪伤	同	炸伤	炸伤	枪伤	枪伤	枪伤	枪伤	机枪伤	同
后颈部	股部	腿部	腿部	手部	腿部	头部	腿部	头部	腿部	腿部
	8. 21入院						8. 21入院	8. 21入院	8. 24入院	8. 24入院
随队休养		随队休养	同	同	同	同				

部别	一团一营三连	三连	三连	三连	二团三营十连	十连	二营六连	二团团部
职别	战士	战士	战士	战士	连长	班长	战士	宣传员
姓名	靳有福	刘麻山	王建国	王连周	骆盛才	李金忠	朱凤清	刘德
受伤月日	1940. 8. 24	同	同	同	1940. 8. 20	1940. 8. 20	同	同
受伤地点	安阳东水	同	同	同	壶关河口	同	壶关南垂	同
伤名	机枪伤	同	炸伤	炸伤				
部位	腿部	同	脚部	手部	右大腿	手部	腿部	二眼
入院日期	8. 24入院	同	同	同				
备考					亡		随队休养	送卫生队

参加百团大战阵亡人员职名表												
部别	一团一营	同	同	一团一营三连	四连	四连	四连	四连	二营六连	二团三营十连	同	二营七连
职别	教导员	通信员	同	战士	连副	副班长	战士	战士	副班长	副班长	战士	排长
姓名	陈守如	刘守仁	芦富安	金成富	张尚策	马登云	王树林	史狗成	李茂山	宋大明	李支红	吴玉林
阵亡月日	1940.8.21	1940.8.21	同	同	同	同	同	同	1940.8.20	1940.8.20	1940.8.20	同
阵亡地点	安阳巩光村	同	同	同	同	同	同	同	丰乐车站	壶关河口	同	南垂镇
入伍年月												
伤名	刺伤	同	同	枪伤	同	刺伤	同	同	贯通			
部位	胸部	同	同	腰部	腹部	头部	同	腹部	腹部			
备考												

百团大战阵亡烈士花名册

—连级干部以上—

1940.9（9）

129 师新编一旅

队别	一团一营营部	一团一营四连	一团一营四连	二团一营四连								
职别	教导员	连长	连副	政指								
姓名	陈守如	吕浩刚	张尚策	胡振海								
籍贯	河南光山	山西垣曲	陕西山阳县	陕西盐全								
阵亡时间	8月21日	9月21日	8月21日	9月21日								
阵亡地点	安阳公光村	安阳铜治桥	安阳公光村	长治老顶山								
注记				送院数日死								

百团大战负伤烈士花名册

—连级干部以上—

1940. 9

129 师新编一旅

队别	一团一营一连	一团一营四连	一团一营一连	一团	一团二营七连	一团二营六连	一团三营十一连	二团一营	二团二营六连	二团二营六连		
职别	政指	连副	政指	作战参谋	连副	连长	政指	营副	连长	支书		
姓名	吴锦堂	蒋进财	李坚	王海东	佟明臣	李声炎	贺登亮	钱光达	赵厚生	陈斐本		
籍贯	江苏上海	甘肃宗武	山西汾县	湖北	东北	四川	陕西	湖北礼山	江苏配〈沛〉县			
负伤时间	9月6日	9月6日	9月21日	9月21日	9月6日	9月21日	9月22日	9月19日	9月20日	9月21日		
负伤地点	下堡	下堡	铜冶桥(安阳)	下堡	铜冶桥	铜冶桥	铜冶桥东北关	老顶山	克老山	克老山		
注记			代理政指									

49. 八路军第120师第358旅第716团第1营烈士名册（1940年9月）

队别		一机连
职别		战士
姓名		姚德贵
年龄		20
籍贯	省	山西
	县	阳曲
	区乡	
	村	刘地村
家庭通信处及收信人姓名		本村交姚树国
家庭经济地位		人3口地10亩房子3间
入伍年月日		1940.7在委家庄入伍
任过什么工作		战士
亡故经过		受敌人机枪弹
亡故地点		岭上附近
亡故月日		9月21日
是否党员		非
备考		

队别		一连		
职别		一排长	三排长	六班副
姓名		李义学	冀战成	韩有
年龄		26	25	23
籍贯	省	河南	河南	河北
	县	开封	禹县	高阳
	区乡			
	村	田村	□村	利地村
家庭通信处及收信人姓名		本村王振生收	本村冀克山	本村韩奎
家庭经济地位		人6口地8亩房3间	人4口地3亩房3间	人8口地5亩房四间
入伍年月日		1937年10月	同	同
任过什么工作		任过班排长	同	任过战士
亡故经过		被敌步枪所杀	入院后亡	机枪击头部而亡
亡故地点		刘道碑	同	同
亡故月日		1940年9月28日	同	同
是否党员		是	同	同
备考				

队别		二连		
职别		连长	班副	班副
姓名		陈先富	刘振声	张华贵
年龄		28	24	20
籍贯	省	湖北省	河北省	河北省
	县	公安县	蠡县	无极县
	区乡			
	村		赵家庄	张瑞固村
家庭通信处及收信人姓名		城内本人	赵家庄本人	同上张贵成
家庭经济地位		人10口地6亩房6	人11口地20亩房8	人7口地20亩房9
入伍年月日		1932年5月	1939年8月	1939年4月
任过什么工作		班排长侦察员队长	战士	战士
亡故经过		轻机弹头部	同左	同左
亡故地点		恢道岭	同左	同左
亡故月日		9月20日	同左	同左
是否党员		党员	党员	党员
备考				

队别		二连		
职别		代理班长	同左	战士
姓名		崔保全	马开英	王德全
年龄		38	30	32
籍贯	省	河北省	湖南省	山西省
	县	蠡县	里〈澧〉县	方山县
	区乡			
	村	东招堡	白雪村	横泉村
家庭通信处及收信人姓名		同上本人	马格庄本人	同上白云耀
家庭经济地位		人3口地2亩房2	人4口房3间	人4口租地30亩外债百元
入伍年月日		1939.8	1934.5	1940.3
任过什么工作		战士	战士给养员	战士
亡故经过		轻机弹度上身	同左头上	子弹上身
亡故地点		恢道岭	同左	同左
亡故月日		9月20日	同左	同左
是否党员		党员	党员	群众
备考				

队别		一营三连	同	同
职别		连长	八班长	通讯员
姓名		唐振	石东海	白玉连
年龄		32	19	21
籍贯	省	河南	河北	山西
	县	文相县	兴唐县	临县
	区乡	一区	一区	四区
	村	阳坪村	东庄村	卢沟村
家庭通信处及收信人姓名		本村唐富才收	本村石六安	本村白正贵收
家庭经济地位		人5口房3间地10亩欠债200元	人10口房5间地10亩	人4口房地没有
入伍年月		1937年11月入伍	同	1940年3月入伍
任过什么工作		任班排连长	任副班长	任战士
亡故经过		葬埋	同	同
亡故地点		宁武县灰条村	同	同
亡故月日		1940年9月21日	同	同
是否党员		党员	同	同
备考				

队别		三连	同	同
职别		五班副	战斗员	同
姓名		田万全	郭充峰	刘云国
年龄		33	20	22
籍贯	省	河北	同	山西
	县	任丘县	深县	临县
	区乡	六区	阳台区	二区
	村	赵武口村	阳五村	东瓦村
家庭通信处及收信人姓名		本村田双喜	本村郭老马收	本村刘富生收
家庭经济地位		人2口房地没有	人8口房8间地26亩	人5口房1间地1亩
入伍年月		1939年6月入伍	1940年2月入伍	1940年3月入伍
任过什么工作		代理过班长	任战士	同
亡故经过		葬埋	同	同
亡故地点		宁武县灰条村	同	同
亡故月日		1940年9月21日	同	同
是否党员		党员	群众	同
备考				

队别		一营三连
职别		战斗员
姓名 、		刘五来
年龄		27
籍贯	省	山西
	县	临县
	区乡	三区
	村	王庙村
家庭通信处及收信人姓名		本名刘危大
家庭经济地位		人6口房2间地21亩
入伍年月		1940年3月入伍
任过什么工作		任战士
亡故经过		葬埋
亡故地点		宁武县灰条村
亡故月日		1940年9月21日
是否党员		群众
备考		

队别				
职别		战士	同	同
姓名		马洪勋	徐光华	仁似新
年龄		26	28	27
籍贯	省	河北	河北	山西
	县	高平	任丘县	阳曲
	区乡			五区
	村	雪家团	原庄村	里金村
家庭通信处及收信人姓名		本村收	本村徐光兴收	本人收
家庭经济地位		人 4 口地 1 亩房 3 间	人 5 口地半亩房 2 间	人 1 口
入伍年月		1939 年 2 月入伍	1939 年 10 月入伍	1940 年 7 月入伍
任过什么工作		班副	战士	同
亡故经过				
亡故地点		在岭上村	同	同
亡故月日		9 月 20 日	同	同
是否党员		党	同	非
备考				

队别		四连
职别		战士
姓名		杜德盛
年龄		20
籍贯	省	河北
	县	博野县
	区乡	
	村	杜家庄
家庭通信处及收信人姓名		本村收
家庭经济地位		人 2 口地 4 亩房 3 间
入伍年月		1939 年 5 月入伍
任过什么工作		战士
亡故经过		
亡故地点		在岭上村
亡故月日		9 月 20 日
是否党员		非
备考		生死不明

队别		五连
职别		一排长
姓名		席业廷
年龄		28
籍贯	省	陕西省
	县	石权〈泉〉县
	区乡	
	村	红花沟村
家庭通信处及收信人姓名		本村
家庭经济地位		人8口无房地
入伍年月日		1937年11月入伍
任过什么工作		班排长
亡故经过		经过二次冲锋后牺牲
亡故地点		于里坞后山
亡故月日		9月20日
是否党员		是
备考		

队别		六连	同	同
职别		排长	战士	同
姓名		杨文玉	薛贤增	张风太
年龄		26	30	26
籍贯	省	湖南	山西	河北
	县	祥云县	岚县	正定
	区乡		三区	
	村	余南于村	车道坡	五心村
家庭通信处及收信人姓名		本村	本村	同
家庭经济地位		人7口地3亩房1间	人9口地10垧房3间	人3口地6亩房2间
入伍年月日		1935年入伍	1940年7月入伍	1939年入伍
任过什么工作		任过班长	没	没
亡故经过		参加过数次战斗	参加过几次小战斗	参加过数次战斗
亡故地点		在里坞村	同	同
亡故月日		1940年9月20日	同	同
是否党员		党	非	党
备考				

队别		六连	同
职别		战士	同
姓名		张风玉	李自常
年龄		23	33
籍贯	省	河北	山西
	县	正定	临县
	区乡		八区
	村	五心村	乔家坪
家庭通信处及收信人姓名		本村	同
家庭经济地位		人2口地5亩房3间	人1口地2亩房1间
入伍年月日		1939年入伍	1940年9月入伍
任过什么工作		没	没
亡故经过		参加过二次战斗	参加第一次战斗
亡故地点		在里坞村	同
亡故月日		1940年9月20日	同
是否党员		非	非
备考			

队别		七一六团三营九连	十连
职别		副班长	班长
姓名		胡春和	刘云泰
年龄		28	
籍贯	省	河北	山西
	县	大城县	岢岚
	区乡	五区	二区
	村	周北村	西堡峪
家庭通信处及收信人姓名		同上　胡德华收	同上　刘秃小收
家庭经济地位		田4亩没房6口人	人5口地20垧土窑2面
入伍年月		1939年3月	1938年5月
任过什么工作		战士	战士副班长
亡故经过		战斗阵亡	同左
亡故地点		里坞山上	同左
亡故月日		9月21日	9月21日
是否党员		党	党
备考			

队别		二营机连
职别		战士
姓名		李强保
年龄		18
籍贯	省	山西
	县	临县
	区乡	一区
	村	榆底村
家庭通信处及收信人姓名		原籍收信李明尧
家庭经济地位		人13口房3间地3亩
入伍年月日		1940年3月白文入伍
任过什么工作		任战士
亡故经过		放在洞里
亡故地点		介桥西山上
亡故月日		7月23日
是否党员		不是
备考		

队别		六连	同
职别		副班长	战士
姓名		孔发有	苗汗雨
年龄		24	26
籍贯	省	河北	山西
	县	任丘县	临县
	区乡	六区	四区
	村	韦塔庄	郝家皮
家庭通信处及收信人姓名		本村	本村
家庭经济地位		人11口地20亩房没	人3口地20亩房1间
入伍年月日		1939年6月入伍	1940年2月入伍
任过什么工作		没	没
亡故经过		作过数次战这次战斗被敌机弹致命	未作过战这次战斗被敌机弹致命
亡故地点		在岚县介桥	同
亡故月日		1940年7月23日	同
是否党员		正式党员	非
备考			

队别		八连		
职别		副班长	战士	同
姓名		李福元	高文禄	张海元
年龄		25	29	29
籍贯	省	河北	山西	同
	县	深县	临县	同
	区乡	杨太区	一区	同
	村	西章梦村	石家磨村	芦则沟
家庭通信处及收信人姓名		本村李大明	本村高援业	本村张全世
家庭经济地位		人5口地3亩房2间	人3口地5亩房1间欠债45元	人6口地18亩房2间
入伍年月日		1939年12月入伍	1940年3月入伍	同
任过什么工作		战士	同	同
亡故经过		掩护退却	同	同
亡故地点		介桥附近	同	同
亡故月日		7月23日	同	同
是否党员		非	同	同
备考				

队别		九连
职别		战士
姓名		纪兴广
年龄		29
籍贯	省	河北
	县	安国县
	区乡	二区
	村	刘各庄
家庭通信处及收信人姓名		安国县刘各庄刘老多收
家庭经济地位		5亩田5间房5口人
入伍年月日		1939年9月
任过什么工作		没任什么工作
亡故经过		介桥村战斗阵亡
亡故地点		介桥山上
亡故月日		7月23日
是否党员		群
备考		

队别		政治处
职别		指导员
姓名		闻玉堂
年龄		36
籍贯	省	湖北
	县	宣恩
	区乡	
	村	二去
家庭通信处及收信人姓名		交本村本家
家庭经济地位		人2口地3亩房2间
入伍年月日		1935年入伍
任过什么工作		指导员
亡故经过		
亡故地点		介桥南山
亡故月日		7月23日
是否党员		党员
备考		

队别		十一连		
职别		战士		
姓名		肖根法	王全信	温玉山
年龄		26	35	29
籍贯	省	山西省	河北省	山西省
	县	岚县	任丘县	岚县
	区乡	四区		一区
	村	杨湾村	大涧村	于义村
家庭通信处及收信人姓名		城内转本村肖兆英	本村王有传	本村温喜寿
家庭经济地位		人2口房地无外债20元	人2口房地无	人6口地60亩房2间
入伍年月日		1940年3月	1939年8月	1940年2月
任过什么工作				
亡故经过		介桥战斗阵亡	同	同
亡故地点		介桥	同	同
亡故月日		1940年7月23日	同	同
是否党员		否	1940年4月入党	否
备考				

50. 八路军第129师新1旅战斗伤亡消耗统计表
（1940年9月）

新一旅

百团大战三阶段

战斗次数及收获消耗损失统计表

旅　　长　韦　杰

政治委员　唐天际

秘　长

密　长

1940年12月30日于西盘阳镇

<table>
<tr><th colspan="3">部别 数目 职别</th><th>第一阶段</th><th>第二阶段</th><th>第三阶段</th><th>统计</th><th>附记</th></tr>
<tr><td rowspan="11">我负伤</td><td rowspan="4">指挥员</td><td>班</td><td>14</td><td>10</td><td>1</td><td>25</td><td rowspan="18">总计196名</td></tr>
<tr><td>排</td><td>8</td><td>4</td><td></td><td>12</td></tr>
<tr><td>连</td><td>2</td><td>3</td><td></td><td>5</td></tr>
<tr><td>营</td><td>1</td><td>1</td><td></td><td>2</td></tr>
<tr><td rowspan="3">政治员</td><td>排</td><td></td><td></td><td></td><td></td></tr>
<tr><td>连</td><td>1</td><td>5</td><td></td><td>6</td></tr>
<tr><td>营</td><td></td><td></td><td></td><td></td></tr>
<tr><td colspan="2">战斗员</td><td>30</td><td>50</td><td></td><td>80</td></tr>
<tr><td colspan="2">宣传员</td><td>1</td><td></td><td></td><td>1</td></tr>
<tr><td colspan="2">卫生员</td><td>1</td><td>1</td><td></td><td>2</td></tr>
<tr><td colspan="2">合计</td><td>58</td><td>74</td><td></td><td>132</td></tr>
<tr><td rowspan="7">我阵亡</td><td rowspan="4">指挥员</td><td>班</td><td>3</td><td>6</td><td></td><td>9</td></tr>
<tr><td>排</td><td></td><td>2</td><td>1</td><td>3</td></tr>
<tr><td>连</td><td>1</td><td>1</td><td></td><td>2</td></tr>
<tr><td>营</td><td></td><td></td><td></td><td></td></tr>
<tr><td rowspan="3">政治员</td><td>排</td><td></td><td>1</td><td></td><td>1</td></tr>
<tr><td>连</td><td></td><td></td><td></td><td></td></tr>
<tr><td>营</td><td>1</td><td></td><td></td><td>1</td></tr>
</table>

续表

职别＼数目＼部别			第一阶段	第二阶段	第三阶段	统计	附记
我阵亡	战斗员		7	21		28	
	宣传员						
	工作员						
	合计		12	31	1	44	
失连络	指挥员	班级	1	1		2	
	战斗员		25	9		34	
	合计		26	10		36	
我损失武器	步枪		38	8	1	47	轻机枪都是损坏，现大部修好。只第二阶段遗失轻机枪一挺，步枪二支
	轻机枪		4	8	1	13	
	驳壳枪		2	1		3	
	马刀			1		1	
	刺刀			2		2	
我损失弹药	步马枪弹		13487	10424	403	24314	
	轻机弹		2982	3154	170	6306	
	重机弹		750	218		968	
	驳壳枪弹		330	99	7	436	
	手榴弹		499	505	7	1011	
	迫炮弹		6	20	4	30	

51. 八路军第120师百团大战伤亡统计表
(1940年10月)

一二零师百团大战伤亡统计表 40. 8. 20——10. 10（绝秘）42. 9. 10 三塔制

分类		数目 / 职别	团长	营长	连长	排长	班长	政委	教导员	指导员	科长	支书	参谋	股长	干事	教员	副官	司务长	文书	医生	看护	战斗人员	合计	百分比
负伤	共有		1	4	23	73	125	2	3	15		8	4	1	7	1		3	3	2	8	658	941	65%
	年龄	25以下			9	31	68	1	2	7		4	1	1	4				1	2	5	384	519①	
		26以上	1	3	10	36	36	1	1	7		3	3		3	1			1		3	196	306②	
		35以上		1	4	6	21			1		1						3	1			78	116	
	负伤时间	40年8月		1	7	30	38		1	5		1	1		2				2	1	3	116	208	
		40年9月	1	3	15	43	84	2	2	9		7	2	1	5	1		3	1	1	5	518	703	
		40年10月			1		3			1			1									24	30	
	党员否	党员	1	3	23	73	98	2	3	15		8	4	1	7	1		3	3	2	3	114	365③	
		非党员					27														5	544	576	

①②③ 原文如此，计算有误。

续表

分类		数目 / 职别	团长	营长	连长	排长	班长	政委	教导员	指导员	科长	支书	参谋	股长	干事	教员	副官	司务长	文书	医生	看护	战斗人员	合计	百分比
阵亡		共有		1	22	41	68		2	15	1	7	1		5	1	1	4			2	317	488	
	年龄	25 以下			7	19	36		1	7		3		1	2			1			2	167	246	
		26 以上		1	14	19	32		1	8	1	4	1		3	1	1	2				140	247	
		35 以上			1	3												1				10	15	
	阵亡时间	40 年 8 月			1	5	3			3		1			1			2			1	7	23①	
		40 年 9 月		1	21	36	60		2	12	1	6	1	1	4	1	1	2			1	308	458	
		40 年 10 月					5															2	7	
	党员否	党员		1	22	40	60		2	15	1	7	1	1	5	1	1	4			1	146	307②	
		非党员				1	8														1	171	181	
负伤阵亡总计			1	5	45	114	193	2	5	30	1	15	5	1	12	2	1	7	3	2	10	975	1429	
说明			（一）此统计系本师358B，359B独一B独二B师特务R骑支，五分区等各旅团不完全的统计数目。 （二）负伤：团长一是二B七一四B副团长张绍武营长四是七一四团一营长李家富，二营副孙香长，七一六团三营长张述芝、张绍亲政委二是七一四团政委张世良，九B七团政委刘春宝，教导员三是三支队一营政教高海德，三五九旅教导员刘吉冠，工作团主任王坚。 （三）阵亡：营长一是一旅二团一十营长汪精纯；政教二是二团一营政教唐开先，六团一营政教魏广芝，科长一是二旅二科长张元基。 （四）各职内副职在内。																					

①② 原文如此，计算有误。

52. 八路军第120师独立第2旅伤亡统计表
（1940年10月）

独立二旅自1940年一月份至百团大战结束止伤亡统计表

名称/队别/等级	负伤						阵亡						
	旅直	四团	五团	六团	六支队	合计	旅直	四团	五团	六团	六支队	合计	总计
团一级		2				2							2
营一级		2	3	1	1	7			3			3	10
连一级		6	7	8	6	27		9	4	5	2	20	47
排一级		8	7	5	6	26		12	4	7		23	49
班一级		12	17	24	16	69		27	8	17	10	62	131
战士	4	84	58	47	34	227	2	93	30	34	16	175	402
杂务人员													
合计	4	114	92	85	63	358	2	141	49	63	28	283	641
备考													

53. 八路军第129师供给部在反“扫荡”中损失物资统计表
（1940年12月10日）

各部损失资材统计表

<table>
<tr><th rowspan="2">部别</th><th rowspan="2">原价</th><th rowspan="2">市价</th><th colspan="3">合计</th></tr>
<tr><th>部别</th><th>原价</th><th>市价</th></tr>
<tr><td>供给部</td><td>10993000</td><td>20158000</td><td>供给部</td><td>10993000</td><td>20158000</td></tr>
<tr><td>供给处</td><td>24036500</td><td>50833200</td><td rowspan="2">供给处</td><td rowspan="2">96133800</td><td rowspan="2">196059800</td></tr>
<tr><td>被服厂</td><td>72097300</td><td>145226600</td></tr>
<tr><td>军用经济处</td><td>2367000</td><td>2367000</td><td rowspan="6">军用经济处</td><td rowspan="6">176973460</td><td rowspan="6">295489600</td></tr>
<tr><td>下庄合作社</td><td>155689160</td><td>272902300</td></tr>
<tr><td>纺纱厂</td><td>1349000</td><td>2652000</td></tr>
<tr><td>第二采办处</td><td>3974000</td><td>3974000</td></tr>
<tr><td>土货委员会</td><td>13594300</td><td>13594300</td></tr>
<tr><td></td><td></td><td></td></tr>
<tr><td>总计</td><td>284100260</td><td>511707400</td><td>总计</td><td>284100260</td><td>511707400</td></tr>
</table>

各库损失检查报告表　1940年11月15号造

<table>
<tr><th rowspan="2">损失地址</th><th rowspan="2">种类</th><th rowspan="2">数量</th><th rowspan="2">单位</th><th colspan="3">原来质量</th><th rowspan="2">损或失</th><th colspan="3">现在质量</th><th rowspan="2">备考</th></tr>
<tr><th>堪用</th><th>待修</th><th>废坏</th><th>堪用</th><th>待修</th><th>废坏</th></tr>
<tr><td rowspan="5">梁沟</td><td>杂步马枪</td><td>226</td><td>支</td><td></td><td></td><td></td><td></td><td></td><td></td><td></td><td>堪用枪没有待修废坏未查各若干</td></tr>
<tr><td>轻机关枪</td><td>1</td><td>支</td><td></td><td></td><td>1</td><td></td><td></td><td></td><td></td><td></td></tr>
<tr><td>花眼机枪</td><td>1</td><td>支</td><td></td><td></td><td>1</td><td></td><td></td><td></td><td></td><td></td></tr>
<tr><td>曲把子枪</td><td>17</td><td>支</td><td></td><td></td><td></td><td></td><td></td><td></td><td></td><td></td></tr>
<tr><td>马刀</td><td>254</td><td>把</td><td></td><td></td><td>254</td><td></td><td></td><td></td><td></td><td></td></tr>
</table>

续表

损失地址	种类	数量	单位	原来质量			损或失	现在质量			备考
				堪用	待修	废坏		堪用	待修	废坏	
梁沟	月斧	4	把								
	大砍刀	30	把			30					
	火硝	1	桶	1			失				
	杂子弹	115	粒	115			失				
	九二式机弹	260	粒	260			失				
	毛瑟子弹	305	粒	305			失				
	土造地雷	16	颗	16			损				
宽障山	重掷弹桶弹	6	颗	6			失				取走
	拽火炸弹	2	颗	2			失				取走
	步枪皮带	203	条	203			失				取走
	机枪盘子	30	个	30			失				取走
	连燃导火管	800	米	800			失				取走
	望远镜	1	个		1		失				取走
	小钢炮弹	32	颗			32	失				取走
	防毒面具	17	件		17		失				皮脸与装药具共十七件取走
	驳壳木壳	57	个	57			损				砸碎
九腰会	言卜	30	磅	30			损				烧
	老弦	13	两	13			损				烧
	驳壳木壳	128	个	128			损				烧
	木柄炸弹	400	颗			400	损				烧
	大钟木把	400	根	400			损				烧
	重机枪甬子	1	个		1		失				抢走
	八二炮弹	16	颗		12	4	损				烧内有在桐峪12颗
	俄造子弹	400	粒	400			失				抢走
	硫磺	70	斤	70			损				烧在桐峪损
	杂步马枪	26	支	8	18		损		26		木托烧了其他废坏
合计	驳壳木壳	185	部								
	杂步马枪	252	支								
说明	梁沟损失系吴贵洋检查因房屋倒塌埋压的东西一时不能抢出或损或失无法统计此表系由原处储存的总数待日后调查清楚再为呈报										

军械科长朱东儒　　　　经办人陈广信

54. 八路军第120师自抗战至1940年底战斗统计表
(1940年12月)

120师自抗战至1940年底止战斗统计表公布

分类 \ 数目 \ 战斗次数 \ 部队			120师自抗战起至1940年12月底止	晋西北新军1940年	晋西北地方游击队1940年	统计
			2272	288	126	2686
伤毙敌人概数			53770	5880	590	60240
毙敌马概数			3990	450	20	4460
俘虏敌	人员	日军	214	10	6	230
		伪军	5798	124	108	6030
		合计	6012	134	114	6260
		马匹	3886	83	38	4007
		通信狗	2			2
		通信鸽	7			7
缴获敌	武器	步马枪	10492	178	145	10815
		驳壳枪	393	2	4	399
		手枪	203	6	1	210
		轻机关枪	344	7	4	355
		重机关枪	30			30
		冲锋机枪	197		2	199
		讯号枪	14			14
		合计	11673	193	156	12022

续表

分类 \ 数目 \ 战斗次数 \ 部队			120师自抗战起至1940年12月底止	晋西北新军1940年	晋西北地方游击队1940年	统计
			2272	288	126	2686
缴获敌	武器	掷弹筒	45	5	1	51
		迫击炮	22			22
		山炮	5	2		7
		步兵炮	8			8
		平射炮	1			1
		合计	36	2		38
	弹药军用品	步马机弹	2670806	36965	12800	2720571
		驳壳枪弹	7181	255	172	7608
		手枪弹	2643	246		2889
		降落伞	7			7
		照相机	15	2		17
		油印机	1			1
		轻机枪预备筒	9			9
		钢炮钢板	1			1
		自燃导火线	800			800斤
		炮兵观察镜	6			6
		飞机驾驶员皮衣	16			16件
毁坏敌人车辆 交通	打坏烧毁	火车头	13	1		14
		火车皮	14	2		16
		装甲火车	1			1
		汽车	797	10	2	809
		装甲汽车		7		7
		飞机		1		1
		大炮		3		3
		无线电		4		4
		轻便摇车		20		20
		烧毁子弹	500000			500000
		渡船		26		26

续表

分类 \ 数目 \ 战斗次数 \ 部队			120师自抗战起至1940年12月底止	晋西北新军1940年	晋西北地方游击队1940年	统计
			2272	288	126	2686
	破坏	铁路	593	55		648（里）
		公路	3345	585	260	4190
		桥梁	353	43	28	424
		电话线	3380	660	450	4490（里）
我军伤亡		负伤指战员	17588	1022	86	18696
		阵亡指战员	8908	725	48	9681
		合计	26496	1747	134	28377
我军失连络			2404	368	11	2783
我军马匹伤亡			296	152		448
我军遗失及损坏	武器	步马枪	2196	319	6	2521
		驳壳枪	83	7	1	91
		手枪	12	7		19
		轻机关枪	91	9		100
		重机关枪	3	2		5
		冲锋机枪	49	52		101
		讯号枪	1			1
		合计	2435	396	7	2838
		迫击炮	4	2		6
		马匹	485	31		516
	其他	刺刀	604	222		826
		马刀	269	149		418
		工作器具	223	140		363
		无线电		2		2
		电话总机	2			2
		电话单机	7	5		12
		被服电线	10	16		26
		自行车	16			16
		轻机枪预备筒	2	1		3
		西药	5			5箱

续表

部队 / 战斗次数 / 数目 / 分类		120师自抗战起至1940年12月底止	晋西北新军1940年	晋西北地方游击队1940年	统计
战斗次数		2272	288	126	2686
我军消耗弹药	步马枪弹	7418350	357032	17496	7792878
	驳壳枪弹	57071	2587		59658
	手枪弹	6852	653		7505
	轻机关枪弹	2515785	128690		2644475
	重机关枪弹	456280	12685		468965
	冲锋机枪弹	65509	9396		74905
	合计	10519847	511043	17496	11048386
	掷弹筒弹	605	15		620
	迫击炮弹	6525	164		6689
	机炮弹	15			15
	山炮弹	295			295
	手榴弹	173094	9580	520	183194
	合计	180534	9759	520	190813
附记	1. 120师从1937年本师参加抗战起至1940年底 2. 晋西北新军从1940年晋西北春季反扫荡起至12月底止 3. 晋西北地方游击队从1940年晋西北夏季反扫荡起至1941年1月止（新军与地方武装材料较不完全）				

120师1940年全年战斗统计表

密

部队 / 战斗次数 / 数目 / 分类	120师	晋西北新军	地方游击队	统计	附记
战斗次数	650	268	120	1038	
我负伤指战员	3212	613	51	3876	时间
我阵亡指战员	1857	498	31	2386	
我失连络人员	1582	368	11	1961	
我伤亡之马匹	90	152		242	

续表

分类		部队 / 数目 / 战斗次数	120 师	晋西北新军	地方游击队	统计	附记
战斗次数			650	268	120	1038	
损失		各种枪支	1397	396	7	1800	
损失		迫击炮	2	2		4	
损失		马匹	182	31		213	
消耗		各种枪弹	734398	253628	9496	997522	
消耗		炮弹及掷弹筒弹	644	69		713	
消耗		手榴弹	17841	3366	306	21513	
伤毙敌人			9370	3820	370	13560	
伤毙敌马			940	440	20	1400	
俘虏		日军	32	5	3	40	120 师从 1940 年 1 月至 12 月底。新军从 1940 年春季反扫荡至 12 月底。地方游击队从 1940 年夏季反扫荡至 1941 年 1 月止。
俘虏		伪军	2361	26	88	2475	
俘虏		马匹	1286	37	19	1342	
我缴获	武器	步马枪	2294	46	72	2412	
我缴获	武器	驳壳枪	105		2	107	
我缴获	武器	手枪	72	3	1	76	
我缴获	武器	轻机枪	75	2	2	79	
我缴获	武器	重机枪	6			6	
我缴获	武器	冲锋机枪	155		2	157	
我缴获	武器	信号枪	5			5	
我缴获	武器	合计	2712	51	79	2842	
我缴获	武器	迫击炮	2			2	
我缴获	武器	一三式山炮		1		1	
我缴获	武器	九二式步兵炮	1			1	
我缴获	武器	合计	3	1		4	
我缴获	武器	掷弹筒	4	2		6	
我缴获	武器	各种刀	1094	19		1113	

续表

分类 \ 数目 \ 部队 / 战斗次数			120师	晋西北新军	地方游击队	统计	附记
		战斗次数	650	268	120	1038	
缴获	弹药	各种枪弹	305370	9434	6800	321604	
		各种炮弹	229	32	20	281	
		掷弹筒弹	211	4		215	
		手榴弹	2642	46	166	2854	
		燃烧弹	2			2	
		烟幕弹	2			2	
		毒瓦斯	5	1		6	
	军用品	大米	200	50	5	255	包
		面粉	352	30		382	袋
		罐头	3640	510		4150	筒
		炮弹铁箱	10	4		14	个
破坏敌军车辆交通	打坏烧毁	火车头	3	1		4	个
		火车皮	4	2		6	列
		装甲火车	1			1	列
		汽车	26	10	2	38	辆
		装甲汽车	1			1	辆
		轻便摇车	20			20	辆
		无线电	1			1	架
		渡船		26		26	艘
	破坏	铁路	160	55		215	里
		公路	1285	585	260	2130	里
		桥梁	54	43	28	125	座
		铁电话线	1565	660	450	2675	里
我伤亡	负伤指战员		4830	1022	86	5938	名
	阵亡指战员		2878	725	48	3651	名
	合计		7708	1747	134	9589	名

续表

分类		部队 / 战斗次数 / 数目	120师	晋西北新军	地方游击队	统计	附记
			650	268	120	1038	
我军失联络			1582	368	11	1961	名
我军马匹伤亡			90	152		242	匹
我军遗失及损坏	武器	步马枪	1294	319	6	1619	1800支
		驳壳枪	44	7	1	52	
		手枪	5	7		12	
		轻机枪	42	9		51	
		重机枪	2	2		4	
		冲锋枪	10	52		62	
		合计	1397	396	7	1800	
		迫击炮	2	2		4	门
	马匹		182	31		213	匹
	其他	刺刀	372	222		594	把
		马刀	189	149		338	把
		工作器具	21	140		161	把
		无线电		2		2	架
		电话单机	3	5		8	架
		自行车	16			16	辆
		被复电线	5	16		21	里
		轻机枪预备筒	2	1		3	个
		西药				1	箱
我军消耗弹药	步马枪弹		926922	357032	17469	1301450	1871330发
	驳壳枪弹		9581	2587		12168	
	手枪弹		943	653		1596	
	轻机关枪弹		370818	128690		499508	
	重机关枪弹		26029	12685		38714	
	冲锋机枪弹		8498	9396		17894	
	讯号枪弹						
	合计		1342781①	511043	17496	1871330	

① 原文如此，计算有误。

续表

分类 \ 数目 \ 战斗次数 \ 部队		120师	晋西北新军	地方游击队	统计	附记
		650	268	120	1038	
我军消耗弹药	掷弹筒弹	273	15		288	43856发
	迫击炮弹	681	164		845	
	机枪弹	15			15	
	山炮弹	195			195	
	手榴弹	32413	9580	520	42513	
	合计	33577	9759	520	43856	
此统计时间:〈甲〉120师自1940年1月起至12月底止。〈乙〉晋西北新军自1940年春季反扫荡起至12月底止，且材料较不完全。〈丙〉晋西北地方游击队自1940年夏季反扫荡起至1941年1月止，且材料较不完全。120师挺进军在外。						

55. 八路军第120师第715团保卫晋西北的抗战烈士登记（1940年12月）

七一五团政治处

抗日烈士登记册

部别	十一连	同	同
职别	战士	同	同
姓名	石常瑞	朱起勋	刘殿臣
年龄	30	40	26
籍贯	河北无极	河北深泽	河北无极
何时入伍	1939年	同	同
何时入党		党员	同
简历			
牺牲时间地点及过程	1940年于山西兴县二十里铺战斗	同	同
纪念物品			

抗日烈士登记册

部别	通信连	五连		三营部
职别	排长	副班长		特派员
姓名	李志武	贾登栓		唐子林
年龄	21	27		20
籍贯	四川仓吉	河北深县		湖南慈利
何时入伍	1933年	1939年		1935年
何时入党	党员	同		党员
简历				
牺牲时间地点及过程	于1940年山西二十里铺战斗	同		1940年10月于山西临县白家庄病死
纪念物品				在白家庄村西有坟墓

抗日烈士登记册

部别	十一连	同	八连
职别	文书	副班长	副班长
姓名	高清连	刘常记	杨永福
年龄	35	32	36
籍贯	河北深县	同	同
何时入伍	1939 年	同	同
何时入党	党员	同	同
简历			
牺牲时间地点及过程	1940 年于山西兴县二十里铺战斗	同	同
纪念物品			

抗日烈士登记册

部别	八连	一连	同	同
职别	战士	班长	战士	同
姓名	张润芝	关永胜	刘福山	史宗保
年龄	22	33	32	26
籍贯	河北武强	河北藁城	河北晋县	河北
何时入伍	1939 年	1937 年	1939 年	同
何时入党	党员	同		
简历				
牺牲时间地点及过程	1940 年于山西兴县二十里铺战斗	同	同	同
纪念物品				

抗日烈士登记册

部别	政治处	五团二营
职别	组织股长	教导员
姓名	胡道金	陈正才
年龄		
籍贯	江西	
何时入伍		
何时入党		
简历		
牺牲时间地点及过程	1937年9月于山西南北常战斗（忻县战役）阵亡	1937年10月在山西战斗阵亡
纪念物品	履历功绩无存底	同

抗日烈士登记册

部别	七连	同	同
职别	战士	同	同
姓名	郭成林	袁候柱	高木番
年龄	36	38	20
籍贯	山西岢岚	山西岢岚	山西静乐
何时入伍	1940年	同	同
何时入党			
简历			
牺牲时间地点及过程	1940年于洪羊沟战斗阵亡	同	同
纪念物品			

抗日烈士登记册

部别	十连	五连	同	同
职别	战士	同	同	同
姓名	贺信栓	张福畴	郝万玉	姜茂海
年龄	24	32	27	30
籍贯	山西岢岚	山西静乐	山西岢岚	山西静乐
何时入伍	1940 年	1940 年	同	30
何时入党		党员		
简历				
牺牲时间地点及过程	1940 年 7 月山西二十里铺战斗阵亡	同	同	同
纪念物品				

抗日烈士登记册

部别	五连	同	同
职别	战士	同	同
姓名	王山烈	吴银顺	李二小
年龄	32	25	29
籍贯	山西静乐	山西宁武	山西岢岚
何时入伍	1940 年	同	同
何时入党			
简历			
牺牲时间地点及过程	1940 年 7 月 14 日在山西兴县二十里铺战斗牺牲	同	同
纪念物品			

抗日烈士登记册

部别	五连	同	同	同
职别	战士	同	同	同
姓名	王山孩	张德胜	张树小	郭盛荣
年龄	28	25	27	36
籍贯	山西静乐	同	山西岢岚	同
何时入伍	1940 年	同	同	同
何时入党				
简历				
牺牲时间地点及过程	1940 年 7 月于晋西北兴县二十里铺作战牺牲	同	同	同
纪念物品				

抗日烈士登记册

部别	五连	同	同
职别	战士	同	同
姓名	高文范	高德海	武圪塔
年龄	30	32	28
籍贯	山西静乐	同	山西岢岚
何时入伍	1940 年	同	同
何时入党			
简历			
牺牲时间地点及过程	1940 年 7 月于兴县二十里铺战斗牺牲	同	同
纪念物品			

抗日烈士登记册

五连	同	四连	同
战士	同	同	同
贾富山	马述生	梁步元	张春增
21	15	21	31
山西岢岚	同	山西静乐	同
1940 年入伍	同	同	同
1940 年 7 月于山西兴县二十里铺战斗牺牲	同	于二十里铺作战中因不会利用地形打死的	同

抗日烈士登记册

部别	司令部	卫生队	同
职别	警卫员	担架员	同
姓名	崔岳	刘有栓	张生旺
年龄	22	30	23
籍贯	山西神池	山西临县	同
何时入伍	1937 年	1940 年	同
何时入党	党员		
简历			
牺牲时间地点及过程	1940 年二十里铺战斗牺牲	同	同
纪念物品			

抗日烈士登记册

部别	八连	三连	同	一营机枪连
职别	战士	同	同	同
姓名	赵根桓	阴保玉	李金定	胡秉德
年龄	26	28	30	34
籍贯	山西岢岚	山西交城	山西静乐	山西太谷
何时入伍	1940 年	同	同	1937 年
何时入党	党员			
简历				
牺牲时间地点及过程	1940 年 9 月牺牲于宁化	1940 年二十里铺战斗牺牲	同	同
纪念物品				

抗日烈士登记册

部别	一营机枪连	十一连	同
职别	战士	同	同
姓名	侯占清	王茄子	刘二小
年龄	30	22	22
籍贯	山西岢岚	同	同
何时入伍	1940 年	同	同
何时入党			
简历			
牺牲时间地点及过程	1940 年 7 月二十里铺战斗牺牲	同	同
纪念物品			

抗日烈士登记册

部别	八连	同	一连	同
职别	战士	同	同	同
姓名	贺二小	李满同	闫青山	韩丁永
年龄	26	31	26	19
籍贯	山西岢岚	山西河曲	山西静乐	山西岢岚
何时入伍	1940 年	同	同	同
何时入党				
简历				
牺牲时间地点及过程	1940 年 7 月二十里铺战斗牺牲	同	同	同
纪念物品				

抗日烈士登记册

部别	炮兵连	特务连	五连
职别	战士	同	战士
姓名	刘德才	郝金峰	刘来翁
年龄	26	20	16
籍贯	甘省	河北	山西临县
何时入伍	1936 年	1940 年	1940 年
何时入党	党员		
简历			
牺牲时间地点及过程	1940 年于山西临县太平村战斗	同	1940 年于山西临县暖泉会战斗
纪念物品			

抗日烈士登记册

部别	一连	同	同
职别	战士	同	同
姓名	郭二廉	张风林	张开同
年龄	32	24	27
籍贯	山西静乐	山西岢岚	山西静乐
何时入伍	1940 年	同	同
何时入党			
简历			
牺牲时间地点及过程	1940 年 7 月于山西兴县二十里铺战斗	同	同
纪念物品			

抗日烈士登记册

四连	二连	同	同
战士	战士	同	同
吴三林	王清云	张国斗	吕占表
39	27	25	35
山西岢岚	山西保德	山西岢岚	山西静乐
1940 年	同	同	同
牺牲于 1940 年 7 月山西兴县二十里铺战斗	同	同	同

抗日烈士登记册

部别	二连	五连
职别	战士	战士
姓名	赵四维	齐秉良
年龄	42	29
籍贯	山西岢岚	山西静乐
何时入伍	1940 年	1940 年
何时入党		
简历		
牺牲时间地点及过程	1940 年 7 月山西兴县二十里铺战斗牺牲	1940 年 12 月于山西临县王家庄战斗
纪念物品		

抗日烈士登记册

九连	四连	一连	供给处
副班长	战士	通信员	工作员
王三大	王金才	王永宽	夏九令
27	20	18	40
山西静乐	山西岢岚	山西静乐	山西右玉
1940 年	同	同	1940 年
党员			
1940 年 9 月于山西川道牺牲	1940 年 9 月于山西上庄战斗	1940 年 12 月于山西太平村战斗	1940 年 12 月于山西武家坪战斗

抗日烈士登记册

部别	通信连	二连	十连
职别	战士	同	同
姓名	刘友	余有功	刘永照
年龄	21	25	28
籍贯	山西右玉	山西河曲	山西南临
何时入伍	1940 年	同	同
何时入党	党员		
简历			
牺牲时间地点及过程	1940 年 12 月于山西太平村战斗	1941 年在山西临县清凉寺战斗牺牲	1941 年于陕北绥德马蹄沟病死
纪念物品			

抗日烈士登记册

七连	二营机排	六连	五连
战士	同	同	排长
郭焕昌	李吉立	王云喜	余二小
19	26	26	
山西北临	山西南临	山西怀仁	
1941 年	同	1938 年	
		党员	党员
1941 年于陕西绥西胡家峁与顽军战斗牺牲	1942 年 5 月于边区死于病	1942 年 4 月于边区病故	1943 年于边区鄜县建营房时打窑砸死

抗日烈士登记册

部别	四连	同	司令部
职别	战士	同	司号长
姓名	陈根元	周凤山	汪兴邦
年龄	39	28	22
籍贯	河北深泽	河北武邑	湖南永顺
何时入伍	1939 年	同	1931 年入伍
何时入党			党员
简历			
牺牲时间地点及过程	1940 年于山西兴县二十里铺战斗	同	同
纪念物品			

抗日烈士登记册

司令部	政治处	三连	同
警卫员	通讯员	班长	同
邢玉林	曹文海	李志彬	李兴周
19	同	32	39
河北深县	河北正定	河北深县	河北深泽
1939 年	1937 年	1939 年	同
党员		党员	
1940 年于山西兴县二十里铺战斗	同	同	同

抗日烈士登记册

部别	五连	同	同
职别	通信员	同	战士
姓名	曹振海	乔二里	李长起
年龄	17	18	21
籍贯	河北深县	绥远武川	河北饶阳
何时入伍	1939 年	1938 年	1939 年
何时入党			
简历			
牺牲时间地点及过程	1940 年于山西兴县二十里铺	同	同
纪念物品			

抗日烈士登记册

五连	同	四连	同
副班长	同	班长	副班长
刘保会	苏大奇	邵中义	刘正宏
23	22	37	23
河北定县	河北晋县	河北饶阳	河北深泽
1939 年	1937 年	1939 年	1939 年
	党员	同	同
1940 年于山西兴县二十里铺	同	同	同

抗日烈士登记册

部别	五连	七连	同
职别	战士	战士	同
姓名	郑振虎	刘顺达	王春辛
年龄	22		20
籍贯	河北深县	河北深县	河北饶阳
何时入伍	1939 年	1939 年	1940 年
何时入党		党员	
简历			
牺牲时间地点及过程	1940 年 3 月于山西临县暖泉会战斗	同	同
纪念物品			

抗日烈士登记册

五连	同	同	同
排长	同	班长	同
游先卓	裴万春	刘世严	苏春信
39	35	24	18
湖南	河南	河北深县	河北晋县
1935 年	1938 年	1939 年	同
党员	同	同	同
1940 年于山西兴县二十里铺战斗	同	同	同

抗日烈士登记册

部别	十连	二营营部	五连
职别	连长	司号长	班长
姓名	张顺卿	甘玉清	白得保
年龄	27	25	24
籍贯	贵州大定县	四川黔江	绥远武川
何时入伍	1936 年	1933 年 1 月	1936 年 9 月
何时入党	党员	同	同
简历	曾任排长连长		
牺牲时间地点及过程	1940 年 12 月 22 日在山西临县王家庄战斗因争夺山头牺牲	1940 年于兴县（山西）二十里铺战斗	1940 年于山西暖泉会（临县）战斗牺牲
纪念物品			

抗日烈士登记册

五连	同	同	同
班长	副班长	战士	同
韩廷栋	王英奎	杨恺捐	张云赐
34	35	17	40
河北藁城	河北饶阳	河北深县	河北饶阳
1939 年	1939 年	同	同
党员			
1940 年于山西临县暖泉会战斗	同	同	同

抗日烈士登记册

部别	四连	同	八连
职别	副连长	战士	排长
姓名	顾长胜	何未子	沈占奎
年龄	34	19	26
籍贯	河南南阳	河北深县	陕西人
何时入伍	1937 年	1939 年	1935 年
何时入党	党员	同	同
简历			
牺牲时间地点及过程	1940 年 9 月于山西上庄战斗	同	1940 年 12 月于山西临县王家战斗
纪念物品			

56. 八路军第120师抗战三年来连级以上干部阵亡登记表
(1940年)

120师司令部

阵亡登记表

队别		120师特务团第二营七连	第二营五连	一营三连	一营
职别		连长	政指	连长	分总支书
姓名		陈登云	李智	刘未成	郭邦执
年龄		34	21	26	32
籍贯	省	湖南	山西	河南	湖北
	县	星洲	神池	商城	阳辛〈新〉
	区村	第一区	城内	松光石村	
本人成份		工人	农人	贫农	同
何时入伍任过什么工作		1937年入伍	1937年入伍	1937年10月入伍	1931年4月入伍
何时入党		党员	同	同	同
阵亡经过					
阵亡地点		岚县普明镇前纳会	同	同	同
阵亡年月		1940年3月	同	同	同
备考			未死		

阵亡登记表

队别		120 师特务团一营二连	二营六连	二营
职别		政指	政指	营长
姓名		冯树费	陈明	吴书刚
年龄		27	34	25
籍贯	省	山西	湖北	湖北
	县	神地		天门
	区村	城内		汉新河
本人成份		学生	贫农	同
何时入伍任过什么工作		1937 年入伍	1934 年入伍	1934 年入伍
何时入党		党员	同	同
作战地点年月		1940 年 3 月于山西岚县普明蒲家庄	1938 年 8 月于砂沟	1939 年 3 月在河北省王家码头
阵亡经过				
阵亡年月		1940 年 3 月 23 日	1938 年 8 月	1939 年 3 月
备考				

阵亡登记表

队别		120 师特务团支队部	二营七连	一营二连	一营
职别		政指	连长	政指	分总支书
姓名		张云禄	陈登云	冯恕贤	郭邦志
年龄		35	34	27	32
籍贯	省	山西	河北	山西	河南
	县		祁县	神池	阳平
	区村				
本人成份		贫农	同	同	同
何时入伍任过什么工作		1937 年入伍	1938 年 9 月入伍	1938 年入伍	1930 年入伍
何时入党		党员	同	同	同
阵亡经过					
阵亡地点		1939 年 5 月在河北闫林作战	1940 年 3 月在纳会村作战	同	同
阵亡年月		1939 年 5 月 24 日	1940 年 3 月 23 日	同	同
备考					

阵亡登记表

队别		120 师特务团一营三连	团部
职别		连长	
姓名		刘守成	
年龄		26	
籍贯	省	河北	
	县	高城县	
	区村		
本人成份		贫农	
何时入伍任过什么工作		1938 年 11 月入伍	
何时入党		党员	
作战地点年月		1940 年 3 月在纳会村	
阵亡经过			
阵亡年月		1940 年 3 月	
备考			

阵亡登记表

队别		120 师政治部	同	
职别		民运部副部长	民干	管理员
姓名		王邦秀	冯普义	段开玉
年龄		31	20	25
籍贯	省	江西	河北	山西
	县	吉安	无极	汾阳
	区村			
本人成份		店员	学生	小商人
何时入伍任过什么工作		1934 年入伍	1939 年 1 月入伍	1937 年入伍
何时入党		1938 年入党	1938 年入党	1938 年入党
阵亡经过				
阵亡地点		1940 年 7 月于交城	同	同
阵亡年月				
备考				

阵亡登记表

队别		第五路一旅一团三营	二团一营	二团二营	一团三营
职别		副营长	营长	副营长	同
姓名		刘庆文	刘德才	王广林	李成寿
年龄		32	41	40	32
籍贯	省	河北	河北	河北	湖北
	县	霸县	霸县	霸县	荆星
	区村	刘南庄	苑家庄	撒家营	城内
本人成份		贫农	同	同	同
何时入伍任过什么工作		1938 年 1 月在苏桥入伍	1937 年 11 月在霸县入伍	1938 年 3 月在苏桥入伍	1931 年 2 月在本县入伍
何时入党					1932 年 5 月在湖北入党
阵亡经过					
阵亡地点		1938 年 2 月在黄庄子	霸县高坟	同	河间张庄
阵亡年月		1938 年 2 月	1938 年 4 月	同	1939 年 3 月
备考					

阵亡登记表

队别		120 师一旅一团二营	二团特务连	三团	三团二营六连
职别		副营长	政指	政委	连长
姓名		张自雄	郑跻同	朱吉昆	陈发田
年龄		26	24	28	29
籍贯	省	湖北	辽宁	湖北	河北
	县	汉川	锦县	江陵	文安
	区村				胜芳
本人成份		贫农	不详	贫农	同
何时入伍任过什么工作		1931 年 4 月在石家咀入伍	不详	1930 年在江陵入伍	1938 年 1 月
何时入党		1935 年 1 月在大唐入党		1931 年入党	1939 年 3 月
作战地点年月		1939 年 4 月在河间孙村	1939 年 4 月于任丘	1939 年 4 月河间南留路	同
阵亡经过					
阵亡年月		1939 年 4 月	1939 年 4 月	1939 年 4 月	1939 年 4 月
备考				任过战士、班长、书记、科长	

阵亡登记表

队别		120 师一旅二团三营九连	三营十一连	三营十二连	一旅
职别		连长	连长	政指	参谋长
姓名		李青山	冯增柏	陈志银	郭征
年龄		25	22	20	24
籍贯	省	河南	湖北	陕西	江西　太和
	县	唐县	江陵	淳化	云亭区
	区村	宋汝村	芬家桥		楼居村
本人成份		贫农	中农	贫农	同
何时入伍任过什么工作		1937 年入伍	1932 年 2 月入伍	1936 年 7 月入伍	1930 年 2 月入伍
何时入党					1931 年 1 月入党
阵亡经过					
阵亡地点		1939 年 5 月在南留路作战	1939 年 9 月在大冯营	同	1939 年 9 月在行唐冯沟作战阵亡
阵亡年月		1939 年 5 月	1939 年 9 月	同	
备考					

阵亡登记表

队别		120 师一旅侦察连	一旅二团	二团一营三连	五团
职别		连长	参谋长	连长	组织股长
姓名		刘继光	张荣	向炳堂	胡道全
年龄		48	21	29	25
籍贯	省	河北	江西	湖南	江西
	县	大城	永丰	桑植	克安
	区村	刘固南李村		上东街	
本人成份		中农	贫农	同	同
何时入伍任过什么工作		1937 年在本县入伍	1931 年 4 月在东左九塔	1934 年 4 月在本县入伍	1931 年在本地入伍
何时入党			党员	1935 年 5 月在本县入党	党员
作战地点年月		1940 年 6 月于山西离石	1939 年 9 月在行唐冯沟作战	1940 年 7 月在兴县□洞	1939 年 10 在南山泉
阵亡经过					
阵亡年月		1940 年 6 月 27 日	1939 年 9 月	1940 年 7 月	1939 年 10 月
备考					

阵亡登记表

队别		120 师一旅五团	同	五团二营七连	五团二营
职别		组织干事	特派员	政指	教导员
姓名		李德康	罗会恍	余光德	陈正才
年龄		25	26	22	32
籍贯	省	湖北	湖北	湖北	湖南
	县	荆门	汉川	沔阳	茶林〈陵〉
	区村				
本人成份		贫农	同	同	同
何时入伍任过什么工作		1931 年在本地入伍	1932 年在本地入伍	1931 年 9 月在本地入伍	1931 年在本县入伍
何时入党		党员	同	同	同
阵亡经过					
阵亡地点		1937 年 10 月在南山泉作战	同	同	1937 年 10 月在潮关峪作战
阵亡年月		1937 年 10 月	同	同	1937 年 10 月
备考					

阵亡登记表

队别		120 师一旅五团三营十一连	三营十连	炮兵连	一营三连
职别		连长	连长	连长	连长
姓名		杨丕祥	罗春廷	刘少钱	杨立早
年龄		31	25	27	23
籍贯	省	湖北	四川	湖北	湖北
	县	沔阳	秀山	沔阳	建立〈监利〉
	区村				
本人成份		贫农	同	同	同
何时入伍任过什么工作		1931 年 4 月在本县入伍	1930 年在本地入伍	1932 年 11 月在本地入伍	1931 年 10 月在本地入伍
何时入党		党员	同	同	同
作战地点年月		1937 年 11 月在卫村	同	1938 年 8 月在晋五寨	1938 年 3 月在晋黄岭
阵亡经过					
阵亡年月		1939 年 11 月	同	1938 年 8 月	1938 年 3 月
备考					

阵亡登记表

队别		120师一旅五团二营	二营五连	三营十连	一营
职别		副营长	连长	连长	教导员
姓名		潘有必	黄文轩	晏廷海	刘肇煊
年龄		30	25	29	23
籍贯	省	湖北	湖北	湖南	江西
	县	建立〈监利〉	汉川	华容	太和
	区村				
本人成份		贫农	同	同	同
何时入伍任过什么工作		1931年2月在本地入伍	1931年10月在本地入伍	1931年1月在本地入伍	1930年12月在本地入伍
何时入党		党员	同	同	同
阵亡经过					
阵亡地点		1938年3月在晋虎北作[战]	同	同	黄林村作战
阵亡年月		1938年3月	同	同	1938年2月
备考					山西太原黄林作战

阵亡登记表

队别		120师一旅五团	一营	一营一连	三营九连
职别		一参谋	营长	连长	连长
姓名		崔光海	曾庆云	罗显祯	高显明
年龄		25	32	25	29
籍贯	省	湖北	四川	湖北	湖北
	县	石首县	翻新县	汉川县	汉川县
	区村				
本人成份		贫农	同	同	同
何时入伍任过什么工作		1931年10月在本县入伍	1930年入伍	1931年5月入伍	1931年6月入伍
何时入党		党员	党员	同	同
作战地点年月		1939年10月在晋灵丘下关	1939年10月晋灵丘站上村	1939年9月在晋平绥路	1938年9月在黄林村
阵亡经过					
阵亡年月		1939年1〈10〉月	1939年10月	1939年9月	1938年9月
备考					

阵亡登记表

队别		120师一旅五团二营	二营五连	五团	同
职别		连长	政指	总支书	政指
姓名		陈高升	戴文祥	曾衍芳	戴祥云
年龄		30	27	31	27
籍贯	省	湖北	湖北	江西	湖北
	县	石首县	宣恩	太和	宣恩
	区村			古王村	李家和
本人成份		贫农	同	同	同
何时入伍任过什么工作		1931年5月在本地入伍	1931年8月在本村入伍	1932年5月入伍	1931年10月在本县入伍
何时入党			党员	党员	同
阵亡经过					
阵亡地点		1938年11月在医院	1939年2月在邢家庄	1934年4月在冀河间南留路	1939年4月在张曹村
阵亡年月		1938年11月5日	1939年2月	1934年4月	1934年4月
备考					河北河间张曹村作战

阵亡登记表

队别		120师一旅五团二营七连	二营	二团五连	二营
职别		连长	营长	连长	营长
姓名		向荣华	刘光权	苗金	刘光后
年龄		25	28	24	28
籍贯	省	四川	湖北	绥远	湖北
	县	南川县	荆门	陶林	荆门
	区村			韮业沟	
本人成份		贫农	同	同	同
何时入伍任过什么工作		1932年1月在本地入伍	1930年在本地入伍	1936年10月在本地入伍	1932年1月在本地入伍
何时入党		党员	同	同	同
作战地点年月		1939年4月在河间齐会	1939年5月在河间孙留庄	1939年5月在孙留庄	1939年5月在找营子
阵亡经过					
阵亡年月		1939年4月	1939年5月	1939年5月	1939年5月
备考		河北省	同	同	同

阵亡登记表

队别		120师独一旅二团七连	五团三营	河北游击第五路总指挥部	五团部
职别		政指	特派员	秘书	参谋
姓名		王朗斋	瞿浡然	高仲逸	樊汉清
年龄		25	25	30	21
籍贯	省	湖南	河南〈湖北〉	河北	湖北
	县	桃源	沔阳县	任丘	沔阳
	区村		凌村	东八方村	
本人成份		贫农	同	同	同
何时入伍任过什么工作		1931年9月入伍	1931年9月在本地入伍	1936年入伍	1932年入伍
何时入党		党员	同	非党员	党员
阵亡经过					
阵亡地点		1938年4月南社庄	1939年于秀山浑源县作战	1939年9月在边区行唐冯沟	1937年10月在山西宁武
阵亡年月		1938年4月	1939年10月		1937年10月
备考		同	山西省		

阵亡登记表

队别		120师一旅五团一营	一营三连	侦察队	七一五团一营
职别		教导员	政指	副队长	教导员
姓名		李西林	王善庭	周明信	李造煊
年龄		31	27	23	
籍贯	省	江苏	河北	湖南	
	县	上海	文安		
	区村		胜芳镇		
本人成份		贫农	同	同	
何时入伍任过什么工作		1938年入伍	1938年入伍	1934年入伍	
何时入党		党员	同	同	
作战地点年月		1938年4月于陵阳	1939年4月于河间卧佛堂	1939年12月于行唐	
阵亡经过					
阵亡年月		1938年7月	1939年4月	1939年12月	
备考					

阵亡登记表

队别		120 师独一旅二营	七一五团		
职别		教导员	组织股长	连长	同
姓名		陈振才	白全林	何炳常	刘维光
年龄				29	48
籍贯	省			湖南	河北
	县			桑植	大城
	区村				
本人成份					
何时入伍任过什么工作				1934 年入伍	1938 年入伍
何时入党				1935 年入伍	
阵亡经过					
阵亡地点				1940 年 1 月	
阵亡年月					
备考					

阵亡登记表

队别		二营五连	同	同	同
职别		连副	同	同	同
姓名		李福贵	郑登昌	田折贵	何清云
年龄		21	25	28	29
籍贯	省	江西	同	湖南	四川
	县	宁都	水〈瑞〉金	龙山	云吉
	区村				
本人成份		贫农	同	同	同
何时入伍任过什么工作		1933 年入伍	同	1934 年入伍	同
何时入党		党员	同	同	同
阵亡地点年月		1939 年 9 月在冯沟	同	同	同
亡故经过					
亡故年月					
备考					

阵亡登记表

队别		二团七连	三连	一团	同
职别		副政指	连副	中队长	小队长
姓名		王平英	伍云发	王焕文	李万常
年龄		24	29	47	24
籍贯	省	河北	贵州	河北	同
	县	霸县	毕节	永清	天津
	区村				
本人成份					
何时入伍任过什么工作			1936 年入伍		1937 年入伍
何时入党					
阵亡经过					
阵亡地点		1939 年 5 月于南留路		1938 年 4 月在河北霸县故	同
阵亡年月					
备考					

阵亡登记表

队别		一旅一团
职别		小队长
姓名		陈锡屏
年龄		40
籍贯	省	河北
	县	霸县
	区村	
本人成份		贫农
何时入伍任过什么工作		1937 年入伍
何时入党		
阵亡经过		1938 年在苏桥
阵亡地点		
阵亡年月		
备考		

阵亡登记表

队别		二旅七一四团政治处	同	七一四团一营	同
职别		教育干事	宣传队长	政指	教导员
姓名		汪泽	贾维机	李宗仁	秦全恒
年龄		32	19	23	30
籍贯	省	辽宁	山西	河南	湖北
	县	辽中	闻喜	开封	石首
	区村				
本人成份					
何时入伍任过什么工作					
何时入党					
亡故经过		中机枪弹	同	同	
亡故地点		丁家山	同	同	庙岭
亡故年月		1939 年 3 月 8 日	同	同	1939 年 10 月 2 日
备考					

阵亡登记表

队别		七一四团一营	七一四团二二营七连	警备六团	一营二连
职别		连长	政指	特派员	连长
姓名		周明福	陈得辅	王金相	叶戴顺
年龄		34	23	30	22
籍贯	省	湖南	山西	湖北	湖北
	县	浏阳	宁武	川阳	
	区村				
本人成份					
何时入伍任过什么工作					
何时入党					
作战地点年月		1939 年 10 月 2 日庙岭	1939 年 12 月 27 日耀子村	1939 年 6 月 22 日右玉王老沟	同
阵亡经过					
亡故年月		1939 年 10 月 2 日	1939 年 12 月 27 日	1939 年 6 月 22 日	同
备考					

阵亡登记表

队别		二营六连	二营	军需处	政治处
职别		连长	营长	军实股长	敌军股长
姓名		尹福喜	白兴元	李希明	贺立兴
年龄		26	32	25	28
籍贯	省	山西	陕西	山西	陕西
	县	河曲	清涧	临县	神木
	区村		高家村		楼子村
本人成份					
何时入伍任过什么工作					
何时入党					
亡故经过		同	同		
亡故地点				1939 年 6 月 30 日绥远凉城	同
亡故年月		同	同		
备考					

阵亡登记表

队别		120 师二旅七一四团独立营	二营四连	独立六支队	政治处
职别		副营长	连长	卫生队长	特派干事
姓名		郑复光	樊中保	廖发标	陈国民
年龄		25	24	30	23
籍贯	省	山西	陕西	江西	山西
	县	阳曲	山阳		右玉
	区村				
本人成份		贫农	同	同	同
何时入伍任过什么工作		1938 年入伍	1937 年入伍	1932 年入伍	1937 年入伍
何时入党		党员	同	同	同
作战地点年月		1938 年 5 月在王兴坪	1938 年 5 月在王兴坪	1939 年 5 月于立羊泉	1939 年 7 月于榆林
阵亡经过					
阵亡年月		1938 年 5 月 10 日	1938 年 10 月	1939 年 5 月 10 日	1939 年 7 月
备考					

阵亡登记表

队别		120师独二旅骑一连	步二营	四连	警备六团一营
职别		连长	营长	连长	营长
姓名		李升	容胜其	吴子林	贺伟
年龄		26	28	27	27
籍贯	省	山西	广东	湖南	陕西
	县	右玉		龙山	神木
	区村				
本人成份		贫农	同	同	同
何时入伍任过什么工作		1937年入伍	1930年入伍	1935年入伍	1934年入伍
何时入党		党员	同	同	同
阵亡经过					
阵亡地点		1939年4月于小堡子作战	1939年9月于辛寨作战	1939年9月于吴辛寨病故	1938年10月在丰镇
阵亡年月		1939年4月1日	1939年9月1日		
备考					

阵亡登记表

队别		独立二旅警六团一营	步二营	训练队	政治处
职别		副营长	教导员	政指	组织股长
姓名		白发斌	田祥瑞	王亭玉	陈文卿
年龄		28	25	25	32
籍贯	省	河南	湖北	湖南〈北〉	湖北
	县	临庄	江陵	石首	天门
	区村				
本人成份		贫农	同	同	同
何时入伍任过什么工作		1934年入伍	1934年入伍	1932年入伍	1932年入伍
何时入党		党员	同	同	同
作战地点年月		1938年3月在河曲阵亡	1940年3月于张崖沟	同	1940年4月于郝山峰
阵亡经过					
阵亡年月		1938年3月2日			
备考					

阵亡登记表

队别		120师独二旅政治处	政治处	同	骑兵营
职别		组织干事	宣传科长	同	特派干事
姓名		单玉劲	张日岐	陈一华	张义卿
年龄		25	29	27	25
籍贯	省	湖北	山西	山西	湖南
	县				
	区村				
本人成份		贫农	同	同	同
何时入伍任过什么工作		1933年入伍	1937年入伍	1937年入伍	1937年入伍
何时入党		党员	同	同	同
阵亡经过					
阵亡地点		1940年4月于郝山峰作战	1939年12月	1939年12月于凉城	1939年于凉城辛窑子
阵亡年月					
备考			被敌捉去		

阵亡登记表

队别		骑兵营	警六团二营	七一四团一营	
职别		政指	副营长	教导员	代政教
姓名		周德保	白庆义	秦辉	王昆山
年龄		18			27
籍贯	省	甘肃			湖北
	县				公安
	区村				
本人成份		贫农			
何时入伍任过什么工作		1932入伍			
何时入党		党员			
作战地点年月		1939年于凉城辛窑子			1940年7月
阵亡经过					
阵亡年月					
备考					

阵亡登记表

队别		120 师八旅六团十支队	同	一营三连	同
职别		连长	政指	连长	政指
姓名		侯民和	杨昌洪	蒋富清	龙以德
年龄		28	34	24	26
籍贯	省	山西	湖北	湖南	江西省
	县	宁武	潜江	劲阳县	吉安县
	区村	二区豆家庄	中岭上	文铺村	永阳区□□村
本人成份		贫农	同	同	同
何时入伍任过什么工作		1937 年 5 月入伍	1931 年 10 月入伍	1932 年 1 月入伍	1932 年 5 月入伍
何时入党		党员	同	同	同
阵亡经过					
阵亡地点		1939 年 4 月河北河间曹庄作战	同	山西朔县张沟村作战	同
阵亡年月		1939 年 2 月	同	1938 年 6 月	同
备考					

阵亡登记表

队别		120 师八旅六团二营七连	三营十一连	一营一连	同
职别		政指	连长	连长	政指
姓名		白汗初	曾银龙	贺发林	吴选清
年龄		28	25	29	28
籍贯	省	湖南	湖南	湖北	湖南
	县	桑植	□川	江陵	澧县
	区村	军北斗	曹家坪	沙离村	河口村
本人成份		贫农	同	同	同
何时入伍任过什么工作		1932 年 1 月入伍	1931 年 5 月入伍	1930 年 11 月入伍	1932 年 1 月入伍
何时入党		党员	同	同	同
作战地点年月		1938 年 8 月在山西朔县泥沟	同	1938 年 11 月在山西五台汶河	同
阵亡经过					
阵亡年月		1938 年 8 月	同	1938 年 11 月	同
备考					

阵亡登记表

队别		120师八旅六团三营九连	二营四连	三营机连	抗游三连
职别		政指	连长	政指	连长
姓名		夏道喜	贺永香	李云清	商大寿
年龄		23	28	33	28
籍贯	省	湖北	湖南	湖南	湖北〈南〉
	县	监利	澧县	石门县	桃源
	区村	毛家沙		铣炉湾	商家坪
本人成份		贫农	同	同	同
何时入伍任过什么工作		1933年7月入伍	1932年4月入伍	1932年4月入伍	1932年1月入伍
何时入党		党员	同	同	同
阵亡经过					
阵亡地点		1938年11月于山西五台陡嘴	1939年2月4日于河北河间大曹村作战	1939年3月在河北河间黑张庄	1939年7月在河北彭口作战
阵亡年月		1938年11月			
备考					

阵亡登记表

队别		120师八旅四团二营七连	六团二营五连	三五八旅一科	五科
职别		连长	连长	参谋	同
姓名		方占奎	刘东海	马田禄	孙学策
年龄		31	36	18	23
籍贯	省	河北	陕西	河北	山西
	县	固安	潼关	完县	孝义
	区村	皇甫村			
本人成份		贫农	同	学生	同
何时入伍任过什么工作		1938年7月入伍	1937年1月入伍	1939年10在边区入伍	1938年12月在岚县入伍
何时入党		党员	同	同	同
作战地点年月		1939年2月8日在陈庄	1939年4月在河北河间任村		
阵亡经过					
阵亡年月		1939年2月8日	1939年4月	1940年3月在临县白文镇	同
备考				被飞机炸死	同

阵亡登记表

队别		120师八旅七一六团三营十连	二营七连	三营十一连	团部
职别		政指	连长	政指	通讯参谋
姓名		吴庆祥	黎机佳	刘开良	邹其佐
年龄		27	25	23	24
籍贯	省	绥远	湖北	河北	湖北
	县	牛镇	石首	曲县	石首
	区村				
本人成份		贫农	同	同	同
何时入伍任过什么工作		1937年入伍	1931年入伍	1937年入伍	1931年入伍
何时入党		党员	同	同	同
阵亡经过					
阵亡地点		1938年5月在陶家庄	1938年6月在老营	同	1938年8月在同浦路
阵亡年月		1938年5月10日	1938年6月2日	同	1938年8月1日
备考					

阵亡登记表

队别		120师八旅七一六团二营	一营四连	独二支队	一营一连
职别		副营长	政指	二大队队长	政指
姓名		陈永香	刘治铭	刘森	郭岗
年龄		30	24	23	23
籍贯	省	湖北	陕西	江西	山西
	县	沔阳	商州	吉安	崞县
	区村				
本人成份		贫农	同	同	同
何时入伍任过什么工作		1931年入伍	1937年入伍	1929年入伍	1937年入伍
何时入党		党员	同	同	同
作战地点年月		1939年11月于井兴沟上	1939年11月于东白塔	1938年5月在上阳武	1938年7月在上阳武
阵亡经过					
阵亡年月		1939年11月3日	1939年11月2日	1938年5月1日	1938年7月2日
备考					

阵亡登记表

队别		120师八旅七一六团二营五连	二营六连	二营七连	二营
职别		政指	连长	连长	副营长
姓名		黄善林	陈桂林	李必佳	黄子德
年龄		31	25	23	24
籍贯	省	湖北	湖北	湖北	湖北
	县	监利	汉川	黄安	云陵
	区村				
本人成份		贫农	同	同	同
何时入伍任过什么工作		1931年入伍	1932年入伍	1931年入伍	1929年入伍
何时入党		党员	同	同	同
阵亡经过					
阵亡地点		1938年3月在南章村	1938年3月在凤凰山作战	同	1938年10月在辛庄作战
阵亡年月		1938年3月1日	1938年3月1日	1938年3月2日	1938年10月1日
备考					

阵亡登记表

队别		120师八旅六团一营二连	三营十连	团部	三营九连
职别		连长	政指	政指	连长
姓名		宏顺银	李泮潘	黄明银	覃玉陛
年龄		25	24	23	24
籍贯	省	湖北	湖南	陕西	湖北
	县	石首	华容	绥德	鹤峰
	区村				
本人成份		贫农	同	同	同
何时入伍任过什么工作		1929年入伍	1931年入伍	1937年入伍	1930年入伍
何时入党		党员	同	同	同
作战地点年月		1938年10月在虎白村	1938年2月在代玉西村	1938年2月在白庄村	1938年5月在左云县
阵亡经过					
阵亡年月		1938年10月1日	1938年2月1日	1938年2月1日	1938年5月1日
备考					

阵亡登记表

队别		120 师八旅六团一营一连	二营七连	二营六连	独二支队三中队
职别		连长	政指	政指	队长
姓名		汪书清	詹炎卿	向汗初	方银太
年龄		27	28	27	28
籍贯	省	湖北	陕西	湖南	河北
	县	天门	葭县	慈利	石庄
	区村				南洞治
本人成份		贫农	同	同	同
何时入伍任过什么工作		1932 年入伍	1933 年入伍	1934 年入伍	1933 年入伍
何时入党		党员	同	同	同
阵亡经过					
阵亡地点		1938 年 10 月在马鞍山作战	1938 年 12 月在马鞍山作战	1938 年 8 月在山西朔县作战	1939 年 5 月在王纪庄作战
阵亡年月		1938 年 10 月 1 日			
备考					

阵亡登记表

队别		120 师八旅独立一团	七一六团二营	独立一团一营	七一六团
职别		政委	教导员	教导员	副官主任
姓名		赖香宏	李半香	刘斌	余文举
年龄					
籍贯	省				
	县				
	区村				
本人成份					
何时入伍任过什么工作					
何时入党					
作战地点年月					
亡故经过					
亡故年月					
备考					

阵亡登记表

队别		358 旅 4 团	同	通信连
职别		特派员	连长	连副
姓名		郑协之	田有芝	马鼎之
年龄		31	29	27
籍贯	省		湖南	河北
	县		大庸	任丘
	区村			
本人成份				
何时入伍任过什么工作			1934 年入伍	1937 年入伍
何时入党				党员
亡故经过				
亡故地点		1940 年 7 月于米峪作战	同	同
亡故年月				
备考				

阵亡登记表

队别		120 师九旅七团	八团二营七连	三营十连	三营九连
职别		副营长	连长	政指	政指
姓名		周三秀	陈吉武	肖成益	张风山
年龄		24	29	32	22
籍贯	省	江西	湖南	江西	河北
	县	永新	慈利	吉安	赵县
	区村		溪口镇	安唐村	
本人成份		贫农	同	同	同
家庭通信处			溪口镇	安唐村	本县张口
何时入伍任过什么工作		1931 年入伍	1934 年入伍	1933 年入伍	1937 年入伍
何时入党		党员	同	同	同
何时何地作战阵亡		1939 年 5 月于山西西窑间	1939 年 5 月在西腰涧	1939 年 5 月在山西繁峙县口泉	同
备考					

阵亡登记表

队别		120 师九旅八团警备连	八团一营一连	七一七团一营机枪连	骑兵大队四中队
职别		连长	政指	连长	中队长
姓名		曹协里	向廷奎	龙其九	唐正俊
年龄		26	27	36	29
籍贯	省	江西	湖南	江西〈湖南〉	湖北
	县	永新	永顺	永兴	宜川
	区村		大寨乡		城内
本人成份		贫农	同	工人	贫农
家庭通信处				本县邮局	
何时入伍任过什么工作		1933 年入伍	1934 年入伍	1929 年入伍	1933 年入伍
何时入党		党员	同	同	同
何时何地作战阵亡		1939 年 5 月在山西繁峙县口泉	1939 年 4 月于山西繁峙豹峪村	1940 年 2 月于吴堡□家崖	同
备考					

阵亡登记表

队别		120 师九旅七团	政治处	一营	三营
职别		政委	主任	营长	副营长
姓名		刘社年	刘永明	贺云生	何福生
年龄		29	26	24	25
籍贯	省	不详	不详	不详	不详
	县				
	区村				
本人成份		贫农	同	同	同
家庭通信处					
何时入伍任过什么工作		1930 年入伍	1930 年入伍	1930 年入伍	1931 年入伍
何时入党		党员	同	同	同
何时何地作战阵亡		1938 年 3 月于山西宁武	1938 年 3 月于山西三井	1938 年 7 月于北永泉	1938 年 10 月于边区阜平
备考					

阵亡登记表

队别		120师九旅七团二营	八团二营	教导营	七一七团二营五连
职别		教导员	营长	副营长	政指
姓名		王断朝	刘源远	周三秀	尹邦云
年龄		27	26	24	23
籍贯	省			江西	江西
	县			永新	永新
	区村				
本人成份		贫农	同	同	同
家庭通信处					
何时入伍任过什么工作		1930年入伍	1930年入伍	1930年入伍	1932年入伍
何时入党		党员	同	同	同
何时何地作战阵亡		1938年10月于峪尔山	1938年3月于三井	1939年5月于细腰涧	1938年2月在朔县
备考					

阵亡登记表

队别		120师九旅七一七团二营六连	三营十二连	一营一连	一连
职别		连长	连长	政指	连长
姓名		李物子	段振雄	张明生	徐少华
年龄		23	24	25	24
籍贯	省	湖南	江西	湖南	湖北
	县	茶陵	永新	茶陵	阳新
	区村				
本人成份		贫农	同	同	同
家庭通信处					
何时入伍任过什么工作		1930年入伍	1931年入伍	1934年入伍	1931年入伍
何时入党		党员	同	同	同
何时何地作战阵亡		1938年2月在平社车站	同	1938年3月在平社三井镇	1938年3月在宁武
备考					

阵亡登记表

队别		120师九旅七一七团一营一连	二营六连	二营六连	一营三连
职别		政指	连长	连长	连长
姓名		臣克辉	曾文山	谭庆保	何文俊
年龄		29	24	25	26
籍贯	省	江西	河南	湖南	四川
	县	永新		茶陵	苍溪
	区村				
本人成份		贫农	同	同	同
家庭通信处					
何时入伍任过什么工作		1932年入伍	1934年入伍	1932年入伍	1933年入伍
何时入党		党员	同	同	同
何时何地作战阵亡		1938年3月在宁武	同	同	1938年7月在白水泉
备考					

阵亡登记表

队别		120师九旅七一七团一营四连	政治处	三营九连	三营十一连
职别		连长	政指	连长	连长
姓名		徐学仪	陈光辉	区云成	李进元
年龄		27	26	27	25
籍贯	省	湖南	江西	湖南	江西
	县	永顺	莲花	永顺	莲花
	区村				
本人成份		贫农	同	同	同
家庭通信处					
何时入伍任过什么工作		1934年入伍	1933年入伍	1934年入伍	1930年入伍
何时入党		党员	同	同	同
何时何地作战阵亡		1938年7月在白水泉	1938年7月在白水泉	1938年6月在洪马庄	同
备考					

阵亡登记表

队别		九旅七一七团一三连	三营九连	一营三连	二营八连
职别		连长	政指	连长	连长
姓名		张友生	田友生	何元钧	颜祥发
年龄		28	27	26	25
籍贯	省	江西	湖南	四川	湖南
	县	立春	礼〈澧〉县	苍溪	茶陵
	区村				
本人成份		贫农	同	同	同
家庭通信处					
何时入伍任过什么工作		1930 年入伍	1935 年入伍	1933 年入伍	1927 年入伍
何时入党		党员	同	同	同
何时何地作战阵亡		1938 年 6 月在洗马庄	1938 年 6 月在忻县	1938 年 7 月在白水泉	1938 年 10 月在河北阜平高庸庄
备考					

阵亡登记表

队别		120 师九旅七一七团机连	二营机连	七一八团一营二连	一营四连
职别		连长	政指	连长	连长
姓名		郑华清	向树标	尹洪贵	刘彪
年龄		27	25	28	25
籍贯	省	江西	湖南	湖南	江西
	县	永新	龙山	芷江	安福
	区村	黄桥村	拓头寨	城内	上成区
本人成份		贫农	同	同	同
家庭通信处					
何时入伍任过什么工作		1934 年 4 月入伍	1935 年入伍	1935 年入伍	1933 年入伍
何时入党		党员	同	同	同
何时何地作战阵亡		1938 年 11 月在骡驼岭	1938 年 11 月在骡驼岭	1938 年于小石庄	同
备考					

阵亡登记表

队别		120师九旅七一八团二营七连	卫生队	一营四连	二营机连
职别		连长	队长	连长	政指
姓名		韩初发	吕筱侯	吴元堂	胡洪进
年龄		27	28	26	24
籍贯	省	江西	湖北	湖北	江西
	县	万载	鄂城	荆门	永和
	区村	朱滩场村	丁桥村	樊家场	
本人成份		贫农	同	同	同
家庭通信处					
何时入伍任过什么工作		1937年入伍	1935年入伍	1932年入伍	1932年入伍
何时入党		党员	同	同	同
何时何地作战阵亡		1938年于许堡	1938年于邵家庄	1938年于贺家窑	1938年于善家会
备考					

阵亡登记表

队别		120师九旅独四支队二营七连	一营三连	七一七团三营	七一八团一营
职别		连长	同	分总支书	分总支书
姓名		何才云	谢成龙	张清	薛国维
年龄			25		
籍贯	省		湖北		
	县		安陆		
	区村				
本人成份		贫农	同		
家庭通信处					
何时入伍任过什么工作		1932年入伍	1930年入伍		
何时入党		党员	同		
何时何地作战阵亡		1938年在青安山	同		
备考					

阵亡登记表

队别		大青山支队	独二旅(冀中)
职别		政治主任	旅长
姓名		陈德达	魏大光
年龄			
籍贯	省	江西	河北
	县	太和	霸县
	区村		
本人成份			
家庭通信处			
何时入伍任过什么工作		1931 年入伍	
何时入党		党员	党员
何时何地作战阵亡		1940 年 1 月于大青山满汉山	1939 年于冀中
备考			

阵亡登记表

队别		三支队七团七连	八团	政治处
职别		连副	教干	青干
姓名		刘玉辉	宋本三	陈华
年龄		29	24	18
籍贯	省	江西	河北	同
	县	兴国	清苑	新城
	区村			
本人成份				
家庭通信处				
何时入伍任过什么工作		1934 年入伍	1938 年入伍	1939 年入伍
何时入党		党员	同	同
何时何地作战阵亡		1939 年于莲子口	同	同
备考				

阵亡登记表

队别		120师津南军一营三连	二营七连	三连	四连
职别		连长	连长	连长	政指
姓名		曾胜斌	穆洪胜	康春喜	陈明
年龄		28	27	26	25
籍贯	省	江西	湖南	江西	江西
	县	永新	茶陵	太和	永新
	区村				
本人成份		贫农	同	同	同
家庭通信处					
何时入伍任过什么工作		1930年入伍	1927年入伍	1930年入伍	1934年入伍
何时入党		党员	同	同	同
何时何地作战阵亡		1938年4月于新马营	1938年5月于安峪	1938年6月在应县	1938年5月在后安峪
备考					

阵亡登记表

队别		120师津南军一营二连	二营机连	二营五连	津南支队部
职别		连长	连长	政指	政委
姓名		冯进弼	皮世洲	卢会斋	陈文彬
年龄		28	29	24	
籍贯	省	山西	湖南	河北	湖南
	县	崞县	澧县	定县	茶陵
	区村				
本人成份		贫农	同	同	
家庭通信处					
何时入伍任过什么工作		1937年入伍	1935年入伍	1937年入伍	1932年入伍
何时入党		党员	党员	同	同
何时何地作战阵亡		1938年5月在山西宁武阵亡	1938年7月在星南寨	1939年9月于宋庄村	1940年冀中沧石路阵亡
备考					

阵亡登记表

队别		120 师冀二旅四团	五团一营二连	一营三连	同
职别		教导员	政指	政指	政指
姓名		詹前进	吴玉林	王善廷	李西林
年龄		42	43	30	21
籍贯	省	湖北	湖南	河北	上海
	县	淇〈浠〉水	慈利	文安	马桥
	区村	方家庙村	汗口村	胜芬〈芳〉	
本人成份		贫农	同	同	同
家庭通信处					
何时入伍任过什么工作		1930 年入伍	1931 年 5 月入伍	1937 年 10 月入伍	1934 年入伍
何时入党		党员	同	同	同
何时何地作战阵亡		1939 年 3 月在河间何心村	同	同	同
备考					

阵亡登记表

队别		120 师暂一师司令部	政治部	同	供给处
职别		军医	宣教科长	宣教干事	粮秣股长
姓名		赵三仙	张固	芦戎	贺禄
年龄		21	29	20	35
籍贯	省	山西	同	同	山西
	县	五台	同	忻县	崞县
	区村				
本人成份		贫农	学生	同	中农
家庭通信处		怀阳村	东冶村		阳武村
何时入伍任过什么工作		1939 年 7 月入伍	1938 年 3 月入伍	1939 年 2 月入伍	1938 年 3 月入伍
何时入党		党员	同	同	同
何时何地作战阵亡		1940 年 7 月在山西岢岚傅家窑	1940 年 7 月在山西岢岚威康	同	同
备考					

阵亡登记表

队别		120 师暂一师三十六团三营九连	三七团八连
职别		连长	连长
姓名		段信贤	董太云
年龄		23	45
籍贯	省	山西	四川
	县	文水	
	区村		
本人成份		学生	行伍
家庭通信处			
何时入伍任过什么工作		1938 年 2 月入伍	1940 年 4 月入伍
何时入党		党员	同
何时何地作战阵亡		1940 年在山西岢岚白草沟	1940 年 7 月在岢岚泉子沟
备考			

阵亡登记表

队别		120 师警备营机枪连	无线电	警备营机枪连	师政治部民运部
职别		政指	政指		副部长
姓名		牟汗清	武恒海		王帮秀
年龄		27	28		37
籍贯	省	湖北	湖北		江西
	县	利川	清［潜］江		吉安
	区村				
本人成份		贫农	同		同
家庭通信处					
何时入伍任过什么工作		1932 年入伍	1932 年入伍		1934 年入伍
何时入党		党员	同		同
何时何地作战阵亡		1939 年 4 月于永朱村	1939 年 3 月于东北峪		1940 年 6 月在山西交城
备考					

阵亡登记表

队别		120师三支队七团二营二连	八团一营三连	八团一营	三营四连
职别		连长	连长	营长	政指
姓名		程国顺	冯高旺	陈景山	刘汗杰
年龄		28	23	38	20
籍贯	省	河北	晋省	吉林	河北
	县	新城	绛县	永吉	新城
	区村		南樊镇	本城	大王村
本人成份		贫农	同	同	同
家庭通信处			本镇		大王村
何时入伍任过什么工作		1938年入伍	1932年入伍	1938年入伍	1939年入伍
何时入党		1939年入党	1933年入党	党员	1939年入党
何时何地作战阵亡		1939年3月在河北苟各庄	1939年7月于河北任丘魏家庄	1939年6月在河北南莲子口战斗	1939年6月在河北南莲子口
备考					

阵亡登记表

队别		120师三支队一营一连	政治部	同	同
职别		政指	民运副科长	除奸科长	连长
姓名		陈炳芳	赵发玉	何宣普	徐海风
年龄		24	23	30	25
籍贯	省	贵州	山西	湖南	湖南〈北〉
	县	黔西县	汾阳	浏阳	天门
	区村		一区	牛头镇	
本人成份		贫农	同	同	
家庭通信处		放马场	四区单楼东	牛头岭	
何时入伍任过什么工作		1934年入伍	1938年入伍	1930年6月入伍	1932年入伍
何时入党		1935年入党	同	1931年入党	党员
何时何地作战阵亡		1941年2月于山东修子固	1939年9月在河北任丘魏庄	1939年10月在河北蠡县	1940年1月
备考					

57. 八路军第120师抗战以来消耗弹药与伤毙敌人比较表
（1940年）

数目区分 \ 部别 / 时间			一二零师					晋西北新军	说明
			抗战第一周年	抗战第二周年	抗战第三周年	40年7月8日到12月底止	从抗战开始至40年12月底止	1940年	
消耗弹药	枪弹类	步马枪弹	1578304	1713618	1206265	195243	4963430	173032	一、120师挺进军不在内 二、晋西北新军系1940年全年的但反叛军的战斗不在内 三、伤毙敌人马平均需消耗弹药数与消耗弹药百分比只除三位小数三位小数后除不尽则四舍五入
		驳壳枪弹	10340	21686	16215	1321	49562	1087	
		手枪弹	1065	1763	1130	111	4069	353	
		轻机枪弹	425830	546637	446401	77039	1495907	64690	
		重机枪弹	75684	144733	55561	9121	286099	8065	
		冲锋枪弹	15420	29633	12501	1229	58783	6396	
		合计	2106643	2458070	1739073①	284064	6587850②	253623	
	炮弹类	掷弹筒弹	39	209	62	46	356	5	
		迫击炮弹	1530	2625	988	170	5313	64	
		山炮弹				95	95		
		机关炮弹				5	5		
		合计	1569	2834	1050	316	5769	69	
	手榴弹		27528	35653	28300	7941	99422	3366	
	总计		2135740	2496557	1768423③	292321	6693041④	257058	
敌伤亡	人员		10050	15720	11510	3680	40960	3820	
	马匹		630	1090	1000	480	3200	440	
	合计		10680	16810	12510	4160	44160	4260	
伤毙敌一人或一马	枪弹类	步马枪弹	147. 781	101. 94	96. 424	46. 933	106. 281	40. 618	
		驳壳枪弹	0. 968	1. 29	1. 296	0. 318	1. 122	0. 255	
		手枪弹	0. 099	0. 105	0. 09	0. 027	0. 092	0. 083	
		轻机枪弹	39. 872	32. 518	35. 684	18. 519	33. 875	15. 185	
		重机枪弹	7. 087	8. 61	4. 52	2. 192	6. 479	1. 993	
		冲锋枪弹	1. 444	1. 764	0. 999	0. 295	1. 331	1. 501	
		合计	197. 252⑤	146. 227	139. 015⑥	68. 285⑦	149. 179⑧	59. 536⑨	

---

①②③④⑤⑥⑦⑧⑨ 原文如此，计算有误。

续表

数目 区分		部别 时间	一二零师					晋西北新军	说明
			抗战第一周年	抗战第二周年	抗战第三周年	40年7月8日到12月底止	从抗战开始至40年12月底止	1940年	
平均消耗弹药数	炮弹类	掷弹筒弹	0.004	0.012	0.005	0.011	0.008	0.001	一、120 师挺进 军不在内 二、晋 西北新 军系 1940年 全年的 但反叛 军的战 斗不在内 三、伤 毙敌人 马平均 需消耗 弹药数 与消耗 弹药百 分比只 除三位 小数三 位小数 后除不 尽则四 舍五入
		迫击炮弹	0.143	0.156	0.079	0.041	0.12	0.015	
		山炮弹				0.027	0.002		
		机关炮弹				0.001	0.0001		
		合计	0.147	0.168	0.084	0.076①	0.131②	0.016	
	手榴弹		2.578	2.121	2.262	1.909	2.251	0.79	
	总计		199.977③	148.516	141.361④	70.27⑤	151.561⑥	60.342⑦	
消耗各种弹药占消耗弹药总数百分比	枪弹类	步马枪弹	73.9%	68.639%	68.221%	66.791%	70.124%	67.312%	
		驳壳枪弹	0.484%	0.869%	0.917%	0.452%	0.741%	0.423%	
		手枪弹	0.05%	0.071%	0.064%	0.038%	0.061%	0.137%	
		轻机枪弹	19.938%	21.896%	25.229%	26.353%	22.35%	25.165%	
		重机枪弹	3.544%	5.797%	3.198%	3.12%	4.273%	3.134%	
		冲锋枪弹	0.722%	1.183%	0.707%	0.42%	0.878%	2.488%	
		合计	98.638%	98.458%⑧	98.34%⑨	97.175%⑩	98.428%⑪	98.664%⑫	
	炮弹类	掷弹筒弹	0.002%	0.008%	0.004%	0.016%	0.005%	0.001%	
		迫击炮弹	0.072%	0.105%	0.056%	0.058%	0.08%	0.026%	
		山炮弹	%	%	%	0.032%	0.001%	%	
		机关炮弹	%	%	%	0.002%	0.0001%	%	
		合计	0.073%⑬	0.114%⑭	0.06%	0.108%	0.086%	0.027%	
	手榴弹		1.289%	1.428%	1.6%	2.717%	1.486%	1.309%	
	总计		100%⑮	100%⑯	100%⑰	100%⑱	100%⑲	100%⑳	

①②③④⑤⑥⑦⑧⑨⑩⑪⑫⑬⑭⑮⑯⑰⑱⑲⑳ 原文如此，计算有误。

58. 八路军第120师干部负伤统计表
(1940年)

干部负伤统计表

罗瑞	黄新廷	彭凯
黄元魂	刘忠	
阳大赐	廖汉生	潜丰
聂外生	朱辉照	潘林
彭振兴	王尚银	王向金
杜德义	吴树岗	俞此景
	周绍训	
张德海	王廷文	赵汝邦
陈松岳	曾云花	
刘佛明	徐光仁	
张凤安		
叶树青	王松德	
肖六明	付在先	
贺卫	包林	
闫广碧	齐成实	
刘步鸿	谭凯丰	

负伤

日期	原职别	姓名	如何处理	备考
	七一五［团］	朱辉照	政委	
	八旅	王尚荣	政委	
	八旅独一支	吴树岗	营长	
	三支队	周绍训	营长	
	独二旅四团	王廷文	团长	
	二旅政治处	曾云花	总支书	

续表

日期	原职别	姓名	如何处理	备考
	二旅五团	徐光仁	主任	
	八旅四团	王松德	营副	
	七一四	付在先	营长	
	七一四	包林	团长	
	七一六	齐成实	政教	
	师供	谭凯丰	科长	
	二团	彭凯	团长	
	一团	潜丰	政教	
	二一团	潘林	同	
	决二纵四团	王向金	团长	
	游二大队	喻比景	大队长	
	工卫旅	赵汝邦	参谋	

负伤（抄总部）

日期	原职别	姓名	如何处理	备考
	师政	罗瑞	锄奸科长	
	七一八团	黄元魂	特派员	
	七一七	阳大赐	副团长	
	同	聂外生	营长	
	同	彭振兴	民运股长	
	七一六	杜德义	游击队长	
	同	张德海	副营长	
	七一七	陈松岳	参谋长	
	同	刘佛明	政治主任	
	七一六	张风安	营长	
	七一八	叶树青	营长	
	警六团	肖六明	政委	
	七一七	闫广碧	副营长	
	12 旅游击队	刘步鸿	政教	
	七一六	刘忠	参谋长	
	同	廖汉生	政委	

阵亡（抄总部）

日期	原职别	姓名	如何处理	备考
	警六团	任庆义	营副	决二纵副司令刘德明
	七一八	叶梓德	政教	暂一师参谋薛和益
	七一五	曾庆南	特派员	
	二旅五团	李延拒	政教	
	工作团	付及文	主任	
	七一六	彭三秀	政教	
	一旅	庚仁成	营长	
	七一五	程钱	营副	
	特团	马其寿	营长	
	十九团	黎彩	营副	
	八团	黄湘	总支书	
	教导团	刘犁力	政治教员	
	八团	左清臣	团长	
	六支队	王云保	营长	
	六支队	韩文成	营副	
	二旅五团	董志保	营长	
	六支队	宋延生	纵队长	

二纵队

阵亡：

一科长	张汉	卫生部长	张维汉（汉斌）
四团团长	王何全	营长	董志信
政指	文明选	锄奸股长	冯世才
敌工干事	于兼	民运干事	刘杰成
连长	张丰太	李丰池	
参谋	李丹功	张子良	冯书勋
二科参谋	×××	连长	袁密
副连长	宋一飞	青干事	白东青

负伤：

纵直参谋长　郑治章

组织干事	田茂秀	连长	沈持团
副连长	李忠义	政指	刘生义
机枪长	××义		

四纵队

阵亡：	民运股长	陈登华	政指	萧植宁
	副政指	吕风朝	连长	张登武
	副连长	李培兰		
负伤：	副营长	黄彩	政指	张青秀
	政指	程良相		

暂一师：

负伤：	一参谋	申毅坚
	政指	路日兵
	锄奸股长	王公太
	政指	邓朝贵
	副连长	蔚三保
	连长	陈福志

59. 八路军第120师第358旅抗战第三周年负伤阵亡登记表（1940年）

抗战第三周年负伤阵亡登记表

一九三九年九月起至一九四〇年五月止

三五八旅

队别	四团一营	一连	同	同	同	同	同	同	同	同
职别	文书	副指导	副班长	战士	战士	战士	战士	战士	战士	战士
姓名	张秉钧	胡大年	庞永海	李志林	马志邦	杨树民	周其昌	陈五昌	杨任儒	尹海龙
年龄	35	20	40	40	30	18	20	26	23	23
籍贯	河北饶阳王官屯	云南沾益县胡家屯	河北安次曹朱柳子	河北安平野营	同	河北安次宋家柳子	河北安平西大□	河北饶阳张家庄	河北饶阳靳家庄	河北饶阳小尹村
负伤日期	1939年9月28日	同	同	同	同	同	同	同	同	同
地点	陈庄	同	同	同	同	同	同	同	同	同
负伤部位	足部	右臂	腰部头部	臂部	头部	胸部	腿部	臂部	胸部	臂部头部
伤名	轻	轻	重	轻	轻	重	炸伤	弹穿	同	炮弹
入院日期										
备考										

358旅四团1939年9月28日在陈庄战斗负伤表

队别	一连	同	二连	同		三连	同	同	同	同
职别	战士	战士	副指导	支书	二排长	连长	副班长	战士	战士	战士
姓名	刘宝僧	李清波	杨桂成	李海峰	高怀玉	刘茆德	赵根京	陆进表	李崇义	张燕安
年龄	17	37	22	22	23	25	35	20	17	26
籍贯	河北饶阳刘营庄	河北安平	四川许府	河北安平得腥口	河北任丘	江西结〈吉〉安县	河北饶阳西张保	河北饶阳南韩村	河北安平白驶沟	河北安平北郝村
负伤日期	1939 年 9 月 28 日	同	同	同	同	同	同	同	同	同
地点	陈庄	同	同	同	同	同	同	同	同	同
负伤部位	腿部	同	腿部	腿部	足部	头部	腿部	腰部	足部腰部	腰部
伤名	炸坏	同	重	炮炸	摔伤	炸伤	同	同	同	枪伤
入院日期										
备考										

队别	四团三连	三连	同	二营五连	同	同				
职别	战士	战士	战士	政治〈指〉	战士	班长	战士	战士	战士	战士
姓名	赵保国	吴廷玉	荣庆馀	杨子林	张国明	薛弼	乔志远	孙国臣	崔振江	冯德安
年龄	17	22	38	32	26	18	24	26	48	18
籍贯	河北霸县	河北河间	河北霸县	湖南龙山县	河北安平李家庄	河北武清屈刘庄	河北安平南张窝	河北饶阳河泊村	河北安平子文镇	河北固安李合府
负伤日期	1939 年 9 月 28 日	同	同	同	同	同	同	同	同	同
地点	陈庄	同	同	同	同	同	同	同	同	同
负伤部位	面部	臂部	腿部	腿进脊出	头部	足部	腿部	同	足部	腰部
伤名			枪弹	同	炸弹	炮弹	同	炸弹	同	同
入院日期										
备考										

队别	四团五连	六连					七连		二连	三连
职别	战士	战士	战士	通讯员	同	战士	副指导	战士	排长	班长
姓名	张寿增	何世勤	韩西戌	宋振之	荣福全	何进忠	谭文亮	郝玉贵	高怀玉	朱保亭
年龄	36	29	23	21	17	25	25	27	23	40
籍贯	河北安平长屯村	河北饶阳东里满	河北霸县信安镇	河北文安石沟村	河北霸县留二里	河北永清西河村	河北平山言铺村	河北霸县牛百万村	河北任丘苟各庄	河北永清武庄子
负伤日期	1939年9月28日	同	同	同	同	同	同	同	同	同
地点	陈庄	同	同	同	同	同	同	同	同	同
负伤部位	膀部	右膀	左腿摔断	左腿被炸	左腿部	腿部	手部	手部	足部	背部
伤名	炸弹	炮弹		同		炸伤	炸伤	炮炸		
入院日期										
备考										

队别	四团一营一连	同					四团二营六连			六连
职别	一排长	一班长	班长	战士	战士	战士	排长	副班长	战士	战士
姓名	王维忠	刘振海	许明	林省三	史有海	王永臣	高宣峰	闫振忠	王振江	田树山
年龄	28	38	30	23	46	32	30	26	23	18
籍贯	河北武清汉沽港	山东堂邑县王庄	河北永清县信安镇	河北安平县林庄	河北安次褚河港	河北保安镇	河北献县高家垒	河北安平彪塚村	河北固安县新营村	河北安平县香管村
负伤日期	1939年9月28日	同	同	同	同	同	同	同	同	同
负伤部位	陈庄	同	同	同	同	同	同	同	同	同
伤名	被枪击死	同	同	同	同	同	同	同	同	同
阵亡地点										
备考										

358旅四团1939年9月28日在陈庄战斗阵亡表

队别	四团二营七连	同
职别	连长	班长
姓名	方占奎	李德林
年龄	31	26
籍贯	河北固安县皇甫村	山东[东]鄂〈阿〉县龙王峪
负伤日期	1939 年 9 月 28 日	同
负伤部位	李家沟	同
伤名	同	同
阵亡地点		
备考		

队别	二连	抗游三连	同	同	同	同	同	同	同	同
职别	战士	一排长	二排长	一班长	二班长	班长	班副	班副	战士	战士
姓名	段鹤九	廖柏情	郭云喜	刘春元	崔德富	张义全	赵应魁	陈种国	刘之林	齐义和
年龄	31	31	30	27	24	30	20		24	24
籍贯	河北安平南西湰	湖南澧县廖家湾	湖南云宁月壮镇	湖北松滋刘家湾	山西岢岚大明村	山西大同南兴庄	湖北□县南汝村	山西五寨县张家坪	山西兴县罗西沟	河北蠡县壮庄
负伤日期	1939 年 9 月 29 日	同	同	同	同	同	同	同	同	同
地点	彭口山	怀〈灵〉寿县彭口山	同	同	同	同	同	同	同	同
负伤部位	左手	腰手部	手部	头部	同	腰腿部	腿部	手部	足部	腿部
伤名			重伤	轻伤	同	重伤	同			轻伤
入院日期										
备考										

队别	三连	同	同	同	同	同	同	同	同	同
职别	战士	战士	战士	战士	战士	战士	战士	战士	战士	战士
姓名	陈焕章	田振海	刘连种	王莲庄	李俊又	范春记	王平南	侯振魁	顿育才	张贵芬
年龄	20	46	34	19	25	21	21	25	20	19
籍贯	河北博野县	同	河北蠡县	河北完县	河北省蠡县李家窑	河北甫马府范家庄	河北任丘□季庄	河北周安南津花村	河北博野同连村	河北河间许家庄
负伤日期	1939 年 9 月	同	同	同	同	同	同	同	同	同
地点	河北林〈灵〉寿县	同	同	同	同	同	同	同	同	同
负伤部位	手部	头部	腰部	腿部	腿部	手部	头部	手部	腿部	口部
伤名	贯通	擦伤			贯通		同			
入院日期										
备考										

七一六团　1939 年 9 月 28 日灵寿战斗

队别	一营机连	四连三班	四连	四连	四连	二连	二连	二连	二连	同
职别	副连长	班长	二班长	支书	一班副	二排长	二班长	三班长	九班长	九班副
姓名	石元晋	亢登华	康喜才	程石忠	计会义	陆光烈	陈日英	朱永才	曹光元	李贵
年岁	36	23	22	22	32	28	24	45	19	21
籍贯	湖南省沅陵烧鸡湾	山西省□县上封村	陕西北潼关王家湾	山西太原三家村	山西大同县名□	湖南深州歪四桥	山西怀仁县矿宁村	山西太原白桥街	山西平遥县辛村	绥远省煤大洲
负伤日期	1939 年 9 月 28 日	同	同	同	同	同	同	1939 年 9 月 30 日	同	同
地点	灵寿县东思家庄	同	同	同	同	同	同	彭口山	同	同
负伤部位	头部擦过伤	膊部	腰部伤	头部	鼻部	小肚	脚部	膀部	面伤	腿部
伤名	步枪	同	同	同	同	同	同	同	手榴弹	贯通伤
入院日期										
备考										

358旅七一六团1939年9月28日在陈庄战斗负伤表

队别	二连	同	同	同	同	同	抗游二连	二连	二连	同
职别	战士	战士	战士	战士	战士	战士	战士	战士	战士	战士
姓名	李燮元	黄钧田	李振江	边僧保	赵富德	王深	王治安	翟纲	马树山	马开荣
年龄	35	28	26	22	32	41	30	26	26	31
籍贯	河北省博野北辛庄	河北蠡县黄庄	河北博野南辛庄	河北博野东五阜	山西怀仁县侯庄	河北蠡县北岐河	河北博野庞家庄	河北蠡县南路台	河北安平辛庄	湖南澧县白雪村
负伤日期	1939年9月30日	同	同	同	同	同	同	同	1939年9月28日	9月29日
地点	彭口山	同	同	同	同	同	同	同	同	同
负伤部位	膀部	手部	腰部	膀部	腿部	腰部	同	右手	脚部	左手
伤名	重伤	轻伤	子弹		重伤	贯通			擦伤	炮
入院日期										
备考										

队别	三连	同	同	同	同	同	同	同	同	同
职别	战士	战士	战士	战士	战士	战士	战士	战士	战士	战士
姓名	贾货才	张喜川	李志平	张种海	吕进中	孟德胜	张田义	魏耀炳	田应魁	刘金生
年龄	26	35	22	16	33	38	25	35	26	17
籍贯	河北蠡县石家庄	河北安平中古镇	河北蠡县李家庄	河北安平长堤村	河北安平交崔村	河北博野东杨村	河北安平充西村	河北任丘元村	河北束鹿利元村	河北定县东吉村
负伤日期	1939年9月29日	同	同	同	同	同	同	同	同	同
地点	灵寿县彭口山	同	同	同	同	同	同	同	同	同
负伤部位	腿部	腰手部	足部	手部	左肢部	股部	手部	同	腿部	腰部
伤名										
入院日期										
备考										

队别	三连	同	同	同	同	同	一营三连	同	同	同
职别	战士	战士	战士	战士	战士	战士	战士	战士	战士	战士
姓名	孟光元	邓春林	李纪民	李子令	王治禄	张士杰	田国柱	刘同令	蒋何焕	王吉富
年龄	18	38	21	20	26	17	18	21	19	17
籍贯	河北安平王庄村	河北安平邓家庄	河北蠡县	河北蠡县李家特	山西兴县大坪村	河北博野东白塔	河北完县城门大街	河北蠡县南岗村	山西□县白文镇	河北固安北彰村
负伤日期	1939年9月29日	同	同	同	同	同	同	同	同	同
地点	灵寿县彭口山	同	同	同	同	同	同	同	同	同
负伤部位	手部	腿部	手部	头部	腿部	头部	手部	腿部	手部	腿部
伤名	轻伤									
入院日期										
备考										

队别	抗游三连	同	四连	同	同	同	同	同	同	同
职别	战士	战士	战士	战士	战士	战士	战士	战士	战士	连长
姓名	杨树森	赵顺增	董抗	张国忠	陈小四	王尽忠	贾乘固	魏治芳	郭文成	曾祥望
年龄	40	19	20	20	38	20	28	28	32	25
籍贯	河北博野县小土村	河北蠡县中区南岗	河北高阳河地村	河北博野河白塔	河北博野王市村	河北肃宁王庄	河北博野刘村	河北任丘杜家营	河北蠡县中家口	湖北汉川西江亭
负伤日期	1939年9月29日	同	同	同	同	同	同	同	同	同
地点	灵寿县彭口山	同	同	同	同	同	同	同	同	同
负伤部位	臂部	下膝部	腿部	腿部	腿部	同	同	同	头部	胸部
伤名					轻伤					重
入院日期										
备考										

队别	四连	同	同	同	同	同	抗游队	七连	十一连	七连
职别	九班长	班副	战士	战士	战士	战士	特别干事	战士	班副	班长
姓名	张学美	魏洪勋	靳三江	佐振纲	张佩荣	吴耀伍	陈祖邦	刘步祥	刘常存	王宗
年龄	22	26	22	28	22	22	18	32	20	19
籍贯	山西大同张庄	河北安平雪家团	河北安平农会	河北任丘杜家营	河北任丘杜家营	河北任丘邸家庄	贵州喜和县	河北博野	河北献县刘庄	山西阴县四区□村
负伤日期	1939年9月28日	同	同	同	同	同	同	1939年9月29日	同	同
地点	灵寿县彭口山	同	同	同	同	同	同	破门口	同	同
负伤部位	手部	手部	膊部	腿部	肚部	手指	左腿部	头部	下髎骨	双腿
伤名										
入院日期										
备考										

队别	七连	同	同	同	同	同	同	同	同	同
职别	战士	战士	战士	班副	战士	战士	战士	战士	战士	战士
姓名	袁世元	马洪心	张义和	李心和	范五行	郭正开	袁舍粮	刘春荣	刘世恩	郝常友
年龄	27	30	23	23	21	28	16	20	26	26
籍贯	山西山阴县四区仕村	河北蠡县大曲坝	河北河间龙关村	同	河北献县大村	河北安平县孝村	河北代成县	河北蠡县六区牛庄	河北安平刘庄	山西汾阳县田阴村
负伤日期	1939年9月29日	同	同	同	同	同	同	同	同	同
地点	灵寿破门口	同	同	同	同	同	同	同	同	同
负伤部位	腰部	同	左腿部	同	手部	头部	左手部	左手部	头部	手部
伤名			轻伤	同	同	同	同	同	同	同
入院日期										
备考										

队别	七连	同	同	同	同	同	同	战击通生	司令部	战抗部
职别	战士	战士	战士	班长	战士	战士	班副	通生	参谋	副营长
姓名	周友增	刘瑞珍	刘保川	李根富	郭成伟	张志固	王屯屯	李伉弱	胡作林	杨廷校
年龄	27	26	24	22	24	33	17	24	28	27
籍贯	河北蠡县中连子口	河北蠡县刘安庄	河北蠡县垒德有	山西汾阳南窑村	河北任丘元林	河北安平张家庄	河北安平动屯	江西兴县	湖北省	湖北监利县中岭上
负伤日期	1939年9月29日	同	同	同	同	同	同	同	同	同
地点	破门口	同	同	同	同	同	同	同	同	同
负伤部位	鼻部	头部	腕关节脱球	左手上膊	右小腿部	腰部半贯	右手部	挫伤右腿	左下腿重	脚部
伤名	擦伤		跌伤	贯通	刺伤		擦伤		刺伤	
入院日期										
备考										

队别	抗战部	机关连	九连	同	同	同	同	同	同	同
职别	特派员	战士	战士	战士	战士	战士	战士	战士	战士	战士
姓名	安维海	史法	任自永	刘旭	刘振华	邱连结	刘则清	徐贯三	张洪田	杨汉清
年龄	24	27	25	18	26	27	25	25	32	36
籍贯	贵州德江县高阳	山西右玉县大同村	山西蒲城元任集	河北高阳	河北安平辛店	河北大城七女村	河北河间北曹村	河北博野南田村	河北蠡县	湖北利川老屋基
负伤日期	1939年9月28日	1939年9月30日	1939年9月29日	同	同	同	同	同	同	同
地点	台头村	内家河东南	白沙河	同	同	同	同	同	同	同
负伤部位	臂部	头部	腿部	头部	腿部	头部	腿部	手部	膊部	腿部
伤名			贯通	重伤	重	重	重	轻伤		机枪
入院日期										
备考										

队别	九连	同	同	同	同	同	十二连	四班	十二连	同
职别	班长	战士	班副	战士	战士	战士	三排长	班长	战士	班副
姓名	蔡英	苏才小	陈占魁	颜世齐	李海瑞	任喜友	杨照富	贾登石	冯希元	刘东成
年龄	25	29	25	22	38	39	22	31	26	33
籍贯	山西朔县三区下圪劳	山西五寨二区黄土坡	山西岢岚水峪罐	河北大城茂颜村	河北安国北马村	山西富平夏阳镇	云南祥云县东关村	豫省□县贾庄村	晋省岢岚秦家庄	山西岚县任家佐
负伤日期	1939年9月29日	同	同	同	同	同	同	同	同	同
地点	白沙河附近	同	同	同	同	同	同	同	同	同
负伤部位	腰部	手部	腹部	腰部	腿部	同	腿部	足部	胸部	面部
伤名	重									
入院日期										
备考										

队别	十二连	同	同	十一连	同	同	同	同	同	同
职别	班长	战士	战士	战士	战士	战士	战士	战士	战士	战士
姓名	闫芳	刘玉珍	王双珍	李福顺	李之仁	宋振海	魏俊生	赵捷三	郑吉祥	李殿齐
年龄	23	33	18	17	26	31	27	38	29	34
籍贯	陕东成王家庄	河北大城李州村	河北任丘胡家村	河北蠡县刘家营	山西岢岚李家坪	河北博野宋村	河北蠡县齐家庄	河北安平东城村	河北安国马村	河北大城主寺
负伤日期	1939年9月28日	同	同	同	同	同	同	同	同	同
地点	台头村附近	同	同	同	同	同	同	同	同	同
负伤部位	手部	手部	胸部	同	手部	腿部	足部	腰部	膊部	手部
伤名	轻伤									
入院日期										
备考										

负伤登记表

队别	抗战十连	同	同	同	同	同	同	同	九连	十二连
职别	班长	战士	班长	战士	战士	战士	战士	战士	战士	政指
姓名	田润生	刘大	李福祥	王善林	吴小立	高志安	彭苍	张双	夏海宽	干瑞廷
年龄	22	27	25	32	19	41	30	20	30	37
籍贯	山西宁武东马庄	山西怀仁县二区王坪村	河北大城县刘李北	河北蠡县北宋村	河北蠡县北刘陀村	河北蠡县周家庄	河北安平县彭家村	河北肃宁县高家口村	河北省大城县	河南郑州万顺街
负伤日期	1939 年 9 月 29 日	同	同	同	同	同	同	同	同	同
地点	台头附近	同	同	同	同	同	同	同	同	同
负伤部位	头部	头部	腿部	足部	同	左手部	足部	腿部	脚部	腿部
伤名		重								
入院日期										
备考										

队别	十二连	同	同	同	同	同	同	同	同	同
职别	支书	排长	副排长	通讯员	班长	班副	班长	班副	班长	同
姓名	王绳武	黎柏川	杨德发	侯根年	赵存绪	辛雷德	侯天明	苏锡民	孙吉	李福祥
年龄	25	25	22	18	25	33	25	22	22	27
籍贯	山西宁武赵家苗	湖北宣更〈恩〉二区	陕西朝衣县	山西宁武二区	同	同	同	河北蠡县齐村	山西宁武二区达店	山西汾阳二区
负伤日期	1939 年 9 月 29 日	同	同	同	同	同	同	同	同	同
地点	台头附近山上	同	同	同	同	同	在鲁班山	同	同	同
负伤部位	腰部	足部	腰部	腰部	腿部	同	腿手部	手部	胳膊	腿部
伤名										
入院日期										
备考										

队别	十二连	同	同	同	同	同	同	同	同	同
职别	班副	同	战士	同	战士	战士	战士	战士	战士	战士
姓名	崔效荣	杨根成	蔡保祯	耿炎	周世友	张步新	李风停	靳之祥	王希仁	李云山
年龄	26	20	23	26	26	19	16	18	38	24
籍贯	山西宁武崔家沟	河北蠡县化家庄	河北大城小留村	山西右玉县围元村	河北任丘	河北蠡县	河北肃宁	河北博野二区	河北任丘	河北安平张家寨
负伤日期	1939 年 9 月 29 日	同	同	同	同	同	同	同	同	同
地点	灵寿县鲁班山	同	同	同	同	同	同	同	同	同
负伤部位	手腕部	腿部	头部	腰部	腹部	腿部	腿部	头部	同	头部
伤名			贯通	贯通						
入院日期										
备考										

队别	十二连	同	同	同	同	四连	同	同	同	同
职别	战士	战士	战士	战士	战士	排长	副排长	班长	班副	班副
姓名	史国兴	石同生	张含水	李凤山	张鱼才	李义学	郑炳纲	张九	王寿章	段尚进
年龄	35	36	21	21	16	28	19	24	26	31
籍贯	河北任丘邓家河	河北安平信家口	河北保峰城内	河北肃宁	河北肃宁	河南中牟田村	山西灵寿郭家庄	山西右玉县油房头	河北博野南辛庄	河北完县段庄
负伤日期	1939 年 9 月 29 日	同	同	同	同	同	1939 年 11 月 24 日	同	同	同
地点	灵寿台头村	同	同	同	同	同	东白塔	同	同	同
负伤部位	头部	膊部	腿部	头部	足部	足部	腿部	头部	手部	腿部
伤名	轻伤		同	同			贯伤	盲贯	炸伤	贯伤
入院日期										
备考										

队别	四连	同	同	同	三连	同	同	同	同	四连
职别	战士	战士	战士	战士	班长	二班副	战士	战士	战士	战士
姓名	王志卫	卫奉凯	程炳耀	宋永胜	王占江	张全保	张彭远	曹美田	杜宝和	徐光华
年龄	18	19	38	41	22	24	29	26	38	28
籍贯	河北安平立庄	河北深县李庄	河北博野	城市内	山西大同王家堡	山西汾阳北关	河北清宛胡里店	河北安国五口村	河北蠡县西口村	河北任丘
负伤日期	1939年11月24日	同	同	同	同	同	同	同	同	同
地点	东白塔	同	同	同	同	同	同	同	阜平中白岔	同
负伤部位	腿部	足部	腿部	腿部	耳部	足部	同	腿部	手部	腹部
伤名	贯伤	擦伤	贯伤	同	轻	轻	同	同	炸伤	炸伤
入院日期										
备考										

队别	四连	同	同	二连	同	同	同	同	同	同
职别	战士	战士	战士	副连长	班长	战士	战士	战士	战士	战士
姓名	张汉尧	姜振山	卫瑞祥	武达玉	王万寿	刘振声	王治纲	段鹤九	刘铁头	靳国凤
年龄	29	31	29	28	25	23	42	31	35	21
籍贯	河北任丘	河北博野	河北深县	山西文水马村	山西汾阳花村	河北蠡县	河北博野北辛庄	河北安平	河北安平付各庄	河北博野
负伤日期	1939年11月24日	同	同	同	同	同	同	同	同	同
地点	中白岔	同	同	同	同	靠树沟	同	同	同	同
负伤部位	手部	同	足部	头部	手部	手部	同	腰部	上腿部	头部
伤名	炸伤									
入院日期										
备考										

队别	四连	同	一连	同	同	同	同	同	团部	政治处
职别	战士	卫生员	战士	战士	班长	战士	战士	战士	股长	干事
姓名	李庆花	刘兰田	赵八金	陈云林	张福兴	陈福保	段成礼	戴齐山	何皇初	曾子清
年龄	35	15	26	31	24	24	28	24	26	25
籍贯	河北深县李家庄	山西寿阳南沟村	山西忻州齐村	河北蠡县榆树村	河北蠡县士庄	山西大寨阳坡	同	河北蠡县	湖南平江	湖南
负伤日期	1939年11月24日	同	同	同	同	同	同	同	同	同
地点	靠树沟	同	同	同	同	同	同	同	同	同
负伤部位	手部	鼻部	小腿部	腿部	面部	头部	腿部	足部	右腿部	右腿部
伤名	炸伤	盲贯					贯伤	炸伤	贯通	贯通
入院日期										
备考										

队别	六连	同	同	二营	通讯员	同	同	团部	三连	五连
职别	战士	战士	战士	营长	班副	勤务员	马兵	伙夫	勤务员	战士
姓名	郭兆杰	张金祥	张凤太	张邦兴	陈文章	姚义	魏金山	孙炳郎	田昌林	曾学有
年龄	19	17	24	26	22	17	18	27	18	19
籍贯	河北安平	河北邢州	河北正定	湖北潜江	山西晋城	山西怀仁辛庄	河北深县少陈庄	同	山西清源南耿村	河北安国
负伤日期	1939年11月23日	同	同	同	同	同	同	同	同	同
地点	中白岔山上	同	同	同	同	同	同	同	同	同
负伤部位	腿部	背部	腿部	右肩部	膊部	腰部	腿部	手部	腿部	臀部
伤名	贯通	同				盲贯	同	贯通	同	同
入院日期										
备考										

队别	五连	同	同	同	同	同	同	同	机连	五连
职别	战士	战士	战士	战士	战士	战士	战士	班长	战士	通讯员
姓名	闫清桥	段沛然	宋朝福	左六生	郝海全	徐金中	胡连河	王九如	齐计和	王茂生
年龄	39	39	28	40	30	35	24	28	30	26
籍贯	河北高阳石庄	河北蠡县	河北河间赵家庄	河北任丘梁家庄	河北深县	河北饶阳徐家庄	河北清宛县	河北高阳	河北安国	山西文水
负伤日期	1939年11月23日	同	同	同	同	同	同	同	同	同
地点	中白岔	同	同	同	同	同	同	同	同	同
负伤部位	背部	背部	腿部	腰部	腿部	臂部	耻骨	手部	腰部	足背部
伤名					盲贯					
入院日期										
备考										

队别	五连	同	同	同	同	八连	七连	同	同	同
职别	战士	战士	班长	战士	战士	战士	战士	通讯员	战士	战士
姓名	范来顺	赵振景	赵海峰	林鹤领	辛长更	李文祥	李殿邦	任树芝	张国文	赵玉长
年龄	20	30	19	24	24	19	46	18	17	21
籍贯	河北饶阳	河北安国	河北饶阳	河北任丘	河北大城	河北高阳	河北安平王村	河北武强	河北安平	河北安国
负伤日期	1939年11月23日	同	同	同	同	同	同	同	同	同
地点	中白岔	同	同	同	同	同	同	同	同	同
负伤部位	足部	手部	右手部	左手部	足部	右背部	左手部	右腿	右手部	腰部
伤名										
入院日期										
备考										

队别	七连	同	同	同	八连	七连	同	同	同	同
职别	战士	战士	战士	战士	战士	战士	战士	战士	战士	战士
姓名	张胖子	功秀增	张志长	李金山	赵明德	李保	刘增贵	赵金玉	李沙	李弱增
年龄	21	19	21	21	23	17	33	28	28	34
籍贯	河北高阳	河北任丘	河北安平	河北安平	同	河北任丘	河北赵县	河北高阳	河北宁［武］	河北温任
负伤日期	1939年11月23日	同	同	同	同	同	同	同	同	同
地点	上白岔	同	同	同	同	同	同	同	同	同
负伤部位	背部	左手部	同	足部	胸部	面部	左肩带骨	左腿部	足部	上膊部
伤名	擦伤	同	同							
入院日期										
备考										

队别	七连	四连	同	同	同	同	同	同	同	机连
职别	卫生员	战士	战士	战士	战士	战士	战士	战士	战士	排长
姓名	李振国	吴振堂	张计州	何文斗	刘发详	倪杰勋	叶应何	田吉伍	刘宏勋	白虎成
年龄	20	26	33	29	17	18	21	20	22	28
籍贯	河北安平大村	河北任丘段家村	河北安平张家庄	河南方安	河北博野	河北河间	河北河间	河北新乐	河北任丘	四川名山白章村
负伤日期	1939年11月23日	同	同	同	同	同	同	同	同	同
地点	白岔山上	同	同	同	同	同	同	同	同	同
负伤部位	下腿部	足部	小腿部	腰部	腹部	腿部	腿骨	腿部	肩部	腰部
伤名	贯通	同	同	同	同	同		同	同	盲贯
入院日期										
备考										

队别	八连	同	同	同	同	同	同		同	同
职别	战士	班长	战士	战士	班长	战士	战士	连长	政指	战士
姓名	李同德	龚梦春	吴金和	张为山	王国	陈永和	齐海城	王子英	林小青	李九光
年龄	30	20	30	24	34	29	39	29	25	19
籍贯	河北安国	山西宁武	河北安平	河北安平	河北蠡县	河北新城	河北蠡县	湖北石[首]县	贵州银〈印〉江县	河北高阳
负伤日期	1939年11月23日	同	同	同	同	同	同	同	同	同
地点	白岔山上	同	同	同	同	同	同	同	同	同
负伤部位	面部	右手部	手部	项部	胫部	腿部	腿部	臀部	手部	右肩部
伤名	炸伤	擦伤	同	同	同		贯通			
入院日期										
备考										

队别	八连	同	同	十连	同	同	同	同	营部	同
职别	战士	副□	战士	战士	战士	战士	战士	战士	通讯员	战士
姓名	宋福海	梁盛功	李同达	吕常山	甄大魁	康海铁	崔振山	樊子珍	赵汉中	殷承利
年龄	26	29	30	34	18	18	21	20	18	18
籍贯	河北安平	河北武强	河北安平	河北任丘	河北任丘	河北蠡县	河北平原	河北大城	河北安国	湖北崇阳
负伤日期	1939年11月23日	同	同	同	同	同	同	同	同	同
地点	白岔山上	同	同	同	同	同	同	同	同	同
负伤部位	膀部	背部	面部	膊部	手部	腰部	足部	腿部	右腿部	腹部
伤名	盲贯	贯通		轻						
入院日期										
备考										

队别	十连	同	同	九连	同	同	同	同	同	同
职别	战士	班长	战士	班长	战士	战士	见习员	班副	班副	战士
姓名	张凤山	薛文化	曹清论	李秀峰	李瑞峰	张森林	李廷珍	张雪祥	孙存桂	秦学良
年龄	18	23	27	20	22	35	25	25	22	22
籍贯	山西怀仁王平村	山西五寨太村	河北安平	河北大城	河北安平	河北博野	陕西鄠县	河北任丘	山西宁武县	贵州风辟
负伤日期	1939年11月24日	同	同	同	同	同	同	同	同	同
地点	井沟附近	同	同	同	同	同	同	同	同	同
负伤部位	腹部	同	同	腿部	腿部头部	臀部	手部	足部	腰部	手部
伤名										
入院日期										
备考										

队别	十连	一连	同	同	同	四连	一连	三营机连	同	同
职别	战士	政治[指]	排长	战士	班副	班长	战士	排长	战士	战士
姓名	范闫贵	李绍武	王占荣	韩庆堂	陈国齐	张九	田义	李明发	刘希胜	乔顺和
年龄	24	34	25	28	22	24	19	19	36	36
籍贯	河北大城	贵州毕节	陕西北潼关	河北深县	山西大同西福头	山西石于县油房沟	山西怀仁县	云南宾川	河北博野	山西岢岚玉官
负伤日期	1939年11月24日	1939年12月29日	同	同	同	同	同	同	同	同
地点	井沟附近	三条岭	同	同	同	同	同	同	同	同
负伤部位	腿部	手部	臀部	手部	同	同	右腿	腰部	腿部	手部
伤名	擦伤									贯通
入院日期										
备考										

队别	九连	同	十连	同	十一分队	同	同	同	同	十三连
职别	二排长	战士	战士	战士	战士	战士	战士	战士	战士	战士
姓名	舒会福	邹振江	季书楠	张小丑	刘崇安	高怀德	马连荣	张炳荣	李发生	王常友
年龄	33	32	34	30	30	26	16	20	18	27
籍贯	河南临漳县	河北任丘	河北任丘	河北博野	河北任丘	山西岚县	河北安国马村	河北任丘	河北安国	河北南□
负伤日期	1939年12月29日	同	同	同	同	同	同	同	同	同
地点	土岭	同	同	同	同	同	同	同	同	同
负伤部位	脸伤	腹部	足部	腰部	臀部	手部	肩部	腿部	同	手部
伤名			穿伤	同						
入院日期										
备考										

队别	十二分队	八连	同	同	同	同	同	同	同	同
职别	战士	排长	排副	文化教员	战士	战士	战士	班长	战士	战士
姓名	张全胜	黄玉吉	张长乡	梁山增	李风文	杨树山	王玉为	公冒树	张上宗	刘贵成
年龄	23	26	23	24	20	31	37	21	39	23
籍贯	河北深县	湖南安福	山西下津县	河北深县	河北深县	河北束鹿	河北安平	河北河间	山西方山	山西临县一区
负伤日期	1939年12月29日	1940年3月31日	同	同	同	同	同	同	同	同
地点	土岭	临县白文垒	同	同	同	同	同	同	同	同
负伤部位	手部	腹部	大腿	腿部	腿部	腿部	大腿	小腿伤	嘴部	手部
伤名	擦伤	盲贯	同	同			盲贯			擦伤
入院日期										
备考										

队别	五连	二营机连	同	同	同	同	同	同	六连	三营机连
职别	班长	战士	战士	战士	战士	班副	战士	战士	战士	战士
姓名	李海如	李增禄	刘乃儿	武代文	郭正山	施学文	辛义波	徐永义	王玉波	张有明
年龄	22	21	21	29	24	21	23	23	22	22
籍贯	山西怀仁县	山西祁县杜家沟	山西临县刘家沟	山西临县武家湾	河北博野	河北蠡县	河北安平	河北正定	河北任丘	山西临县三交镇
负伤日期	1940年3月31日	同	同	同	同	同	同	同	同	同
地点	白文镇	同	同	同	同	同	同	同	同	同
负伤部位	手部	腹部	腿部	背部	腿部	腿部	嘴腿	足部	腿部	上肢
伤名	擦伤	盲贯	贯通	同	同					
入院日期										
备考										

队别	三连	一连	五连	七连
职别	战士	战士	通讯员	战士
姓名	魏文升	段成义	李玉山	张得胜
年龄	32	34	44	29
籍贯	河北任丘元村	山西大同	河北蠡县	河北雄县
负伤日期	1939年9月29日	11月23日	11月23日	1939年9月29日
地点	彭口山	靠树沟	白岔	破门口
负伤部位	口部	手部	膊部	头部
伤名	轻	同	同	擦伤
入院日期				
备考				

队别	一营机连	一营四营	四连	四连	抗游三连	同	同	三连	三连	三连
职别	三班班长	二排排长	五班副班长	战士	连长	四班长	七班长	五班长	战士	战士
姓名	高思安	郭云初	宋建英	靳元斗	商大寿	薛大海	巩相彭	郭进斗	魏治明	乔有才
年龄	27	19	25	21	28	27	29	25	28	30
籍贯	山西太原县辛村	湖南大云县石寿台	河北博野县董家庄	河北无极县张段国	湖南桃园县商家坪	湖北扫洲县年永沟	山西平遥县光抗村	河北寿阳县郭家沟	河北蠡县东卫村	河北博野县三区小王村
负伤日期	1939 年 9 月 28 日	同	同	同	同	9 月 29 日	同	同	同	同
负伤部位		头部	同	同	腰部	腰部	同	同	同	同
伤名					机枪伤					
阵亡地点	边区灵寿县东思庄	灵寿县东思家庄	同前亡	同	灵寿县彭口村阵亡	同	同	同	同	同
备考					破门口					

队别	三连	三连	三连	抗游二连	二连	二连	八连	同	八连	七连
职别	副班长	战士	战士	战士	同	同	班长	战士	战士	战士
姓名	马天春	王纪忠	刘荣华	靳文祥	王东安	李畔	李鹏林	许树芬	刘天元	杨树林
年龄	22	19	21	30	31	24	25	30	20	26
籍贯	山西大同二区桥郝堡村	河北兴城县五区六庄村	河北蠡县三区南沙口	河北博野县凤凰堡	河北安平县前程村	河北蠡县北岐河村	山西平遥县四区刘家庄	河北蠡县四区大团丁	山西曲阳县二区边关村	河北高阳县黄水村
负伤日期	9 月 29 日	9 月 29 日	同	9 月 30 日	9 月 29 日	9 月 30 日	9 月 29 日	同	同	同
负伤部位	腰部	腰部	腰部	同	同					
伤名							机关枪伤			
阵亡地点	灵寿县彭口村亡	同	同	同	彭口亡	同	破门口阵亡	破门口	破门口	破门口
备考										

队别	政治处	抗战通讯队	同右	九连	九连	同	同	同	同	同
职别	特派干事	通讯班长	通讯员	副班长	通讯员	战士	战士	战士	战士	班长
姓名	王士其	李志明	甄义山	刘潭清	张三斗	王有治	杨金海	李长胜	吴海山	张满宏
年龄	24	23	25	33	20	33	33	44	28	26
籍贯	山西汾阳县	贵州黔西县东门杨义路	河北省博野县二区河漕村	河北安平县二区花漕村	山西岢岚县九区花林	河北河间县九区王家庄	河北安平县二区程杆村	河北蠡县二区□□□	山西文水县九区□□庄	山西五寨县二区黄土坡
负伤日期	9月29日	9月28日	9月28日	9月29日	同	同	同	同	同	同
负伤部位		头脑打穿	胸腹部打穿							
伤名										
阵亡地点	破门口	抬头后山上阵亡	同	白沙河	同	同	同	同	同	同
备考										

队别	同	同	同	抗战部十连	同	同	同	十二连	同	同
职别	战士	战士	战士	战士	战士	同	同	班长	同	同
姓名	雷振友	王金贵	刘世忠	崔明月	樊书群	孟俊杰	吕德义	李风明	韩建勋	高岳山
年龄	36	18	38	28	16	28	32	34	36	25
籍贯	河北大城县郭柢村	河北清苑县三区小清洲	河北大城县表家析	河北安平县付各庄	河北宁晋县东区王家庄	河北安平县二区张家寨	河北任丘四区张家庄	山西怀仁二区宋家村	山西芮城县一区住	河北任丘县四区六里庄
负伤日期	同	同	同	同	同	同	同	同	灵寿鲁班山	同
负伤部位										
伤名	同	同	同	同	同	同	同	同	同	同
阵亡地点										
备考										

队别	十二连	同	同	同	同	同	同	同	持里 三连	三连
职别	战士	同	战士	同	同	同	同	同	三排长	六班长
姓名	王俊周	张德化	谷月如	寇秋生	张吉生	梁云金	李四辛	耿俊金	李春全	刘内荣
年龄	30	39	38	25	37	18	21	26	37	22
籍贯	河北任丘县二区住	河北任丘县七区甫各村	河北蠡县四区崔家庄	河北任丘县三区寇村	河北博野二区大区村	河北任丘县七区住	河北安平县二区牛区村	河北安平县二区意门村	陕西北潼关周家岭	河北大城县北东村
负伤日期	9月 29日	同	同	同	同	同	同	同	1939年 11月 24日	11月 24日
负伤部位										
伤名										
阵亡地点	鲁班山	鲁班山上阵亡	同	同	同	同	同	同	阜平县中白岔	同
备考										

队别	三连	同	同	二连	同	同	一营 四连	四连	四连	同
职别	通信员	战士	同	同	同	同	指导员	战士	战士	同
姓名	张贵	李银	孙吉生	王春生	宋治华	李顺	刘治铬	王明显	吴松林	李志增
年龄	19	26	22	42	20	21	26	24	28	23
籍贯	河北河间县许家村	河北高阳县六合村	河北任丘县林河村	河北蠡县林河村	河北安国县西柏尺	河北蠡县野陈佑	陕西省商洲东同关	河北博野县东城村	河北博野县东王村	河[北]安国县刘石庄
负伤日期	11月 24日	同	同	同	同	同	同	同	11月 24日	同
负伤部位										
伤名										
阵亡地点	阜平县中白岔	同	同	同	同	同	同	同	东白塔	同
备考										

队别	一营四连	六三十连	十连	五连	五连	同	同	同	同	同
职别	战士	班副	战士	二排长	通信员	通信员	战士	战士	战士	战士
姓名	王云田	贾来全	员小林	梁学仁	张义清	白福康	李三元	张三福	赵文祥	刘海林
年龄	33	33	19	16	26	18	25	26	19	19
籍贯	河北任丘县韩村	河北肃宁	河北蠡县刘耿营	山西平遥县二区辛村	河北高阳县白家庄	河北任丘县白家庄	河北新洛二区	河北饶阳二区张保庄	河北蠡县后留史村	河北河间县十区辛庄
负伤日期	11月24日	同	同	11月23日	同	同	同	同	同	同
负伤部位										
伤名										
阵亡地点	阜平东白塔	同	井沟村附近	中白岔村门山阵亡	同	同	同	同	同	同
备考										

队别	五连	同	同	同	八连	同	同	同	七连	同
职别	班副	战士	战士	战士	文书	班长	副班长	战士	排长	班长
姓名	高元	王瑞强	闫国秀	祖景祥	吴国秀	高怀	王二子	宋福海	侯德胜	王屯屯
年龄	21	21	28	28	24	25	30	23	32	19
籍贯	山西文水县三区丙乃村	河北武强二区黄甫村	河北任丘县十里庄村	河北〈山西〉祁县茹家庄	晋郭县王家庄	山西郭县四区马圈村	晋交城县二区王友村	河北安平县张家庄	山西翼城西庚村	河北安平县幼屯村
负伤日期	11月23日	同	同	11月24日	同	同	同	同	同	同
负伤部位										
伤名										
阵亡地点	中白塔附近	在白岔口下阵亡	同	同	同	同	同	同	同	同
备考										

队别	七连	七连	同	同	雁三部	十一分队	一连	一连	二营机枪连	同
职别	战士	战士	战士	战士	战士	战士	战士	战士	战士	战士
姓名	何全	闫金贵	李全有	李景章	特派海	吴会文	芦万	贾光钧	王早才	闫德功
年龄	15	26	42	24	25	25	18	21	21	35
籍贯	河北代城县六区大内村	河北蠡县一区南庄	河北河间县十区动家庄	河北深县二区杜科	贵州德江县本县村	河北安平城内	山西朔县芦家营	陕西朔县贾家沟	河北安平县南苏村	河南遂平县李四村
负伤日期	11月24日	11月24日	同	同	11月29日	11月29日	同	同	1940年	1940年
负伤部位	中白岔山上阵亡	同		同						
伤名										
阵亡地点		中白岔山阵亡	同	同	土岭阵亡	同	土岭阵亡	同	白文镇阵亡	
备考										

队别	四团一连	三连	三连	三连	三连	同	五连	七连	同	九连
职别	战士	战士	战士	战士	同	班长	战士	同	同	同
姓名	赵小瑞	李律华	武增禄	袁志民	赵志和	田杏甫	陈春雪	刘伟波	李振瑞	崔顺开
年龄	20	26	24	22	29	18	17	24	31	27
籍贯	河北无极	同	同	河北深县	河北安平	同	同	同	同	同
负伤日期	4月24日	同	同	同	同	同	同	同	同	同
地点	辛〈忻〉县温村	辛县温村	同	同	同	同	同	同	同	同
负伤部位	脚部	膝关节	股骨	膝关节	同	手指	肾部	腿部	脚部	腹部
伤名	贯通	同	同	同	同	擦伤	贯通	同	同	擦伤
入院日期										
备考										

358旅四团1940年4月24日在辛县温村战斗负伤表

队别	九连	同	同	同	同	同	十连	九连	同	通讯连
职别	战士	同	同	班长	战士	同	炊事班长	战士	同	通讯员
姓名	翟殿武	高起祥	周海水	张万成	范新月	周国成	刘大马	张小仲	孙永昌	韩云之
年龄	24	22	24	25	22	23	36	17	28	24
籍贯	河北深县	河北饶阳	河北安平	同	河北深县	河北安平	河北霸县	安北安平	河北蠡县	河北凤立县
负伤日期	4月22日	4月22日	同	同	同	同	同	同	同	同
地点	辛〈忻〉县温村	同	同	同	同	同	同	同	同	同
负伤部位	腹部	同	脚部	腿部	胸部膊部	胸部	腿部	上膊	腹部	脚部
伤名	擦伤	同	同	同	同	同	同	贯通	盲贯	贯通
入院日期										
备考										

队别	四团一连	二连	同	三连	七连	五连	六连	七连	同	九连
职别	战士	同	同	班长	战士	同	同	同	同	班长
姓名	刘保僧	袁二求	黎记元	张彦安	张怀太	李寇群	孙永州	李良臣	尚志增	孔繁福
年龄	18	18	22	27	23	23	30	26	19	21
籍贯	河北饶阳	河北安平	河北深泽	河北安平	同	河北深县	河北霸县	河北深县	河北深泽	河北保县
负伤日期	4月22日	同	同	同	同	同	同	同	同	同
负伤部位	头部	同	同	同	同	同	同	同	同	同
伤名										
阵亡地点	在辛〈忻〉县与敌作战	在辛〈忻〉县与敌作战	同	同	同	同	同	同	同	同
备考										

队别	九连	同	同	同	同	同	同	同	同	同
职别	战士	同	同	战士	战士	战士	战士	战士	战士	战士
姓名	张英杰	韩新年	冯香林	刘英明	王金花	杨宏福	周华生	刘广和	宋进学	张长福
年龄	25	27	35	33	20	21	29	17	19	27
籍贯	河北安平	河北蠡县	河北晋县	河北饶阳	河北清苑县	河北饶阳	河北安平县	河北安次	河北安平县	同
负伤日期	4月22日	同	同	同	同	同	同	同	同	同
负伤部位	头部	同	同	同	同	同	同	同	同	同
伤名				贯通	同	同	同	同	同	同
阵亡地点	在辛〈忻〉县温村	同								
备考										

队别	四团三营九连	同	同	同	三连
职别	战士	战士	战士	战士	战士
姓名	孙凤章	王冠良	张金山	曹振国	田志宣
年龄	26	19	20	19	24
籍贯	河北饶阳	河北省安平	河北灵寿	河北深县	河北霸县
负伤日期	1940年4月22日	同	同	同	同
负伤部位	忻县温村	同	同	同	同
伤名		胸部	同	同	同
阵亡地点					
备考					

队别	骑兵连			
职别	战士	班长	战士	战士
姓名	闫德福	何石林	刘治平	杨志奎
年龄	17	20	22	20
籍贯	河北天津	陕西汉中府人	河北武强人	河北武强人
负伤日期	1939年12月16日	同	同	同
地点	辛〈忻〉县华皮	同	同	同
负伤部位	颈部	腿部	同	同
伤名				
入院日期				
备考				

队别	骑兵连	同	同	同					
职别	指导员	排长	副政指	副班长	战士	战士	战士	战士	战士
姓名	尚惜勤	赵金魁	吴坚	祝义亭	李树香	张连训	李秀国	赵文胜	扈振和
年龄	23	24	30	35	36	25	23	16	41
籍贯	湖北茶陵县	湖北慈利县	江苏吴县	河北永清	河北武强	河北静海县	河北永清	河北雄县	山东清河县
负伤日期	1939年12月16日	同	同	同	同	同	同	同	同
负伤部位									
伤名									
阵亡地点	辛〈忻〉县华皮	同	同	同	同	同	同	同	同
备考									

60. 八路军第120师抗战以来团级以上干部伤亡登记表（1940年）

抗战以来团级以上干部伤亡登记

〈一〉三五八旅：（伤二名）

① 七一五团团长王尚荣38年2月27日祁县东西河庄战斗伤。

② 七一六团参谋长刘子云37年10月18日山西雁门关战斗伤。

〈二〉三五九旅：（伤9名亡2名）旅直政委肖头生38年3月12日岢岚三井战斗伤。

① 七一七团副团长陈外欧37年10月4日黄村战斗伤。

② 七一七团参谋长陈嵩岳38年3月12日岢岚三井战斗伤。

③ 七一七团参谋长左齐38年11月17日蔚县明堡战斗伤。

④ 七一七团政治主任罗保连38年11月10日灵丘白草会战斗伤。

⑤ 七一七副政治主任廖明38年11月14日山西平杜车站战斗伤。

⑥ 七一七团政治委员刘礼年38年3月30日宁武石湖河战斗亡。

⑦ 七一七团政治主任刘礼明38年3月12日岢岚三井战斗亡。

⑧ 七一八团副团长陈宗尧38年4月须崖底战斗伤。

⑨ 七一八团副团长徐国贤38年3月13日五寨战斗伤。

⑩ 七一九团政治主任张云善38年9月8日阜平石碉子战斗伤。

〈三〉彭三五八旅：（亡一名）

独一团政委赖香宏39年8月11日北小店战斗亡。

〈四〉独一旅：（伤二名亡三名）

① 旅副政委幸世修39年4月24日河间南留路战斗伤。

② 一团政委王保珊39年3月29日河间候间村战斗伤。

③ 三团政委朱吉昆39年4月24日河间南留路战斗亡。

④ 旅参谋长郭辉勉39年9月29日陈庄战斗亡。

⑤ 二团参谋长张荣39年9月28日陈庄战斗亡。

〈五〉独二旅：（伤二名亡一名）

① 四团长王廷文39年4月28日河间河心庄战斗伤。

② 四团副政治主任蔡光炎39年5月18日博野宋村战斗伤。

③ 旅长魏大光39年9月河北得胜口战亡。

〈六〉冀中六支队：（伤二名）

① 支队长常德善40年2月29日韩庄战斗伤。

② 政治主任熊仕钧40年2月29日韩庄战斗伤。

〈七〉大青山支队：（亡一名）

政治主任彭德大40年3月12日榆树滩战斗亡。

〈八〉津南支队：（亡一名）

政治委员陈文彬40年3月22日冀南新河县伟家庄战斗亡。

〈九〉独一支队：（伤一名）

支队长杨家瑞38年5月9日阳曲崖家山战斗伤。

共27名 { 伤18名
亡9名

附：过去伤亡现升为团级的

1. 独一旅二团长（原七一五团一营长）傅传作38年6月17日平鲁赵家窑战斗伤。39年3月6日任丘大王东战斗又伤一次。

2. 张八旅四团长（原七一五团二营长）唐家龙38年3月18日神池虎北村战斗伤。39年3月30日河间南北魏又伤一次。

3. 特务团副团长（原七一六团一营长）韩家诗38年8月4日岱岳泥河车站伤。39年2月2日河间曹家庄又伤一次。

4. 七一六团副政治主任李光照（原七一六团一营教导员）39年2月2日河间曹家庄战斗伤。

5. 七一六团副政委（原七一六团二营教导员）黄新义38年5月22日朔县桃花铺战斗伤。39年3月2日河间黑马张庄又伤一次。

6. 四支队长苏鳌（原七一七团二营长）37年11月29日山西雁门关伤。

7. 独一旅一团副团长曾庆云（原七一五团一营长）39年10月23日站上村战斗亡

共伤六名亡一名共七名 { 伤六（内有四名伤二次）
亡一

61. 八路军第120师第359旅伤亡登记表
(1940年)

部队	八团一营二连	九团三营十一连	九团一营三连	九团一营三连	教导营五队
阶级					
职别	班长	战士	战士	战士	学员
姓名	刘运喜	吴年	孔凡朋	刘喜祥	许志君
年龄	27岁	同	24岁	21岁	20岁
籍贯	安徽省亳州	河北省任丘县	河北唐山大宁村	山东历城红庙村	河北任丘白家庄
永久通讯处					
何时何地发病或负伤	1940年在安定	1940年8月同蒲路			
病(伤)名	腹部贯通	左下肢贯通	溃疡	溃疡	溃疡
病故地点	1940年7月17日于清涧	1940年11月10日于清涧	1940年12月20日于清涧	1940年12月15日于清涧	1940年12日14日于清涧
死亡原因		身体衰弱	身体衰弱	身体衰弱心脏麻痹	营养断绝麻痹
备考					

部队	九团一营一连	九团团部	骑兵大队	九团卫生队	八团一营机连
阶级					
职别	战士	马夫	副班长	挑夫	班长
姓名	王广中	戴树和	元文海	刘二孩	赵富明
年龄	21 岁	21 岁	34 岁	28 岁	27 岁
籍贯	河北省献县	山东恩县戴家庄	河北平山县	山西灵丘赵壁村	河北省利〈蠡〉县人
永久通讯处					
何时何地发病或负伤	行军中	同	在安定民市	米脂	
病（伤）名	右下肢背侧骨筋溃疡	左下肢溃疡合并急性肺炎	跌伤	跌伤	骨折
病故地点	1940 年 11 月 24 日于清涧	1940 年 11 月 17 日于清涧	1940 年 12 月 15 日于清涧	1940 年 12 月 8 日于清涧	1940 年 11 月 28 日于清涧
死亡原因	全身血液循环障碍声水麻痹	心脏麻痹心肌停止	心脏麻痹而死	截腿身弱	身体衰弱落肠穿孔而死
备考					

部队	九团一营四连	特务大队	后方医院一所	七团工兵连	七团二营六连
阶级					
职别	战士	战士	班长	支书	战士
姓名	郭炳华	钟友正	李富桂	贾官有	郑保维
年龄	22 岁	23 岁	16 岁	38 岁	24 岁
籍贯	河北省清河县	山西灵丘曲回寺	河北深泽大支有村	湖南龙山老车村	河北阜平郑家川
永久通讯处					
何时何地发病或负伤				1939 年 12 月在义合	1939 年 11 月 8 日于义合
病（伤）名	腕关节头部跌伤肠粘膜脱落营养不良	肺病	右脚关节脱臼	病	病
病故地点	1940 年 11 月 10 日于清涧	1940 年 8 月 7 日于清涧	1940 年 12 月 5 日于清涧	1940 年 1 月 21 日于绥德	1940 年 2 月 18 日于绥德
死亡原因			身弱强度心脏麻痹而死		
备考					

部队	七团二营六连	七一七团二营七连	七一八团二营八连	七一八团二营六连	七一七团二营五连
阶级					
职别	战士	炊事员	战士	战士	战士
姓名	李志忠	何福山	尉志元	许德明	刘自安
年龄	27 岁	20 岁	21 岁	29 岁	40 岁
籍贯	河北阜平高洪口	河北阜平头西村	河北许宁于野庄村	山西绛州西沟村	河北利〈蠡〉县赵庄
永久通讯处					
何时何地发病或负伤	1939 年 12 月 1 日于义合	1939 年 10 月在岢岚	1939 年 12 月在米脂	同	1939 年 12 月在义合
病（伤）名	病	病	病	病	病
病故地点	1940 年 2 月 24 日于绥德	1940 年 1 月 11 日于绥德	1940 年 1 月 8 日于绥德	1940 年 1 月 9 日于绥德	1940 年 1 月 31 日于绥德
死亡原因					
备考					

部队	教营三队	七一七团二营六连	旅运输队	一一五师独立支队二大队	七一八团一营二连
阶级					
职别	学员	战士	运输员	民运干事	炊事员
姓名	孙建华	葛子良	赵有才	康喜荣	刘喜
年龄	20 岁	21 岁	47 岁	24 岁	40 岁
籍贯	河北高阳孟仲峰村	河北安平小毫村	河北许宁大石村	山西离石袁家庄村	河北平山东王坡
永久通讯处					
何时何地发病或负伤	1939 年 12 月 25 日于绥德	1939 年 11 月 6 日于碛口	1939 年 12 月于五里湾	1940 年 1 月 2 日于张家岩	2 月 15 日于米脂
病（伤）名	病	病	病	病	病
病故地点	1940 年 1 月 27 日于绥德	1940 年 2 月 1 日于绥德	1940 年 2 月 17 日于绥德	1940 年 3 月 10 日于绥德	2 月 21 日于绥德
死亡原因					
备考					

部队	七一八团二营五连	同	保安队	同	骑兵大队
阶级					
职别	炊事员	同	班长	同	通讯班长
姓名	齐忠义	石平福	闫子其	张忠福	白俊清
年龄	31 岁	52 岁	30 岁	41 岁	22 岁
籍贯	河北省饶阳武仁口村	河北束鹿北甲村	陕西绥德三红卯	江苏省彭县小赵庄	河北河涧李庄
永久通讯处					
何时何地发病或负伤	1 月 18 日于米脂	1 月 13 日于米脂	3 月 1 日于三红卯	3 月 2 日于苗家坪	2 月 28 日于安定瓦市
病（伤）名	病	病	伤	伤	伤
病故地点	3 月 2 日于绥德	2 月 28 日于绥德	3 月 16 日于绥德	3 月 16 日于绥德	3 月 30 日于绥德
死亡原因					
备考					

部队	七一八团三营十连	保安团	七一七团二营六连	七一七团二营七连	七一八团三营十连
阶级					
职别	班长	战士	战士	战士	战士
姓名	孙建元	范西恭	邓万柱	赵富保	胡振标
年龄	22 岁	32 岁	18 岁	19 岁	21 岁
籍贯	山西浑元坡村	陕西绥德前庄村	河北阜平刘窑村	山西忻县合索村	山西灵丘上寨村
永久通讯处					
何时何地发病或负伤	3 月 2 日于周家硷	3 月 9 日于马家沟	3 月 10 日于马家沟	3 月 9 日于甲榆柴	2 月 13 日于碛口
病（伤）名	伤	伤	伤	伤	病
病故地点	3 月 17 日于绥德	3 月 25 日于绥德	同	4 月 1 日于绥德	5 月 10 日于清涧
死亡原因					
备考					

部队	旅警备连	120 师特务团	四支队 卫生队	七一七团部	七一八团 一营一连
阶级					
职别	炊事员	战士	看护	勤务员	炊事班长
姓名	邢三未	郝保	刘玉丰	李杨桂	贾得旺
年龄	30 岁	30 岁	17 岁	17 岁	27 岁
籍贯	河北任丘 白庄村	山西阳曲 胡家峪村	河北饶阳 长流庄村	山西河曲 李家村	山西新绛县人
永久通讯处					
何时何地发病或负伤	4 月 13 日 于绥德	5 月 28 日 于绥德	5 月 2 日 于张家湾	6 月 5 日 于义合	7 月 2 日 于临县
病（伤）名	病	病	病	病	病
病故地点	5 月 20 日 于清涧	6 月 7 日 于清涧	9 月 3 日 于清涧	6 月 26 日 于清涧	9 月 15 日 于清涧
死亡原因					
备考					

部队	七一八团 供给处	医院运输队	七一八团 一营机关连	绥德青 干学校	七一七团 二营五连
阶级					
职别	马夫	马夫	战士	学生	排长
姓名	韩堂	李保生	谭清瑞	刘贯文	郑良模
年龄	44 岁	48 岁	35 岁	16 岁	27 岁
籍贯	河北平山 苏家庄	河北沧县 后沟村	山东治泉 刘泉镇	湖北黄安城人	山西神池 回尔沟村
永久通讯处					
何时何地发病或负伤	7 月 12 日 于米脂	8 月 1 日 于清涧	8 月 13 日 于杨家元	9 月 8 日 绥德本校	9 月 27 日 于张家山
病（伤）名	病	病	病	病	伤
病故地点	8 月 12 日 于清涧	10 月 2 日 于清涧	9 月 21 日 于清涧	10 月 24 日 于清涧	10 月 26 日 于清涧
死亡原因					
备考					

部队	七一八团 警备连	七一九团 二营六连	教营炮兵队	七一九团 特务连	七一九团 一营一连
阶级					
职别	副班长	战士	炊事员	战士	战士
姓名	姚自立	杜登山	李怀江	李同生	耿清祥
年龄	26岁	26岁	35岁	23岁	19岁
籍贯	山西曲沃 上台村	河北许宁 杨家庄	山西临县 陈家岩	山西崞县 石芬村	河北河间 由店村
永久通讯处					
何时何地发病或负伤	10月8日 于清涧	9月13日 于山西	9月30日 于绥德	9月1日 于山西	10月1日 于山西
病（伤）名	病	病	病	病	病
病故地点	10月18日 于清涧	10月27日 于清涧	10月26日 于清涧	11月7日 于清涧	11月11日 于清涧
死亡原因					
备考					

部队	七一九团 二营八连	七一九团 供给处	七一九团 二营六连	七一九团 三营九连	七一九团 一营四连
阶级					
职别	战士	通讯员	战士	班长	特务长
姓名	卢兴茂	于昌平	王青山	张兆同	贾凤林
年龄	26岁	23岁	28岁	28岁	38岁
籍贯	河北献县 黄土店村	山东惠民县 宋家寨	河北河 间小村	河北清苑 班家河	山西崞县 史家野庄
永久通讯处					
何时何地发病或负伤	10月2日 于山西	同	10月2月 于山西	10月20日 于山西	9月28日 于山西
病（伤）名	病	病	病	病	病
病故地点	11月12日于 清涧小槐沟	11月16日于 清涧小槐沟	11月25日于 小槐沟	11月18日于 小槐沟	11月12日 于清涧
死亡原因					
备考					

部队	七一九团三营十一连	七一九团特务连	七一九团政治处	七一八团炮兵连	七一九团三营机关连
阶级					
职别	战士	炊事员	勤务	战士	伙夫
姓名	李瑞山	王金芝	苏怀明	刘钱	于喜祥
年龄	25 岁	24 岁	16 岁	42 岁	32 岁
籍贯	河北先〈献〉县德口村	山西闻喜东圪塔村	河北阜平县	山西广灵王胡村	河北沧县于家庄
永久通讯处					
何时何地发病或负伤	9 月 6 日于山西	9 月 22 日在黑虎	9 月 22 日于绥德	11 月 25 日于米脂	12 月 3 日在绥德
病（伤）名	病	病	病	病	病
病故地点	11 月 18 日于清涧	11 月 17 日于清涧	11 月 14 日于清涧	12 月 5 日于清涧	12 月 4 日在小槐沟
死亡原因					
备考					

部队	七一九团一营三连	七一九团一营一连	七一九团二营七连	七一九团三营九连	七一九团三营十连
阶级					
职别	战士	战士	战士	战士	战士
姓名	李凤鸣	何同山	常清岐	高金有	张志勤
年龄	18 岁	16 岁	40 岁	34 岁	20 岁
籍贯	河北饶阳杨村	河北永安古城	河北献县东庄	河北交河吴家村	河北献县东耳村
永久通讯处					
何时何地发病或负伤	11 月 5 日在绥德	11 月 25 日在清涧	11 月 5 日在绥德	11 月 25 日于绥德	12 月 5 日在绥德
病（伤）名	病	病	病	病	病
病故地点	12 月 16 日于清涧	12 月 18 日于清涧	12 月 14 日于小槐沟	12 月 6 日在小槐沟	12 月 27 日于小槐沟
死亡原因					
备考					

部队	七一九团一营二连	后方医院	决死二纵队	七一七团侦察队	七一九团一营三连
阶级					
职别	战士	通讯员	宣传员	侦察员	战士
姓名	肖顺吉	闫富新	张学高	高玉林	朱学成
年龄	19 岁	21 岁	16 岁	23 岁	18 岁
籍贯	河北安平东流店村	山西临县棘岭村	山西太原人	山西离石人	河北龙山人
永久通讯处					
何时何地发病或负伤	12 月 2 日在清涧	7 月 3 日在清涧	6 月在山西	8 月在山西	9 月在山西
病（伤）名	病	病	病	病	病
病故地点	12 月 24 日于小槐沟	12 月 28 日在小槐沟	7 月 27 日在绥德七里铺	9 月 23 日在五里湾	10 月 28 日在五里湾
死亡原因					
备考					

部队	七一九团三营十连	七一九团一营二连	教营四队	七一九团一营三连	警备剧团
阶级					
职别	战士	战士	学员	战士	演员
姓名	张家	孔何	杨桂生	崔集昌	刘凤岐
年龄	18	25	22	29	16
籍贯	河北龙山人	河北献县	山西忻州	河北利〈蠡〉县	河北利〈蠡〉县
永久通讯处					
何时何地发病或负伤	9 月在山西	同	10 月在绥德	10 月在山西	10 月在绥德
病（伤）名	病	同	病	病	病
病故地点	11 月 11 日在五里湾	11 月 7 日在五里湾	11 月 28 日在五里湾	11 月 17 日在五里湾	12 月 17 日于五里湾
死亡原因					
备考					

部队	七一七团一营四连	七一九团一营四连	七一七团侦察队	旅司令部	七一九团一营三连
阶级					
职别	副班长	战士	班长	伙夫	伙夫
姓名	徐运来	何山	王恩边	任向瑞	郭金祥
年龄	24	20	25	45	34
籍贯	山西夏县	山西浑源	湖南宜州	河北行唐	河北献县
永久通讯处					
何时何地发病或负伤	11 月在义合	10 月在山西	10 月在义合	11 月在绥德	10 月在山西
病（伤）名	病	病	病	病	病
病故地点	12 月 7 日在转院中牺牲	12 月 15 日于五里湾	12 月 15 日于五里湾	12 月 19 日于五里湾	12 月 21 日于五里湾
死亡原因					
备考					

62. 八路军第120师第715团抗战以来烈士登记表 (1940年)

1937—1940年烈士登记

715团政治处

1940年

七一五团　烈士登记表

队别		同	同
职别		战士	同
姓名		马学仁	杨云林
年龄		26	21
籍贯	省	冀	冀
	县	任丘	深县
	区乡		
	村	鄚州	唐奉镇
家庭通信处及收信人的姓名		本村马金生	本村杨济武
家庭经济地位		房4间地6亩人7口	房地无人7口
入伍年月		1939年1月本村	1939年6月本村
任过什么工作			
亡故经过		被敌袭击	同
亡故地点		浑源南石府	同
亡故月日		1939年10月29日	同
是否党员		不是	同
备考		与日军作战	同

烈士登记表

队别		同
职别		同
姓名		高英科
年龄		28
籍贯	省	冀
	县	深县
	区乡	
	村	辰时
家庭通信处及收信人姓名		本村高老匠
家庭经济地位		房6间地无人5口
入伍年月		1939年5月本村
任过什么工作		
亡故经过		被敌袭击
亡故地点		晋浑源南石府
亡故月日		1939年10月29日
是否党员		不是
备考		与日军作战

烈士登记表

队别		二营八连
职别		一排长
姓名		沈占奎
年龄		26
籍贯	省	秦省
	县	澧泉县
	区乡	东乡
	村	前头镇
家庭通信处及收信人的姓名		本人家中
家庭经济地位		人2口地10亩房三间
入伍年月		1935年1月入伍
任过什么工作		班副 排长
亡故经过		胸上因伤过重
亡故地点		王家庄西北山
亡故月日		1940年12月19日
是否党员		支委
备考		

烈士登记表

队别		七一五团一营一连
职别		通讯员
姓名		王永宽
年龄		18
籍贯	省	晋
	县	静乐县
	区乡	三区
	村	泥湾村
家庭通信处及收信人姓名		交本村村公所收
家庭经济地位		人四口地五亩房二间
入伍年月		1940年2月入伍
任过什么工作		通讯员
亡故经过		埋葬
亡故地点		太坪村
亡故月日		1940年12月22日
是否党员		不是
备考		

烈士登记表

队别		炮兵连	供给处	通讯连
职别		战士	工作员	战士
姓名		刘德才	夏九令	刘友
年龄		28	48	21
籍贯	省	甘省	山西	山西
	县	徽县	右玉	右玉
	区乡	城内	三区	
	村		一渡桥	米庄滏
家庭通信处及收信人姓名		家中没人	本村夏英负收	通讯不知
家庭经济地位		人房地没有	二口人房两间无田	人四口地无
入伍年月		1936年8月	1937年	1938年
任过什么工作		机枪班长	任过司务长	任过战士
亡故经过		战斗牺牲	战斗时阵亡	阵亡
亡故地点		太平村	武家坪	大庄村
亡故月日		1940年12月22日	1940年12月19日	1940年12月19日
是否党员		党员		党员
备考				

烈士登记表

<table>
<tr><td colspan="2">队别</td><td>特务连</td></tr>
<tr><td colspan="2">职别</td><td>战士</td></tr>
<tr><td colspan="2">姓名</td><td>郝金峰</td></tr>
<tr><td colspan="2">年龄</td><td>20</td></tr>
<tr><td rowspan="4">籍贯</td><td>省</td><td>河北省</td></tr>
<tr><td>县</td><td>荣县</td></tr>
<tr><td>区乡</td><td>二区</td></tr>
<tr><td>村</td><td>东岭村</td></tr>
<tr><td colspan="2">家庭通信处及收信人姓名</td><td></td></tr>
<tr><td colspan="2">家庭经济地位</td><td>人4口无田帮人</td></tr>
<tr><td colspan="2">入伍年月</td><td>1940年6月</td></tr>
<tr><td colspan="2">任过什么工作</td><td>战士</td></tr>
<tr><td colspan="2">亡故经过</td><td>阵亡</td></tr>
<tr><td colspan="2">亡故地点</td><td>南沟</td></tr>
<tr><td colspan="2">亡故月日</td><td>1940年12月19日</td></tr>
<tr><td colspan="2">是否党员</td><td></td></tr>
<tr><td colspan="2">备考</td><td></td></tr>
</table>

烈士登记表

<table>
<tr><td colspan="2">队别</td><td>三营十一连</td></tr>
<tr><td colspan="2">职别</td><td>班长</td></tr>
<tr><td colspan="2">姓名</td><td>张秉元</td></tr>
<tr><td colspan="2">年龄</td><td>29</td></tr>
<tr><td rowspan="4">籍贯</td><td>省</td><td>山西省</td></tr>
<tr><td>县</td><td>阳曲县</td></tr>
<tr><td>区乡</td><td></td></tr>
<tr><td>村</td><td>太原城内</td></tr>
<tr><td colspan="2">家庭通信处及收信人姓名</td><td>城内回市街张海收</td></tr>
<tr><td colspan="2">家庭经济地位</td><td>人8口房10间地百亩</td></tr>
<tr><td colspan="2">入伍年月</td><td>1937年11月入伍</td></tr>
<tr><td colspan="2">任过什么工作</td><td></td></tr>
<tr><td colspan="2">亡故经过</td><td>打冲锋</td></tr>
<tr><td colspan="2">亡故地点</td><td>晋南石府</td></tr>
<tr><td colspan="2">亡故月日</td><td>1939年10月29日</td></tr>
<tr><td colspan="2">是否党员</td><td>是</td></tr>
<tr><td colspan="2">备考</td><td>与日军作战</td></tr>
</table>

烈士登记表

队别		三营十一连
职别		战士
姓名		李书林
年龄		24
籍贯	省	河北
	县	束鹿
	区乡	
	村	双井村
家庭通信处及收信人的姓名		束鹿双井村本人收
家庭经济地位		房3间地无人10口
入伍年月		1939年6月
任过什么工作		
亡故经过		打冲锋
亡故地点		晋南石府
亡故月日		1939年10月29日
是否党员		不是
备考		

烈士登记表

队别		供给处
职别		粮秣员
姓名		赵锡山
年龄		46岁
籍贯	省	湘省
	县	华容县
	区乡	塔市驿
	村	小墨乡
家庭通信处及收信人的姓名		华容县塔市驿小墨乡本人收
家庭经济地位		人2口房1间地无
入伍年月		1930年入伍
任过什么工作		特务队长供给主任
亡故经过		
亡故地点		在涞源县四区东马庄
亡故月日		11月15日
是否党员		是党员
备考		

烈士登记表

队别		通信连	同
职别		侦察员	同
姓名		杜尚钱	石有才
年龄		24	25
籍贯	省	山西省	绥远省
	县	进<静>乐县	归水县
	区乡	三区	五区
	村	任家村	南盖村
家庭通信处及收信人的姓名		本村杜来天收	本村石库收
家庭经济地位		人 2 口田 1 亩房 1 间	人 6 口田 30 亩房 3 间
入伍年月		1937 年 10 月	1938 年 11 月
任过什么工作			
亡故经过		敌人俘掳	敌人俘掳
亡故地点			
亡故月日			
是否党员		是	是
备考			

烈士登记表

队别		三连
职别		战士
姓名		牛治国
年龄		33
籍贯	省	河北
	县	深县
	区乡	二区
	村	田家庄
家庭通信处及收信人的姓名		本地牛小六收
入伍年月		1939 年 6 月
任过什么工作		战士
家庭经济地位		人 4 口田无
亡故经过		阵亡
亡故地点		西马庄
亡故月日		11 月 18 日
是否党员		
备考		1939 年 11 月 18 日战斗

烈士芳名登记册

队别		二连二排	三连一排	三连
职别		战士	战士	战士
姓名		刘明山	刘步宽	张万有
年龄		28	27	28
籍贯	省	河北霸县	山西左<右>玉	甘肃徽县
	县		四区	七区
	区乡		北乡	东北
	村	煎茶铺	丁窑子	南向村
家庭通信处及收信人姓名		本县本村交本人收	本县交刘步珍收	本村交王彦德收
本人出身成份		农	农	佣工
家庭经济地位		人3房3地没	人4房2间田20	人4房无田无
入伍年月		1939年6月入伍	1938年6月入伍	1936年8月入伍
来历		伤兵赶队	工兵营来	自己来的
受过什么教育				
文化程度			二年	
作战及伤残				
任过什么工作			组织委员	
受何奖惩				
亡故原因			冲锋时	冲锋时
亡故年月日		1939年6月22日	1939年6月22日	1939年6月22日
葬藏地点		马庄	马庄	马庄
是否党员		否	党员	党员
其他				

烈士芳名登记册

队别		七一五团团部	一营营部
职别		一参谋	营长
姓名		崔光海	曾庆云
年龄		25	32
籍贯	省	湖北	四川省
	县	石首县	新翻县
	区乡		三区
	村	交子庄	大卯山村
家庭通信处及收信人姓名		本村崔光湖收	交曾玉堂收
何时入伍		1930 年入伍	1931 年五月在湖北入伍
何时入党		1934 年入党	1931 年 12 月入党
过去任过什么工作		班排连长通讯参谋侦察参谋	任班排连营副团长
斗争简史		经过数十次斗争	参加一二三四次围剿及土地革命
亡故地点		下关	站上村
亡故经过		指挥部队	指挥部队暴露目标阵亡后抬下战场
亡故年月日		1939 年 10 月 25 日	1939 年 10 月 24 日
葬埋地点		寨南村	寨兰村
备考			暴动过来的

烈士芳名登记册

队别		通讯连	同	同	十二连
职别		电话排长	班副	战士	战士
姓名		刘井生	韩玉连	刘泽明	芦奎章
籍贯	省县	赣省赣县	晋省余<盂>县	晋省交城县	16
	区	5 区	4 区	3 区	冀
	乡	东乡			七区
	村	睦村	辛道村	回家庄	东乡
家庭通讯处及收信人姓名		冷口睦阜刘启街收	本村韩永年收		本村得吏村交芦奎彬收
本人出身成份		贫农	贫农	贫农	务农
家庭经济地位		人 2 口田 4 亩房 2 间	人 5 口田 6 亩房 9 间	人 5 口房 3 间田无	人 13 口田 40 余亩房 10 余间
入伍年月		1939 年 4 月	1937 年 8 月	1937 年 1 月	1939 年 8 月
来历		自愿来的	自愿来的	自愿来的	自愿
受过什么教育		住过电话学校			
文化程度					读书三年
作战及伤残					
任过什么工作					
受何奖惩					
亡故原因		勇敢阵亡	吴会亡的	阵亡	缴敌人枪时
亡故年月日		1939 年 10 月 24 日	1939 年 10 月 25 日	1939 年 10 月 25 日	1939 年 10 月 24 日
亡故地点		上寨	银场	银场	下关
埋葬地点		上寨	没埋	没埋	同
是否党员		正式党员	正式党员	正式党员	不是
其他					

烈士芳名登记册

队别		五连	二连
职别		支书	战士
姓名		陈起和	赵洛画
籍贯	省县	贵州后平县	冀省
	区	西区	四区
	乡		
	村	陈字水村	临近村
家庭通信处及收信人姓名		后平县西区陈字水村收信陈起方	本村赵凡香收
本人出身成份		贫农	同
家庭经济地位		人6口房无地10亩	人3口地16亩
入伍年月		1933年9月入伍	1939年1月
来历		俘掳来	自动
受过什么教育		没有	
文化程度		识字五十	
作战及伤残			负伤一次
任过什么工作		班长	
受何奖惩		没有	
亡故原因		因冲锋	同
亡故年月日		1939年10月24日	1939年10月25日
亡故地点		上寨	下关
埋葬地点		上寨	下关
是否党员		党员	
其他			

烈士芳名登记册

队别		八连	同
职别		排长	战斗员
姓名		张华光	候振海
年龄		23	21
籍贯	省县	黔潘县	冀深县
	区	一区	池庄区
	乡		
	村	上□村	北黄龙村
家庭通信处及收信人姓名		本村张顺成	本人家中
本人出身成份		贫农	贫农
家庭经济地位		人4口地无房3间	人5口地3亩房5间
入伍年月		1935年2月入伍	1939年7月入伍
来历		自愿	自愿
受过什么教育			
文化程度			
作战及伤残		作战数十次负伤三次	
任过什么工作		任过班排长	
受何奖惩			
亡故原因		冲锋牺牲	同
亡故年月日		1939年10月26日	1939年10月26日
亡故地点		下关村	同
葬藏地点		下关庙后身	同
是否党员		正式党员	
其他			

阵亡登记表

海一第三连	海一部二连	同
战士	班长	战斗员
刘永堂	张连仲	张德耀
26	24	24
河北武强县刘古河村	大兴县前门大街蒋家胡同	绥远陶林县节沟村
人5口田3亩房3间	人12口房30间地20亩	人3口房2间地80亩
本县城内天泉兴交刘玉堂收	大蒋家胡同东口张文英	节沟村交张良收
1939年2月在深县入伍	1937年8月在古交入伍	1938年5月在本地入伍
1939年3月30日在北魏村	1939年3月30日在北魏村	1939年3月30日在北魏村
头部负伤太重致死	腹部负伤致死	头部负伤太重致死
没有	党员	没有

阵亡登记表

海二七连	同	同	同
机枪班长	三班长	八班副班长	战士
闫樊龙	徐得胜	王福江	范海山
24	32	26	33
山西静乐县柴村	陕西富平老堡子	陕西富平流区	绥远黄岭南区
人3口地20亩房2间	本人一口房地无	人3口田10亩房3间	家本人一口
静乐转柴村闫明全	老堡子家没人收信	流区四区王福昌	南区没有收信人
1937年9月于娄烦入伍	1935年10月于庄里镇入伍	1936年10月于西阳村入伍	1938年10月于官地入伍
1939年3月29日于南魏村	1939年3月30日于南魏村	同	同
固守战地打死	同	同	同
党员	党员	党员	否

阵亡登记表

海二八连	同	同
副班长	战士	战士
张清思	高俊林	马根喜
22岁	31岁	26岁
山西阳曲县三区松树村	绥远归绥县三区把什	绥远沙县陶尔浩
人4口地没	人2口地没	人7口地没
转松树村父收	转把什父收	转陶尔浩父收
1937年在本地入伍	1938年在白支户入伍	1938年在白支户入伍
1939年3月在南魏作战	1939年3月在南魏作战	1939年3月在南魏作战